商业创新创业系列教材

"上海市085内涵建设工程"建设成果

商业创新思维

池丽华/主编

立信会计出版社

LIXIN ACCOUNTING PUBLISHING HOUSE

图书在版编目(CIP)数据

商业创新思维 / 池丽华主编. —上海:立信会计出版社,2015.1

商业创新创业系列教材

ISBN 978-7-5429-4530-3

Ⅰ.①商… Ⅱ.①池… Ⅲ.①商业模式—创造性思维—教材 Ⅳ.①F71

中国版本图书馆 CIP 数据核字(2015)第 024256 号

责任编辑　洪梅春　于　欣
封面设计　周崇文

商业创新思维

出版发行	立信会计出版社
地　　址	上海市中山西路 2230 号　邮政编码　200235
电　　话	(021)64411389　传　真　(021)64411325
网　　址	www.lixinaph.com　电子邮箱　lxaph@sh163.net
网上书店	www.shlx.net　电　话　(021)64411071
经　　销	各地新华书店
印　　刷	上海锦良印刷厂
开　　本	787 毫米×960 毫米　1/16
印　　张	17.25
字　　数	243 千字
版　　次	2015 年 1 月第 1 版
印　　次	2015 年 1 月第 1 次
书　　号	ISBN 978-7-5429-4530-3/F
定　　价	30.00 元

如有印订差错,请与本社联系调换

商业创新创业系列教材
编委会

主　任　池丽华

副主任　陈　敏　周　勇

编　委（以姓氏笔画为序）

　　　　　王大群　王　卫　王立勇　方献礼　朱文敏
　　　　　伊　铭　池丽华　孙笑天　李仉辉　张　晟
　　　　　张晓灵　陈　敏　周　勇　南　洋　侯立玉
　　　　　袁美琴　徐慧群　郭秋杰　康海燕　熊平安
　　　　　魏拴成

序

海啸来了,猪也会飞!移动互联网的出现,催生着新的商业生态圈,这是一个需要想象与再造的年代。创新无所不在,已经成为推动社会进步的第一生产力。

在商业领域,创新不是为了标新立异,应该是想法与做法的统一,而且能够由此带来效益,这样的创新便可称之为"有效创新"。如果说创新是发展的硬道理,那么,有效创新才是发展的真道理。过去三十年:不怕做不到,就怕想不到;未来三十年:不怕想不到,就怕做不到。为什么?在信息技术高度发达的未来社会,公开透明成为社会的主流发展趋势,你能想到的,别人也能想到,但你能做到的,别人不一定能做到,所以,创新的方式也将因环境的改变而转变。

为了适应大学生创新创业教学的需要,提升大学生创新意识与创业能力,用创新创业的意识去就业,上海商学院"创新创业实践教学团队"在调查研究基础上,采取校内专家与校外行家相结合的方式,组建了教材编写团队,首批出版的教材有5本:《商业创新主张》《商业创新思维》《商业创新案例》《商业调查与市场发现》《商业营销策划》。

  本教材的出版得到了"上海市085内涵建设工程"的经费支持，也得到了联华超市股份有限公司、农工商超市(集团)有限公司、上海西郊国际农产品交易有限公司、上海华联罗森有限公司、浙江兴合电子商务有限公司、安徽乐城投资股份有限公司、上海神仙实业有限公司、上海浦东故里记忆文化创意有限公司、《中国商界》杂志社、商业创新实验室等单位的支持。教材编写过程还参考了专家学者的著作和论文，以及新媒体的资讯，在此一并致谢！

  本系列教材以消费需求为纵轴，以时代变革为横轴，以创业精神为动力，以创新思维为技法，从商业原点探索商业逻辑，结构新颖，素材鲜活，文笔诙谐，用叙述故事的方式，向读者展现了一系列原创性市场发现与应用型研究成果，既可作为大学生创新创业教学用书，也可作为企业经营管理人员的参考用书。

编著者
2014年10月

前　言

　　人类社会的发展是不断创新的过程,但"商业创新"更注重"实效",即解决实际问题。所以,本书将"创新能力"解释为"实践应变能力"。如电视连续剧《亮剑》中李云龙用挖壕沟与扔手榴弹的方式打击"日本鬼子",再如电视连续剧《枪神》中的兵工厂厂长吴应德用绑脚带捆绑作为弹射器把手榴弹扔到更远的敌方阵地,这些在战争理论中没有的"方法",却在实际战斗中发挥了无可争辩的威力,这就是创新。商业实践也需要这样的"创新"。

　　创新可分为三类:一是硬件创新,是指物化的创新过程,如数控机床的诞生;二是软件创新,是指固化的创新过程,把人类活动的流程、经验、知识等固化在计算机软件、信息系统中,可以大大简化与节省人工操作的时间、资源与成本,提高效率,减少误差,提升满意度,如在手机中广泛应用的"APP";三是活件创新,是指活化的创新过程,把人的心智构造得更有利于创造新的精神世界与物质世界。创新取决于创新思维与创新习惯的建立,所以,活件创新最关键。

　　人这一生,实际上是习惯决定性格,性格决定命运,只有心灵自由,人生才能自由,自由的心灵与自由的人生,才能创造出新的精神世界与物质世界。从企业组织的角度分析,一个企业类似一辆运动中的板车,最高领导一个人拉着板车,后面有四个人分别管着板车的四个轮子,并推着板车向前。这里有四点特别重要:一是领导者的想法(思维创新);二是四个轮子(科技创新);三是四个推车人的协同配合(政策激励);四是拉车的方向(市场拉动)。后来企业发展了,老板不用自己拉板车了,就可以招聘一个职业经理人来拉企业这个大板车。企业发展得更大的时候，人工板车不行了，就改用电动板车、汽车、火车甚至多种类的组合。在这个时候，老板一个人的脑袋也不够用了，需要一个智囊团队来为企业出谋策划，需要一个指挥团队贯彻落实，还需要一个评估团队做业绩考评。这时候，老板做什么？从企业内部走向企业外部，去获得更多的社会资源与发展机会，让这些团队去创新发展。可见，企业大了，老板应该是一个核心动力，他的创新力、影响力、控制力，最终都应该转化为一种创新文化，从而影响整个企业的发展。

  本书共分六章，各章主要内容如下：第一章创新概述，挖掘创新原动力，分析创新原理；第二章思维概述，认识人脑，分析奇妙的思维世界；第三章创新思维（上）：发散思维与形象思维，换一种视角求创新；第四章创新思维（下）：批判性思维与颠覆性思维，批判与颠覆也有规则可循；第五章创新技法应用，介绍了六大创新技法；第六章创新思维训练，介绍了训练创新思维的实用方法。

  本书以"链接"的形式引入了丰富多彩的创新实例，反映了行业的发展现状或最新的研究发现与成果，提出了值得关注的商业创新问题，每章最后的"本章小结""本章讨论题"与"本章训练题"，为课后复习与讨论指出了方向。

  本书由池丽华主编，第一章、第二章由周勇编写，第三章、第四章由池丽华编写，第五章由康海燕、魏拴成编写，第六章由魏拴成、袁美琴编写。在编写过程中，我们参考了许多专家学者的著作，在此对这些著作的作者一并致谢！我们真诚希望与同行们互动交流，不断完善教材内容，并邀请更多的专家学者、职业经理人参与教材修订。书中的任何错误，望读者批评指正。联系方式：池丽华（chilihua99@sina.com）。

池丽华

2014 年 10 月

目 录

第一章 创新概述 ·· 1

第一节 创新的内涵与类型 ·· 1

一、创新的内涵 ·· 2
- 链接1-1 联想：从传奇到创新 ·· 2
- 链接1-2 你知道TRIZ吗？ ·· 3

二、创新的类型 ·· 5
- 链接1-3 菠菜的神话 ·· 6
- 链接1-4 技术创新最新事例 ·· 7
- 链接1-5 多余的责任感 ·· 9
- 链接1-6 老鼠开会 ·· 10

第二节 创新能力与创新原动力 ·· 11

一、创新能力 ·· 11
- 链接1-7 创新能力是怎么炼成的？ ···································· 12
- 链接1-8 创新能力小测试 ·· 13

二、创新能力的形成因素 ·· 13
- 链接1-9 情感遗传：性格储备 ·· 14
- 链接1-10 金字塔不是奴隶建造的 ····································· 15
- 链接1-11 偷袭珍珠港的创意来自一本书 ······························· 16
- 链接1-12 黑天鹅效应 ··· 17
- 链接1-13 大学之痛："创新精神病" ··································· 18
- 链接1-14 创新能力与精神病有关？ ··································· 20

三、组织创新力 ·· 21

第三节 创新的原则、原理与过程 ······································ 23

一、创新原则 ·· 23
二、创新原理 ·· 25

链接 1-15　犹太商人的智慧：把灰尘也卖出去 ·················· 29
　　　链接 1-16　让打字机慢下来 ································· 30
　三、创新过程 ·· 30
　本章小结 ·· 33
　本章讨论题 ·· 34
　本章训练题 ·· 34

第二章　思维概述 ·· 35

第一节　人脑功能解读 ·· 35

　一、人脑的结构与基本功能 ·· 35
　　　链接 2-1　医疗技术能使常人变成天才吗？ ···················· 38
　二、关于人脑的传闻 ·· 39
　　　链接 2-2　人脑利用率到底是多少？ ·························· 39
　　　链接 2-3　怪异的研究结论 ································· 41
　三、人脑的保健 ·· 42

第二节　思维基础 ·· 43

　一、什么是思维 ·· 43
　　　链接 2-4　思维三要素 ······································ 44
　二、思维过程 ·· 45
　　　链接 2-5　日本人巧探大庆油田 ······························ 47
　三、思维能力 ·· 48
　四、思维偏好与全脑优势思维模型 ·································· 50

第三节　思维方式 ·· 52

　一、直观行动思维、具体形象思维和抽象逻辑思维 ···················· 52
　　　链接 2-6　逻辑思维的训练 ·································· 53
　二、发散思维与收敛思维 ·· 55
　　　链接 2-7　思维导图 ·· 55
　　　链接 2-8　红砖的用途 ······································ 56

第四节　思维定势 ·· 57

　一、思维定势的定义 ·· 58
　　　链接 2-9　大象的悲剧——惰性思维 ·························· 59

二、思维定势的类型 ··· 60
　　　　链接 2-10　光绪的鸡蛋 ································· 61
　　　　链接 2-11　送月饼是一种无奈的选择 ············ 62
　　　　链接 2-12　方舟子质疑"伽利略的比萨斜塔实验" ··· 64
　　　　链接 2-13　河中石兽 ····································· 65
　　　　链接 2-14　城市化与经济发展的逻辑错误 ····· 67
　　三、克服思维定势 ··· 68
　　　　链接 2-15　中式思维的五大逻辑缺陷 ············ 69
　　本章小结 ·· 71
　　本章讨论题 ·· 72
　　本章训练题 ·· 72

第三章　创新思维(上):发散思维与形象思维 ········· 75
第一节　创新思维概述 ··· 75
　　一、什么是创新思维 ··· 75
　　二、创新思维因子 ··· 77
　　　　链接 3-1　直觉测验 ······································· 79
　　　　链接 3-2　第六感觉及其测试 ························ 80
　　三、创新思维产生的条件 ······································· 81
　　　　链接 3-3　螃蟹壳是软的 ······························· 81
　　　　链接 3-4　海尔的问题意识 ···························· 82
　　　　链接 3-5　消费热点 ······································· 84
　　　　链接 3-6　创新产品方向 ······························· 85
第二节　发散思维与商业创新 ··································· 85
　　一、发散思维的特点 ··· 86
　　　　链接 3-7　咖啡的发现 ··································· 86
　　二、发散思维的形式 ··· 87
　　　　链接 3-8　股票预测 ······································· 88
　　　　链接 3-9　金字塔有多高? ···························· 88
　　　　链接 3-10　一个警示牌的提示 ······················ 89
　　　　链接 3-11　任天堂的 Wii ······························ 90

链接 3-12　从"吹尘器"到"吸尘器" ……………………………………… 91
　　三、发散思维与收敛思维的统一 …………………………………………… 93
　　四、发散思维的实现方法 …………………………………………………… 93
　　　链接 3-13　铅笔用途与冰箱用途 ………………………………………… 94
　　　链接 3-14　味精瓶改进与彩色电扇 ……………………………………… 95
第三节　形象思维与商业创新 …………………………………………………… 96
　　一、形象思维特点 …………………………………………………………… 97
　　　链接 3-15　沼泽地与迪士尼 ……………………………………………… 98
　　　链接 3-16　空中温泉 ……………………………………………………… 99
　　二、形象思维模式 …………………………………………………………… 99
　　　链接 3-17　想象实验 ……………………………………………………… 101
　　　链接 3-18　类比与联想创新小案例 ……………………………………… 102
　　三、形象思维训练 …………………………………………………………… 104
　　　链接 3-19　测试你是左脑人还是右脑人 ………………………………… 104
　本章小结 ………………………………………………………………………… 112
　本章讨论题 ……………………………………………………………………… 112
　本章训练题 ……………………………………………………………………… 112

第四章　创新思维(下):批判性思维与颠覆性思维 ………………… 115
第一节　批判性思维与商业创新 ………………………………………………… 115
　　一、批判性思维内涵 ………………………………………………………… 115
　　　链接 4-1　具有批判性思维的重要技能 ………………………………… 119
　　二、批判性思维者善于提出问题 …………………………………………… 123
　　三、批判性思维者具备的基本能力 ………………………………………… 125
　　四、批判性思维者的五步思考法 …………………………………………… 128
　　　链接 4-2　阿门娜的故事 ………………………………………………… 128
　　　链接 4-3　反思与提问 …………………………………………………… 130
　　　链接 4-4　盖普公司变更企业标识 ……………………………………… 131
第二节　颠覆性思维与商业创新 ………………………………………………… 135
　　　链接 4-5　创新是苹果文化的灵魂 ……………………………………… 135
　　一、颠覆性思维导图 ………………………………………………………… 136

链接 4-6　世界美食家们的朝圣地——西班牙 El Bulli 餐厅 …… 139
　　链接 4-7　水对消除灰尘作用不大——无水清洁用品推出 …… 141
　　链接 4-8　分众传媒董事长江南春：创业者一定要有颠覆性思维 …… 143
　　链接 4-9　从煎饼里吃出创业的产品精神和互联网思维 …… 144
第三节　思考的整理与思考的提升 …… 147
　一、思考的整理 …… 147
　　链接 4-10　你了解睡眠吗？ …… 148
　　链接 4-11　睡一觉，再想想 …… 149
　　链接 4-12　学会从生活中归纳书本上没有的知识 …… 152
　二、思考的提升 …… 153
　　链接 4-13　锯的发明 …… 154
　　链接 4-14　中国古代的一些发明 …… 155
　　链接 4-15　中国人的阅读现状 …… 157
　　链接 4-16　人生百态 …… 162
本章小结 …… 162
本章讨论题 …… 163
本章训练题 …… 163

第五章　创新技法应用 …… 165
第一节　创新技法概述 …… 165
　一、什么是创新技法 …… 165
　二、创新技法的基本原则 …… 166
　　链接 5-1　出售贫穷 …… 166
　　链接 5-2　结束厕所耗水历史的"生态厕所" …… 167
　　链接 5-3　京东的诞生 …… 168
　　链接 5-4　各种小发明 …… 169
　三、创新技法的种类 …… 170
第二节　头脑风暴法应用 …… 173
　一、什么是头脑风暴法 …… 174
　　链接 5-5　头脑风暴法的产生 …… 174
　　链接 5-6　直升机扇雪 …… 175

二、激发机理 ·· 176
　　三、头脑风暴的会议原则 ······································ 176
　　四、头脑风暴法的实施步骤 ···································· 178
　　　　链接 5-7　"破核桃机"的构思 ······························ 179
第三节　组合创新技法应用 ·· 181
　　一、组合创新的定义 ·· 181
　　　　链接 5-8　裙裤的起源 ···································· 181
　　二、主体附加法 ·· 182
　　　　链接 5-9　车载收音机 ···································· 182
　　三、异类组合法 ·· 183
　　　　链接 5-10　应用组合法创新产品 ··························· 183
　　四、同类组合 ·· 185
　　　　链接 5-11　松下幸之助——双插座 ························· 186
　　　　链接 5-12　鸡尾酒的发明 ································· 186
　　五、分解组合法 ·· 186
　　　　链接 5-13　你能想象自行车有多少变化吗？ ················· 187
第四节　列举创新技法应用 ·· 187
　　一、属性列举法 ·· 187
　　　　链接 5-14　属性列举法应用——雨伞 ······················· 188
　　二、希望点列举法 ·· 189
　　　　链接 5-15　不用笔套的钢笔 ······························· 189
　　三、缺点列举法 ·· 190
　　　　链接 5-16　缺点列举法新产品的开发 ······················· 191
　　　　链接 5-17　牛粪变宝 ····································· 193
第五节　设问创新技法应用 ·· 194
　　　　链接 5-18　紫外线的发现 ································· 194
　　一、检核表法 ·· 195
　　　　链接 5-19　"能否他用"的创新 ···························· 196
　　　　链接 5-20　手电筒的发明 ································· 197
　　　　链接 5-21　主题公园的出现 ······························· 198

二、5W2H 分析法 ·· 200
　　三、和田 12 动词法 ······································ 201
第六节　类比创新技法应用 ································ 203
　　一、拟人类比 ·· 203
　　　链接 5-22　榨汁机的发明 ························· 203
　　二、直接类比 ·· 204
　　　链接 5-23　北京吉普节能环保主题的招贴设计 ······· 204
　　　链接 5-24　微信红包来了 ························· 205
　　三、象征类比 ·· 205
　　　链接 5-25　禁止酒后驾驶的公益性广告设计 ········· 206
　　四、幻想类比 ·· 207
　　　链接 5-26　牛肉味的西红柿 ······················ 207
第七节　创造需求技法应用 ································ 207
　　一、什么是创造需求 ···································· 208
　　　链接 5-27　莎碧娜航空公司创造航线需求 ········· 208
　　二、创造需求的步骤 ···································· 208
　　　链接 5-28　诺基亚、苹果，发现需求还是创造需求？ ······· 210
　　本章小结 ·· 212
　　本章讨论题 ·· 212
　　本章训练题 ·· 215

第六章　创新思维训练 ···································· 216
第一节　创新思维是可以训练的 ························ 216
　　　链接 6-1　机长的果断 ······························ 216
　　一、创新思维需要独立思考 ·························· 217
　　二、头脑助产术 ·· 218
　　　链接 6-2　苏格拉底"头脑助产术" ············ 218
　　三、正确思路源于训练 ································ 219
　　　链接 6-3　关于"蜗牛爬树" ···················· 219
　　四、国际成功的思维训练 ····························· 220
　　五、必须科学进行思维训练 ························· 221

第二节　创新意识与创新人格 …… 222
　　链接 6-4　福特的创新意识 …… 222
　一、创新意识 …… 222
　二、创新人格 …… 224
　　链接 6-5　坚定的创造动机 …… 225
　　链接 6-6　大象林旺的故事 …… 227
　　链接 6-7　马化腾：乔布斯是偶像，创新是发展的长久动力 …… 228
　　链接 6-8　变通的格言 …… 229
　　链接 6-9　信息能准确有效传递吗？ …… 229
　　链接 6-10　微软吸引留住人才的秘密 …… 230
　　链接 6-11　美国管理协会给出的"良好沟通十建议" …… 232

第三节　创新思维训练计划 …… 233
　一、第一周训练：理念的建立 …… 233
　二、第二周训练：思维的翅膀 …… 236
　三、第三周训练：心灵的超越 …… 239
　　链接 6-12　幼儿想象力 …… 241
　四、第四周训练：头脑的飞跃 …… 242
　五、第五周训练：走进新天地 …… 245

第四节　创新技能训练 …… 249
　一、信息处理能力 …… 249
　　链接 6-13　青蛙的故事 …… 249
　二、组织管理能力 …… 250
　三、管理创新能力 …… 251
　　链接 6-14　大象与猴子 …… 251
　四、知识整合能力 …… 252
　五、创新技能培养训练 …… 254
　本章小结 …… 254
　本章讨论题 …… 255
　本章训练题 …… 255

参考文献 …… 257

第一章 创新概述

人类与其他动物相比,只有肩膀以上部分才有优势。那是因为人类依靠大脑不仅创造了精神世界,而且也创造了物质世界。当今社会我们日常所见之物,都源于人类的创新与创造。未来世界的历史也将在不断创新中得以延续。这正如比尔盖茨所说:可持续竞争的唯一优势来自超越对手的创新能力。

创新有三个层面:基于大脑思维的个体创新、基于团队合作的群体创新、基于组织习惯的组织创新。所以,创新不仅仅是思维创新,更重要的是要融于团队,养成创新的习惯,使组织具有创新的基因。

遗传因素与环境因素是影响创新能力形成的基本因素,学习与实践两个因素在环境因素中相互作用而影响创新能力,思维因素则是各种影响因素的结晶,最终通过人的创造性思维活动决定人的创造能力。

创新有套路与技法,但基因更关键。社会基因比生理基因更重要,后天比先天更重要,学习比天赋更重要,做法比想法更重要。

第一节 创新的内涵与类型

在商业领域,创新不是为了标新立异,应该是想法与做法的统一,并且能够由此带来效益,这样的创新便可称之为"有效创新"。如果说创新是发展的硬道理,那么,有效创新才是发展的真道理。中国过去的三十年:不怕做不到,就怕想不到;中国未来的三十年:不怕想不到,就怕做不到。在信息技术高度发达的未来社会,公开透明成为社会的主流发展趋势,你能想到的,别人也能想到,但你能做到的,别人不一定能做到,所以,创新的方式也应该因环境的改变而转变。

一、创新的内涵

创新(Innovation)一词,源于拉丁语,原意有三:更新、创造新的东西、改变。这个词使人联想到如今电脑品牌"联想"(Lenovo)。

链接 1-1　联想:从传奇到创新

1988年联想在香港创立时早已知道市场上有很多 Legend 公司,但没想到随后会发展得这么迅速。1994年,联想在香港证券交易所成功上市,4年后,联想生产了自有品牌的第一百万台个人电脑。联想在2001年计划走向国际化发展时才真正感到"联想"的英文标识(Legend)已经成为海外扩张的绊脚石。2003年,联想将其英文标识从"Legend"更换为"Lenovo",其中"Le"取自原标识"Legend",有承继"传奇"之意,新增加的"novo",是一个拉丁词根,代表"新意",整个单词的含义是"创新的联想",代表着联想的核心是创新精神。

(作者采编)

没有哪个先知先觉能把未来的事情提前规划好,一般都是先有一个大方向,然后不断纠偏,持续改进。有一句话可以终身受用:现在的事,做了再说,以后的事,以后再说。那份淡定,那份真实,是基于一种态度:及时应变。应变就是一种创新,而时刻准备应变的那种心态,就是创新精神。

创新的内涵从不同视角、在不同阶段,有不同的表述。

从哲学视角来看,创新是指人类矛盾再创造的实践行为,打破旧的矛盾关系,形成新的矛盾关系,这是一个认识不断深化的辩证的过程。从认识的角度来说,创新首先发源于对这个世界的认识,更有广度、更有深度地观察和思考这个世界;从实践的角度来说,就是能将这种认识转变为贯穿于学习、生活、工作各个细节的一种习惯;从辩证法的角度来说,创新是一个肯定、否定、肯定之否定、否定之肯定的过程,不断的"否定",是创新的基础。

从经济学视角来看,当代经济学家、美籍奥地利政治经济学家约瑟夫·熊彼特(Joseph Alois Schumpeter,1883年2月8日—1950年1

月8日),1911年以德文出版的《经济发展理论》(The Theory of Economic Development)一书,是西方经济学界第一本用"创新理论"来解释和阐述资本主义的产生和发展的专著。熊彼特把"创新"定义为:建立一种新的生产函数,也就是说,把一种从来没有过的关于生产要素和生产条件的"新组合"引入生产体系。熊彼特认为,企业家的职能就是实现"创新"与引进"新组合"。

从创新思想的历史演变来看,经历了一个从创新1.0到创新2.0的发展过程。

翻开有关创新创业的教科书,都会提到有关创新思想发展的一个重要时期,即20世纪60年代。随着新技术革命的迅猛发展,人类创新进入了以"技术创新"为主导的阶段。美国经济学家华尔特·惠特曼·罗斯托(Walt Whitman Rostow,1916—)提出了"起飞"六阶段理论对"创新"的概念发展为"技术创新"。20世纪七八十年代,开始形成系统的技术创新理论,并提出了创新的"市场实现"与"商业化应用"问题。我国于20世纪80年代开始了技术创新方面的研究。进入21世纪以后,提出"技术进步"与"应用创新"的"双螺旋结构"共同演进的创新思路,这实际上是创新1.0向创新2.0的转变。创新1.0以技术为出发点,创新2.0以人为出发点,可以参照《复杂性科学视野下的科技创新》的论述来理解创新2.0的定义,创新2.0也就是"以用户为中心,以社会实践为舞台,以共同创新、开放创新为特点的用户参与的创新"。

但在技术创新上述理论提出之前,就有人对创新发明与技术创新有了深入的研究,后来演变成为一种被全世界认可的"TRIZ"(英语标音可读为Teoriya Resheniya Lzobreatatelskikh Zadatch)。

链接1-2 你知道TRIZ吗?

TRIZ是划时代的"发明问题解决理论"(Theory of Inventive Problem Solving),它的出现为人们提供了一套全新的创新理论,揭开了人类创新发明史的新篇章。

TRIZ是前苏联发明家根里奇·阿奇舒勒(G. S. Altshuller 1926年10月15日—1998年9月24日)带领一批学者从1946年开始,经过50多年对世界上250多万件专利文献加以搜集、研究、整理、归纳、提炼,建立的一整套系统化、实用性的解决发明问题的理论、方法和体系。阿奇舒勒等人以新颖的方式对专利进行分类,特别研究专利发明家解决发明问题的思路和方法,从而发现250多万份专利中只有4万份是发明专利,其他都是这些专利发明在某种程度上的改进与完善。

经过研究,他们发现:技术系统的发展不是随机的,而是遵循同样的一些进化规律,人们根据这些进化规律就可以预测技术系统未来的发展方向。他们也发现:技术创新所面临的基本问题和矛盾是相似的,而大量发明创新过程都有相似的解决问题的思路。因此,阿奇舒勒等人指出,创新所寻求的科学原理和法则是客观存在的,大量发明创新都是依据同样的创新原理,并会在后来的一次次发明创新中被反复地应用,只是被使用的技术领域不同而已。所以发明创新是有理论依据的、是完全有规律可以遵循的。

TRIZ是一门科学的创造方法学。它是基于本体论、认识论和自然辩证法产生的,也是基于技术系统演变的内在客观规律来对问题进行逻辑分析和方案综合的。它可以定向一步一步地引导人们去创新,而不是盲目的、随意的。它提供了一系列的方法,包括解决技术矛盾的40个发明原理和矛盾矩阵,解决物理矛盾的4个分离原理,76个发明问题的标准解法和发明问题解决算法(ARIZ),以及消除心理惯性的工具和尺寸-时间-成本算子等。它使人们可以按照解决问题的不同方法、针对不同问题、在不同阶段和不同时间去操作和执行,因此发明就可以被量化进行,也可以被控制,而不是仅仅凭灵感和悟性来完成。

重要的是,借助TRIZ理论,人们能够打破思维定式、拓宽思路、正确地发现产品或系统中存在的问题,激发创新思维,找到具有创新性的解决方案。同时,TRIZ可以有效地消除不同学科、工程领域和创造性训练之间的界限,从而使问题得到发明创新性的解决。TRIZ已运用于各行各业,世界500强中的多数企业都已经成功地运用TRIZ获得了发明成果。所有这一切都证明了TRIZ在广泛的学科领域和问题解决之中的有效性。

(TRIZ理论五十问. http://www.triz.gov.cn,2013-06-08.)

根里奇·阿奇舒勒是一个传奇人物,1950年他被指控利用发明技术进行阴谋破坏,被判刑25年。在莫斯科监狱,阿奇舒勒因拒绝签署认罪书而被定为"连轴审讯"对象。他被整夜审讯,白天也不允许睡觉,阿奇舒勒明白如果这样下去他的生存无望。他将问题确定为：我怎么才能同时既睡又不睡呢？这项任务看起来很难完成。他被允许的最大的休息是在椅子上睁着眼。这意味着：要想睡觉，他的眼睛必须同时又睁着又闭着，这就容易了。他从烟盒上撕下两片纸，用烧过的火柴头在每片纸上画一个黑眼珠。他的同囚室友将两片"纸眼珠"蘸上口水粘在他闭着的眼睛上。然后他就坐着，冲着牢房门的窥视孔，安然入睡。这样他天天都能睡觉。以至于他的审讯者很奇怪，为什么每天夜里审讯他时他还那么精神。

这就是创新，而且是很实用的创新。

概括地说，创新就是扬弃旧事物、创造新事物，这是一个否定之否定、肯定之否定的过程，更是一个市场实现与商业化应用的过程。所以，创新的核心价值不在于"新"，而在于创意的转化、输出、应用、接受与创造价值。

二、创新的类型

了解创新的类型有利于掌握创新的范畴，拓展创新的空间。

熊彼特在提出创新概念时把创新分为五种类型：①引进新产品；②引用新技术，即新的生产方法；③开辟新市场；④控制原材料的新供应来源；⑤实现企业的新组织。

目前很多学者把创新分为四种类型：知识创新、技术创新、管理创新、方法创新。

（一）知识创新

知识创新是指通过逻辑判断、理论研究、社会实践与实验，或偶然获得的新发现，以及由此提炼而形成新的认知体系。知识创新的一个重要方向就是对过去的谬误的否定，如今已经识破了"农作物的神话""鸡血针的神话""绿豆汤的神话""菠菜的神话"，还有更多的"神话"等待着我们用科学的方法、数据与事实去破解。如脑白金、王老吉、丹参酮、转基因食品、有机食品等到底是不是被误导的神话，还有待破解。最终也许会有一些类似阿奇舒勒的智者去总结破解"神话"的理论与方法，从而使科学得以发展，这就是知识创新。

在知识创新过程中，理性的逻辑判断非常重要，农民出身的毛泽东为什么会在大跃进时代上"科学家的当"，相信亩产万斤的谬论？在亢奋中理性判断能力变得极度脆弱！所以，对中国来说，让理性照耀中国大地在任何时候都显得特别重要。

链接 1-3　菠菜的神话

1870 年,德国化学家埃里希·冯·沃尔夫对菠菜以及其他绿色蔬菜的铁含量进行了研究。在笔记本上记录自己的发现时,他错点了一个小数点,导致菠菜的铁含量是实际含量的 10 倍。100 克菠菜中实际只有 3.5 毫克,由于错点小数点,这一数字变成了 35 毫克。

正是因为他的失误,《大力水手》的制作人员才让这个动画人物喜欢上菠菜。动画片中,大力水手只要吃一罐菠菜便会拥有无穷的力量。可谓失之毫厘,差之千里。

美国数学家塞缪尔·阿尔伯斯曼在新书《真相的半衰期:为何我们知道的一切都有有效期》中,以沃尔夫的失误为例,讲述了科学研究中犯下的错误如何孕育出一个个我们耳熟能详的神话。阿尔伯斯曼书中说道,如果 100 克菠菜中含有 35 毫克铁是真实存在的,那么,大量摄入菠菜相当于吃掉一个小回形针。

沃尔夫的失误导致动画制作人员错误地认为菠菜拥有神奇的健康功效,因此才让他们笔下的大力水手吃菠菜增加力量。据信,大力水手的出现让美国的菠菜消费量增加了三分之一。菠菜也由此一直成为人们印象中含铁丰富的蔬菜。

阿尔伯斯曼说,人类容易忽视重新核实证据的重要性,因为传播一个听起来正确的"真相"比进一步钻研要容易得多。

(杨孝文.菠菜的神话[N].羊城晚报,2013-07-11.)

(二) 技术创新

在 20 世纪 60 年代就有人提出"技术创新"的定义,从该定义的演变来看,不是单纯指"技术"的"创新",而是注重"首次应用"与"市场化"。提出"长波理论"的英国学者克里斯托夫·弗里曼(Christophe Freeman)在 1973 年对技术创新的定义是:技术创新是一个技术的、工艺的和商业化的全过程,其导致新产品的市场实现和新技术工艺与装备的商业化应用。1982 年对技术创新的定义更改为:技术创新就是指新产品、新过程、新系统和新服务的首次商业性转化。

技术不仅要转化为生产力,更要转化为市场力,这才是真正的技术创新。曾经有人设计了一款"无电保暖鞋",但最后没有获得成功。这种鞋只有在用脚猛踩时才会发热,但如果坐着不动就不会发热。实际上,运动过程无需穿"保暖鞋"也会很暖和,关键是坐着的时候要保暖。所以,这款反其道而行之的产品没能撬动顾客的需求。

链接 1-4 技术创新最新事例

技术创新的方法很多,机器设备、工具用具等是硬技术;工艺方法、软件系统等是软技术。以下这些在媒体报道过的创新事例,你认为哪些是真的?有没有发展前途?

1. 手机"听"瓜熟

东北农业大学技术人员研发出一种可以检测西瓜成熟度的手机软件。据介绍,用手拍西瓜时会发出嘭嘭的声音,有经验的人一听便知道西瓜是否成熟,而普通人却很难辨别。此款手机软件可以接收拍西瓜时产生的声波,通过测定波长、频率等指标来判定西瓜是否已经成熟。

(苏强.手机"听"瓜熟[N].黑龙江日报,2013-06-28.)

2. 可养鱼种菜的"活冰箱"

据英国《每日邮报》2013年5月28日报道,巴黎的两位法国设计师设计了一种用于室内的"河流生态系统箱",借助这个小生态系统箱,人们可以在自己家里养鱼和种蔬菜。

河流生态系统箱采用了一种复合养殖原则,有在下层的鱼、虾、蜗牛,还有在上层的水生植物。下层的水生动物排出的富含硝酸盐的废物为上层的植物提供营养物质,而且植物在吸收这些废物的同时又起到了净化水的作用。这样就保持了一种生态系统的平衡,因而鱼类和植物都能够生存下去。

这个"河流生态系统箱"又被称为"冰箱水族馆",因为当你养鱼的时候,这个生态系统箱能起到观赏作用;而当你吃鱼的时候,可以从这个生态系统箱里"打捞",你也可以种植一些蔬菜。由于这些食物是自产自销,所以会令人感到新鲜、放心,可谓一举两得。

目前这种河流生态系统箱有两种尺寸,造价分别为 10 600 英镑(折合人民币约 97 696 元)和 6 750 英镑(折合人民币约 62 211 元)。

(梁方存.环球网,2013-06-06.)

3. 不加油的飞机

据新华社电(记者王昭 吴陈 美国西部时间 2013 年 5 月 3 日

6时12分),世界最大的太阳能飞机"太阳驱动"号从美国加利福尼亚州硅谷起飞,开始自西向东穿越美国的飞行。此次飞行是"太阳驱动"号在2015年开始环球飞行前的最后一次长途飞行。

"太阳驱动"号是世界上第一架可实现昼夜飞行的太阳能环保飞机,翼展63.4米,主要由超轻蜂窝结构复合材料制成,总重仅1 600千克,相当于一辆普通轿车,其机翼上装有约1.2万块太阳能电池板,为机上4台电动机供电。飞机白天飞行时,可将多余的太阳能电力储备到高性能蓄电池中供夜间飞行,实现无燃油昼夜飞行,该飞机平均飞行速度为每小时70千米。

"太阳驱动"号项目发起人、瑞士探险家贝特朗·皮卡尔今年55岁,是瑞士家喻户晓的探险家。1999年3月,他从瑞士启程,进行了首次热气球不间断环球飞行。

为实现环球飞行的目标,皮卡尔及其团队已尝试颇多。"太阳驱动"号自2010年4月7日首飞成功后,又于当年7月7日实现不间断昼夜试飞。2011年5月,"太阳驱动"号实现瑞士至比利时的跨国飞行,2012年又成功实现瑞士至北非国家摩洛哥的跨洲飞行。

作为清洁能源技术的实验平台,"太阳驱动"项目已不仅是科技领域的一次冒险,也在为全球面临的环境问题寻找切实可行的解决方案。

(中国新闻网,2013-05-24.)

4."除草象"的启示

澳大利亚是世界上野火最为肆虐的国家,境内全年都饱受野火之灾:通常是冬季从北方开始烧起,烧到夏季,最后在南方熄灭。许多森林、草原都被毁于一旦。

对于怎么解决这个难题,众多专家提出过不少建议,但不是因为成本过高,就是可行性过低。塔斯马尼亚大学的火灾专家布曼,则想出了一个新奇的怪招:引进非洲大象!政府部门经过商议后,采纳了布曼教授的提议,野火果然得到了有效控制。

对此,火灾专家布曼教授解释说,他经过调查发现,早先有一种原产于非洲的巨型禾本植物引入了澳大利亚,而当地最主要的食草动物袋鼠却对其不屑一顾。因为躲过了被吃的命运,所以这种禾类植物长势非常快,最终成了草原起火的助燃剂。而这种巨型禾草是非洲大象最爱吃的食物,因此引进非洲大象,既能充当澳洲草原最好的"天然除草剂"和"消防员",同时又能避免大量使用化学除草剂造成的环境污染,何乐而不为呢!

很多时候,一些看似很复杂、棘手的问题,只要我们理清思路、追根溯源,就能抓住事情的本质,巧妙地化繁为简、变难为易!

(秦湖."除草象"的启示[N].新民晚报,2012-10-04.)

(三) 管理创新

管理创新主要是指一个组织的创新,即通过培育组织的创造性思维与创新文化,把新的管理思路、管理文化、管理手段、管理技术、管理模式、管理人才等管理要素或要素组合引入企业管理系统,并将其转换为有用的产品、服务或作业方法的过程。

在管理创新过程中,有一种现象往往被人忽视,那就是"过度管理"。面对这种情况,最简单的创新办法就是从"管控"转为"疏导",从"惩罚"转为"奖励"。如果管理成本大于通过管理所能获得的收益,那就无须管理。有些事情根本没有办法量化与考核,也无须管理,只能靠被管理者的自觉性与责任心,但多余的责任心也会阻碍管理创新。

链接1-5 多余的责任感

经过3个月的培训,市场开发部工作人员从上海回来了。他们属于新部门,筹备期间由我负责行政事务。

这是公司首次在浙江以外地区设立新机构,筹备工作空前艰苦。尽管德国公司的计划周密高效,各部门间协作默契,但还是有一些细节没有衔接妥当:市场部员工的交通费用不能及时从总部得到报销,部门经理问我怎么办。

按照公司划定的权限,人事经理不能签字为市场部请款。无奈之下,出于职业责任感,我用自己的钱代公司垫上了员工交通费。

7个月后,新分部大功告成,将择日开业。

邓飞克笑着夸我工作做得出色,又问我是否有什么需要解决的问题。

我想起前期的费用单据还在自己这儿,于是简单把情况说了。邓飞克立刻答应让上海方面打足够的备用金过来,这时,他突然想到一个问题:"1万多元人民币全是员工自己垫付的?"

"不!员工并没有垫付。财务部说新分部没有总经理,公司规定没有人有权力签这个费用,所以我先垫了。"

"这么说,是你用自己的钱为公司付这笔费用?"

"是的,先生!我有义务解决这个问题。"我有些自豪地说。

他却摇开了头:"NONO!"

NO?我是不是听错了?难道我做错了?

看到我委屈和不满的神情,邓飞克的语气缓和了下来:"你这样做是掩盖了公司管理上存在的问题,没有让真正的问题得到及时反映。你告诉我,公司如何改进管理与流程?我们还要开设其他分部,这个问题将永远存在,难道你没有想过这是个必须由公司去解决的问题吗?这是你个人可能解决的问题吗?公司要发展,这个问题是不是一个重要的问题?如果不解决,它将带来多大麻烦?"

我激动的情绪霎时间平复了。或许,我的"东方思维"的确出了问题。员工的责任感,并非任何时候都是积极正确的。至少在这件事情上我的责任感是多余的。

(小故事网,www.xiaogushi.com,2011-05-23.)

(四) 方法创新

方法创新与知识创新、技术创新、管理创新存在交集,但在人们日常生活、企业经营、组织管理等活动中,确实常常应用到"方法创新"。"授之以鱼不如授之以渔""工欲善其事,必先利其器"等都是强调"方法"的重要性。

如果把创新分为"想到"与"做到"两个方面,方法创新就可以定义为:把想到的创意"做到,做好,做得人人满意有效益"的过程。英语中有个单词叫"Solution",在软件业与咨询业应用的频率非常高,意思是说,它们提供有关问题的解决方案。方法创新可以理解为"解决方案"的创新,是解决"遐想落地"问题。要在当今的信息化社会占有一席之地,没有想法肯定不行,但想法不能落地也毫无意义。

链接 1-6 老 鼠 开 会

老鼠们在一起开会,商讨怎样才能不被猫抓住。其中一只老鼠提议,在猫的脖子上挂一个铃铛。全体老鼠欢声雷动——这主意太好啦!但有鼠问大家:怎样才能把铃铛挂到猫的脖子上?全体老鼠——鸦雀无声!

这个故事告诉我们,办法比想法更重要,没有方法应对的想法是没有价值的。

现在的问题是:在猫与老鼠的关系日益进化的当今时代,你有什么办法能把铃铛挂上猫的脖子?

(伊索寓言故事)

上述四种创新类型,可以归为三类:一类是硬件创新,是指物化的创新过程,如数控机床的诞生;二是软件创新,是指固化的创新过程,把人类活动的流程、经验、知识等固化在计算机软件、信息系统中,可以大大简化与节省人工操作的时间、资源与成本,提高效率,减少误差,增加满意度,如在手机中广泛应用的"APP";三是活件创新,是指活化的创新过程,把人的心智构造得更有利于创造新的精神世界与物质世界。

创新还可以分为三个层面:一是基于大脑思维的个体创新;二是基于团队合作的群体创新;三是基于组织习惯的组织创新。所以,创新不仅仅是思维的创新,更重要的是要融于团队,养成创新的习惯,使组织具有创新的基因。

总之,创新可以从不同视角来考察,多一个视角就多一种思路。

第二节 创新能力与创新原动力

创新是发展的原动力。但是什么是创新能力?创新能力是怎么形成的?企业创新的原动力又来自哪里?

一、创新能力

创新能力是指围绕某一话题或面临的情况能够迅速地构想出一些不同寻常的想法或独特的创意来解决问题的能力。这一解释使"创新能力"变成了一种实践应变能力,如电视连续剧《亮剑》中李云龙用挖壕沟与扔手榴弹的方式打击"日本鬼子",电视连续剧《枪神》中的兵工厂厂长吴应德用绑脚带捆绑作为弹射器把手榴弹扔到更远的敌方阵地,这些在战争理论没有的"方法",却在实际战斗中发挥了无可争辩的威力,这就是创新。商业实践也需要这样的"创新"。

很多企业把大学生作为"后备力量"来培养,也许是基于企业对"创新驱动与转型发展"的急切期盼,对大学生所寄予的厚望。大学教师不可能传授这样的"创新"方法,但能否给大学生培育这样的"创新精神",能否培育类似《亮剑》中"军魂"的"学魂"?

与此相关的另一项能力是"连贯构思能力",即围绕某一话题能迅速想出一些创意的能力。具有逻辑判断力,能从全局和整体思考问题,并就此提出"构想",这些构想也包括"创新"的含义。

创新能力其实是根据矛盾提出假设,发现问题本质,提出问题的解决方案,并在解决问题过程中不断优化解决方案,直至解决问题的能力。

创新能力与一个人的心理特征是紧密相关的,创新能力强的人,总能想到常人难以想到的"想法",总能做出常人难以做到的"做法"。所以有"性格决定成败"一说。但性格又是怎么形成的?形成了性格以后会不会因环境而改变?性格能不能通过实践训练而改变?

链接1-7 创新能力是怎么炼成的?

爱尔兰作家萧伯纳说:"人们总是在埋怨,但是我不相信是处境不好。来到世界上而成功的人,是那些积极寻找他们想得到的东西的人,如果他们想要的东西没有的话,那么就创造它们。"

举一个例子,一般遇到下雨下雪,妈妈总是对孩子说,"回家吧,不要受凉,要记住戴帽子戴围巾"。但有一次下了很大的雪,我发现就有一个妈妈带着孩子,到我们住处周围敲门,问要不要铲雪。我们说好的,然后孩子开始铲雪,铲雪就成了这个孩子的生意。所以,我现在回忆起来,我没有把我儿子带好。我觉得他时间太紧了,就对他说,"回去做作业吧,不要花你的时间到外面挣钱,不愁那个钱",上大学的时候也给他准备了很多钱。我以为他会在那非常用功读书,其实适得其反,他拿了钱以后,去干吗呢?你都不能想,好在他没有去吸毒,是去谈女朋友。

(刘鹰.创新精神与事业发展:创业之道[M].北京:北京大学出版社,2013:6-7.)

生理基因与社会基因的传承、家庭教育以及自由的环境,对创新以及创新能力的形成都是十分关键的。真正创造世界的是人类,而只有心灵自由,人生才能自由,才能由此迸发出惊人的创造力。

如果想知道自己是一个什么样的人,可以做一些测试。"创新能力小测试"中主要是一些测试创新精神的题目。还可以通过"四色性格测试"了解自己性格本源的力量。

链接1-8 创新能力小测试

回答下列十个问题：

1. 在学校里,我喜欢试着对事情或问题进行猜测,即使不一定对,也无所谓。
2. 我喜欢不断地尝试新鲜事物。
3. 我认为所有问题的答案都应该是千变万化的。
4. 如果一本故事书的最后一页丢了,我就会自己编一个故事,然后把结局补上去。
5. 尝试新的游戏或活动,是一件非常刺激的事情。
6. 当我读小说或看电视时,喜欢把自己想象成其中的人物。
7. 我对机器感兴趣,想知道它里面是什么样子的,它是怎样运转的。
8. 当我看到一张陌生人的照片时,喜欢猜测他是一个什么样性格的人。
9. 当出现问题时,我喜欢探寻问题出现的原因,并且积极解决。
10. 我经常问一些别人没有想到的问题。

如果有7题以上选择"是",你的创新能力还不错!

(邢群麟,王艳明. 一看就懂的创新思维[M]. 上海：立信会计出版社,2012.)

二、创新能力的形成因素

创新能力的形成有五大影响因素,即遗传因素、环境因素、学习因素、实践因素、思维因素。

1. 遗传因素

人类通过遗传效应代代相传,传承着基因,这是形成创新能力的生理基础,是形成个体创新能力的物质前提。如孩子的身材通常与父母比较相似,尤其是双胞胎孩子,甚至像同个模子里刻出来一样,这就是遗传的效应。

一个生物体的表现形态与属性的形成,总是基于遗传与环境的相互作用。但哪些是基于遗传，哪些是基于环境，到底是怎么相互作用的？这是一个非常复杂又无比奇妙的过程。

链接1-9　情感遗传:性格储备

英国和美国学者在不同时期的研究也都发现，快乐可以遗传，即由基因控制，其比例在50%左右。研究人员对900多对双胞胎的性格和快乐程度数据进行了分析。由于同卵双胞胎基因完全相同，而异卵双胞胎不完全相同，所以研究人员可以分辨出决定某些性格特征及使人容易快乐的共同基因。

爱丁堡大学的蒂姆·贝茨说:"研究表明，同卵双胞胎的性格特征和快乐程度十分相似，然而，异卵双胞胎仅有约50%的相似度。这充分说明了基因的作用。"他说，具有积极遗传性格特征的人实际上同时拥有一种"快乐储备"，供他们在郁闷的时候"释放能量"。

贝茨说:"这说明了很重要的一点，外向、冷静和可靠的性格特点能形成一种'情感储备'，为将来的快乐提供保障。"这一研究报告已在《心理科学》期刊上发表。美国明尼苏达大学研究员里科也表示，人的幸福感与其个性有紧密的联系，而个性绝大部分是由遗传决定的，因此快乐也应该深受遗传基因的影响。

基因控制着人大脑中五羟色胺的水平。五羟色胺是一种神经传递素，对心情、情绪、睡眠和食欲起着重要作用。如果大脑中这种物质含量较高，人就比较容易快乐。研究发现，人体大脑中50%的五羟色胺来自于遗传，另外一半则受到后天的影响。这就可以解释，为什么有些人天生比较活泼，容易快乐，而另一些人则非常容易忧郁。

(百度百科)

2. 环境因素

人类的生理基因通过遗传代代相传，人类的社会基因则通过环境相互传播，环境是创新能力形成的重要影响因素。这正如马克思所说，人类创造环境，环境也创造人类。

人离开母体所接触到的第一环境是家庭，所以家庭环境对人的影响极为重要。30年前放映的电影《流浪者》是这样说的:法官的儿子是法官，小偷的儿子是小偷! 富有正义感的人大都不喜欢听这样的话，但这些话却与事实非常接近。我国传统也基本如此，历来强调阶级划分，这叫做"根正苗红"。央视曾播放过英国纪录片《七年》更彰显了类似的道理。这是一部拍了49年的真人版纪录片,导演迈克尔·艾普泰德选择了14个7岁的英国小孩,以7年为一个单位,用摄像的方式记下了他们的"时间简史"。结果发现:富人孩子基本不会偏离精英社会的培养期望,穷人孩子基本也无法脱离社会底层,14人中只有一位穷人孩子后来成了教授。

在人的成长过程中,接受了一系列教育环境、生活环境、组织环境的洗礼,在不断地学习、感悟与实践中渐渐形成了每个人独特的性格特征、生活习惯、工作作风、思想意识。人们发现:家庭教育、学校教育、组织教育、实践教育之间常常相互矛盾,这就需要自己去沟通、妥协、平衡与化解。所有这一切,最终都影响着人的创新能力的形成、提高或退化。人这一生,实际上是习惯决定性格,性格决定命运,心灵自由,人生就能自由,自由的心灵与自由的人生,能创造出新的精神世界与物质世界。金字塔是由"自由人"建造而非奴隶建造的这一推断与新发现,给人们探索创新的源泉提供了新的思路。

链接1-10 金字塔不是奴隶建造的

400多年前,瑞士一位钟表制作大师布克认为:金字塔的建造者不是被迫劳动的奴隶,而是一些拥有自由身份的人。400多年来,他的观点一直被所有人排斥。然而,事实证明,他的推断是正确的。在2003年,埃及最高文物委员会宣布:金字塔的确是由当地具有自由身份的农民和手工业者建造的。

为什么布克能够在400年前准确地指出金字塔不是奴隶所建造的呢?经过研究发现,原来,布克是从钟表的制作中推断出这个结论的。

布克本身是一名钟表制作大师,因为宗教问题被捕入狱。囚禁期间,他被安排制作钟表。在那个失去自由的地方,布克发现,无论监狱管理者使用什么高压手段,都不能使他们制作出日误差低于1/10秒的钟表;而入狱前他们在自己的作坊里,能够轻松地制作出日误差低于1/100秒的钟表。为什么会这样呢?起初,布克以为是制作钟表的环境太差。后来,他们成功越狱,又过上了自由的生活。此时,他才发现,制作钟表时真正影响钟表精确度的,不是环境,而是制作钟表时的心情。

想到这一点,布克马上就想到,金字塔这么大的工程,建造得却如此精细,建造者一定是一批怀有虔诚之心的自由人。难以想象,一群有懈怠行为与对抗思想的人,可以让金字塔的巨石之间连一根刀片都插不进去。所以,他就提出了自己的上述观点。

(颜伦琴.员工职业化讲师.网易博客.)

3. 学习因素

遗传因素属于"先天",环境因素属于"后天",这两个方面已经综合了各种影响因素。但是,由于"学习"在人的一生中所占有的特殊地位,可以作为一个单独因素来影响人的创新能力。学习其实可以分为两类,一类是学校学习,大约占人生的五分之一;另一类是社会学习,那是终身的过程。

广义来说,学习是在特别情境下,由于练习或反复经验而产生的行为、能力或倾向上的比较持久的变化及其过程。

狭义来说,学习是指在各类教育环境中,在教师或前辈的指导下,有目的、有计划、有组织地进行的,是在较短的时间内系统地接受前人积累的文化经验,以发展个人的知识技能,形成符合社会期望的道德品质的过程。

通过学习不仅获得前人积累的知识与经验,而且能创造新的知识与经验。这不仅是一个领会与传承的过程,更是一个创新的过程。

链接1-11 偷袭珍珠港的创意来自一本书

学习是创意的源泉,日本军官山本五十六偷袭珍珠港,从战术上来说是非常成功的,但有专家称,这一成功的策划创意来自一本书。

美国人约翰·托兰对山本偷袭珍珠港计划的产生曾有一个符合逻辑的推测。1921年,美国出版了《太平洋海上霸权》一书。四年后该书的部分内容被创作为小说,取名《伟大的太平洋战争》,书中描写了一支日本舰队偷袭珍珠港、关岛和菲律宾群岛等情况。这本书被日本海军参谋部译成日文,列入海军大学的课程。该书出版时,山本正在华盛顿任武官,这位孜孜不倦地钻研海军学术,又具有相当英语造诣的山本,不可能不注意到这本书。偷袭珍珠港作战计划的产生与山本的性格特点也有密切的关系。西方有人针对偷袭珍珠港之战说过,只有赌徒才敢冒那么大的风险。山本是个冒险家,对赌博尤为着迷。他把赌博和碰运气的游戏看得比饮食还重要,玩扑克、打桥牌、下围棋、打赌都称得上是行家。他与同僚赌,与部属赌,还常跟艺妓赌,而且赌得认真。1910年,山本为一件不大的事与他的密友就一下子赌了3 000元,这笔钱在当时能买幢好房子,结果山本输了。山西密友一笑了之,山本却坚持还债,每月从薪金中扣,一直扣了十几年。山本出使欧洲时,据传说由于他赌技超群,赢钱太多,拉斯维加斯的赌场甚至禁止山本入场,他是拉斯维加斯第二位被禁止的赌客。山本曾说,如果天皇能给他一年时间去赌博,可以为日本赢回一艘航母。总之,美国的小说,加上山本个人秉性等各种因素,促成了偷袭珍珠港计划的形成。

(互动百科)

4. 实践因素

学习出知识,实践出经验。长期的工作实践,不断地积累实践经验,这对创新能力形成与提高具有十分重要的意义。

但值得注意的是:实践经验也会造成"思维定势",并有可能束缚人的"手脚",成为创新的"绊脚石"。因为成功,所以失败,这是很多企业难以从成功走向成功的关键原因。

链接1-12 黑天鹅效应

在澳大利亚被发现之前,欧洲人都坚信:所有的天鹅都是白色的。因为根据经验,当时所能见到的天鹅的确都是白色的,"天鹅是白色的",是一个无可争辩的"公理"!

直到1697年,探险家在澳大利亚发现了黑天鹅,人们才知道以前的结论是片面的——并非所有的天鹅都是白色的。

新的实践与发现,打破了过去的经验与公理!这不仅仅是鸟类学者的新发现,更是社会学家的新发现,因为它说明人类对这个世界的认识是多么局限、多么肤浅!那只并不好看的黑色的鸟,推翻了你在观察了几百万只天鹅之后才得出的"天鹅是白色的"结论!

之后有一个名叫纳西姆·尼可拉斯·塔雷伯(Nassim Nicholas Taleb)的作者写了一本关于随机和不确定性概念的书——《黑天鹅效应:如何及早发现最不可能发生但总是发生的事》(The Black Swan),该书中就提到了"黑天鹅效应"。

所谓"黑天鹅",是指看似极不可能发生,但实际又正在发生的事件。这类事件主要具有三大特性：稀有、冲击性大、事后诸葛。受思想束缚之害，我们总是习惯于重视已知的事物，而忘记了去想想为什么有那么多其他的事物我们还不了解。人性的弱点之一，就是自欺欺人，我们知道的越多，我们不知道的就更多。在许多大事件陆续发生并改变着我们的世界的时候，我们却还像鸵鸟一样把头埋在沙堆中，禁锢着自己的思想。

当那么多"黑天鹅"出现后，人们发现：相信公理与经验是危险的，公理需要被不断打破，经验只能被用于创造新的经验。

这本书作者提出：历史不是徐徐行进的，而是活蹦乱跳式的。从以往的事件中归纳总结加以解释的做法，不过是为了获得心理上的满足和安慰罢了，谈不上任何实用性。

（搜狗百科）

5. 思维因素

父母给了我们生理基因，社会给了我们社会基因，我们自身也在不断地学习与实践，这一切都固定在我们大脑中，形成一定的思维能力。

人类与其他动物相比，只有肩膀以上部分才有优势。那是因为人类依靠大脑不仅创造了精神世界，还创造物质世界。当今社会我们日常所见之物，都源于人类的创新与创造。未来世界的历史也应在不断创新中得以延续。这正如比尔盖茨所说：可持续竞争的唯一优势来自超过对手的创新能力。

链接1-13　大学之痛："创新精神病"

都说现代中国人浮躁，"大跃进"后遗症。别的行业，我不知道，仅以高校为例。浮躁的具体表现，就是"创新精神病"。创新不是病，病在走火入魔，为创新而创新，把学生和教师都折磨惨了。

好多年前，四川大学搞了个"创新人才班"。新生入学后，高考分数名列前茅者，再经过笔试面试，组建"文科创新人才班"与"理科创新人才班"，后来更名"吴玉章学院"。吴玉章吴老是历史文化名人，著名教育家，1922—1924年曾任四川大学前身之一成都高师校长，新中国成立后任中国人民大学校长。这个"吴玉章学院"是学校的"教改试验基地"，培养创新人才。但我看来，一点不创新，不过是中学"重点班"或"火箭班"的克隆版而已。

吴玉章学院的创新点,就是实行"导师制",本科生配备指导教师。在教务处看来,导师是"殊荣",香饽饽,所以要教师自己提出申请,填写申请表:性别、专业、职称、论著、在研课题等。我时任教学副院长,拿回一叠申请表,找教师填写,却被婉拒:谁乐意啊?我只好以身作则,填写申请表,然后以个人人脉,嬉皮笑脸,软泡硬磨,完成填表任务,好像广大教师很踊跃似的。

吴玉章学院的学生,因有入学教育的创新训话,以及种种优惠政策,比如外语小班,借书多几本,保研名额多,貌似就高人一头,自豪地称为"玉章人"。我感觉很喜剧:难道数学学院学生自称"数学人",物理学院学生自称"物理人",化学学院学生自称"化学人","机械学院"学生称为"机械人","高分子化工学院"学生称为"高分子人"?都是川大学生,理应享受公平的教学资源,为什么要人为制造这种优越感?

我不认同这种优越感。但校方偏要宠他们。前年,又有几个创新班的"玉章人"来找我,恳请我担任他们的导师。我告诉他们,别说什么"创新",我怕把你们整成"创新精神病",神经兮兮,先跟我老老实实读书,古今中外书。学生却问:"发不发表论文?"说学院开学典礼,有关人士说,有个"创新"学生发表的论文,导师都看不懂,北大教授看懂了,破格录取他为研究生。

这简直是对我川大教授智商的侮辱,我根本不相信:在现行"创新精神病"教育体制下,能培养出横空出世的天才?一个本科生的论文,不管文科理科工科医科,连副教授教授导师都看不懂,可能吗?除非他是爱因斯坦、比尔盖茨式的怪才。

期末,"创新"学生"玉章人"来找我,给我看他要填写的"科研"表格,吓我一大跳。表格分两项,"科研项目"与"科研获奖",国家级省部级,科技进步一等奖、二等奖、三等奖。简直是开国际大玩笑,笑道:"是不是以为我是'瓜娃子'?"说川大的两院院士杰出教授,获此殊荣者,也是凤毛麟角,何况我这个迂老夫子,何况你们这些大二大三的学生?

我承诺指导的学生,原来4人,却少了一人。我问:"某生为什么没来?"诸生答曰:"计算机基础考试没及格,被淘汰了。"这位学生,学对外汉语,折磨老外的创新高手,很阳光很聪明,我非常喜欢,却被莫名其妙的计算机基础给淘汰出局。我义愤填膺,电话质问教务处:"门门课,包括政治课体育课外语课计算机课军事理论课,都优秀的文科学生,是庸才,不是人才!"教务处答曰:"这是'吴玉章学院'的规定。"

狗屁"吴玉章学院",狗屁"创新人才班"!你们得了"创新精神病",病入膏肓,我不愿得,当即宣布:辞去该院导师职务。你们有病,我不跟你们玩了,拜拜!

(谢不谦博客,2011-09-26.)

谢不谦先生在博客中所说的"创新精神病",确实病得不轻!北京第二外国语学院教授唐晓敏博士对此有一段"博客评论"是这样说的:近些年,"创新"成为一个非常时髦的词。从上到下,人人都讲"创新",仿佛有一种办法,能够让创新性人才像雨后的蘑菇一样大面积地长出来。这种"创新教育",如同大跃进年代的"大炼钢铁"一样,不仅没有真正增加钢铁产量,反而是把原本有用的一些铁器也变成了废铁。

链接1-14 创新能力与精神病有关?

从整个科技史来看,创造力非常强的人,通常都或多或少地患有精神上的疾病。创新能力还与精神分裂、躁郁症有着不同寻常的联系。

卡罗琳医学院妇女儿童健康中心的弗雷德里克教授,通过研究大脑和多巴胺(大脑中的神经传导物质)神经末梢发现,健康的、具有高度创新能力的人,所具有的多巴胺系统与精神分裂症者的极为类似。这项研究,为创新"怪人"与精神病之间的神秘联系提供了科学上的支持。

大脑的哪个部分对于这一联系起作用,也有些神秘。弗雷德教授推测多巴胺在大脑系统中的作用非常重要,研究发现,多巴胺神经末梢基因会与发散的思考能力相联系。

一项实验显示,发散测试得分高的具有良好创新能力的人,丘脑的多巴胺神经末梢密度低于低创新能力的人。精神分裂症者这部分的多巴胺神经末密度梢也偏低,表明了精神病和创新能力关系的原因。

多巴胺神经末梢密度低,意味着对信号过滤的程度低,从而经过丘脑的信息就更多,这也许是创新能力高者与精神病症者内在联系的所隐藏的意义。

(陈强.凤凰网科技,2010-05-21.)

遗传因素与环境因素是影响创新能力形成的基本因素,学习与实践两个因素在环境因素中相互作用而影响创新能力,思维因素则是各种影响因素的结晶,最终通过人的创造性思维活动决定人的创新能力。

三、组织创新力

前面所说的是个人创新能力的形成因素,一个组织的创新能力,即组织创新力,是怎么形成的？其动力又从何而来？

(一) 组织创新力的形成因素

由于组织的类型不同,创新的方式方法也有差异,如营利性组织、非营利性组织以及政府组织等。从企业组织的角度来分析,一个企业类似一辆运动中的板车,最高领导一个人拉着板车,后面有四个人分别管着板车的四个轮子,并推着板车向前。这里有四点特别重要：一是领导者的想法(思维创新)；二是四个轮子(科技创新)；三是四个推车人的协同配合(政策激励)；四是拉车的方向(市场拉动)。

后来随着企业发展,老板不用自己拉板车了,就可以招聘一个职业经理人来拉企业这个大板车。企业发展到更大的时候,人工板车不行了,就用电动板车、汽车、火车甚至多种工具联合出击。在这个时候,老板一个人的脑袋也不够用了,需要一个智囊团队来为企业出谋划策,需要一个指挥团队贯彻落实,还需要一个评估团队做业绩考评。这时候,老板做什么？从企业内部走向企业外部,去获得更多的社会资源与发展机会,让这些团队去创新发展。由此可见,企业大了,老板应该是一个核心动力,他的创新力、影响力、控制力,最终都应该转化为一种创新文化,从而影响整个企业的发展。

(二) 组织创新的原动力

邱择源的《原动力》(经济日报出版社,2006 年)一书封面上这样写道:每家企业初创时,都有最初的想法、目标以及为实现目标而采取的措施,这就是企业发展的原动力。

这里所指的原动力,实际上就是指促成商业目标实现及造就财务利润的最初的成功理念。例如,小杨在家门口开了一家杂货店,开店之前,他一定会做商业分析。附近没有店铺,买东西不方便,公交车站边有个店铺闲置,每天有很多人在那里候车,冲动型购买力很强,店面靠近附近小区,有很多熟人可以来捧场,自己很会经营,现在又没有工作,人事成本为零。这上述思考就是做生意的原动力。

店面开出来以后,小杨的思考一一被验证,他也不断根据实际情况进行调整,从实践中他不断完善接待顾客的技巧,努力使自己的铺面成为客人乐于光顾的好店铺!

后来,小店的生意越来越好,一个人忙不过来,就雇佣了几个伙计。小杨想尽办法把自己的"原动力"复制到每一位店员身上,虽然伙计与老板还是有差距,但在生意繁忙中仍然基本能保持店铺原有的亲和力,这也就足够了。

由于店铺的财务状况一直很好,也激发了银行与亲戚投资意愿,小杨用开第一家的方法,保持着原始的那份动力,又开出了几家店,从单店经营发展成连锁经营。

店铺多了,总会产生一些业绩不良的门店。考虑到大家的信心,小杨并没有关闭这些店铺,而是想办法动脑筋调整这些业绩不良的门店。

既然所有的门店都很好,他们提出:为了发展应该继续扩大连锁规模。为了管理日益扩大的连锁业务,就需要有一个强大的总部。于是,从优秀的店长中抽调管理干部,担任公司的副总,建立了专业的管理团队与智囊团队,按照研究出来的商业模式加快连锁业务的发展。

这时候,杨老板已经成了总经理,常常是只在门店开张的时候象征性地巡视一番,开店频繁时,新开门店也无法到店。另外,智囊团队为他提供数据化的分析,而提供分析报告的那些人也很少接触店面与顾客。大家都告诉他,这是一种很好的商业模式,连锁店开得越多,品牌越响亮,顾客就会"认牌光顾,认牌购物",他也越来越相信这一商业模式!

但就在这个时候,原动力不见了,只留下枯燥的"商业模式"。过去在管理几个小店的时候,不管店面条件好坏,他总能用亲切的待客之道留住顾客。

渐渐地,发展有压力了,主要是业绩不如以前好了,增长也没有以前快了。大家坐在一起讨论问题,得出的结论是:商业模式与管理策略,与同行相比算是最优秀的,唯一的问题是规模还不够大,发展还不够快!

紧接着,杨老板召集大家聚会,各个区域在酒席上相互攀比立下了"军令状",分区负责,地毯式开发新门店。

店铺开出来了,但由于发展太快,有些地区甚至重复开店,营运不佳的门店也越来越多,开始拖累公司的财务利润。也因为发展太快,公司的资金缺口越来越大,而竞争的加剧使毛利率越来越低,向供应商收费也由于网络平台的发展而难以增加。

这时候,总经理虽然已经变为总裁,但总裁似乎比总经理的日子更难过,杨总裁开始陷入了成长的迷茫。他开始思考自己的发展模式,感觉再这样发展下去肯定难以跨越发展的关卡,只好让日子过一天算一天。

在这里我们发现:在企业发展过程中,原动力随着时间的变迁而被遗忘。但有很多优秀的企业,尽管经营规模与商业模式在不断变化,但他们的原动力却始终没有改变。

到底什么是"原动力"？我们无法给出一个定义,这是可以广泛探讨的问题。

第三节　创新的原则、原理与过程

一、创新原则

尽管创新要打破规则,但为了使创新活动有效,也需要遵循一定的规则。那些用于约束创新活动的规则,以及用于评价创新活动有效性的准则,就是创新原则。

创新原则可以从两个视角来分析:一是小原则,即个体创新过程中需要遵循的基本原则,主要有:遵循科学、化繁为简、功效改进等；二是大原则,即组织创新过程中需要遵循的基本原则,主要有:动态平衡、开放包容、尊重市场、可持续发展等。

1. 遵循科学

如果违背科学技术原理,任何创新都无法获得成功,除非你发现并掌握了新的科学原理。如"永动机"违背了能量守恒的科学原理；"水变油"到底是"伪科学"还是"新发明"？按照现有科学常识,水不可能变成油。水由氢和氧组成,而油则由碳和氢组成。水能燃烧吗？不能。水和二氧化碳是煤和石油产品燃烧后的终极产物,所以水和二氧化碳是最好的灭火物质。如果没有新的科学原理来支撑,"水变油"就很有可能是一个"骗局"！

此外还应该注意到:在市场营销领域,夸大其词的"广告宣传"也漫天飞舞！诸如"跑得更快""跳得更高""更有助于飞翔""是篮球运动的最佳装备""飞人原动力""具有完美的稳定性和牵引力"等等。

一旦权力与舆论工具介入科学争辩,就不易分清真伪。但最终科学将战胜伪科学,这正如"日心说"最终战胜"地心说"那样。但现在是"大爆炸说",谁又敢说"大爆炸说"就是正确的!科学也需要推陈出新,这叫做"科学创新"。

2. 化繁为简

为了使创新设想和结果更有价值,其实现途径、操作方法等都应该遵循简单机理,以市场和社会可以接受的代价实现创新。这包括:原理、结构、功能、生产制造、储运保管、使用方法、回收利用等各个方面的简单化。

3. 功效改进

创新的有效性,最关键的是要能实现功效改进,带来实际的应用价值。这包含五个方面:一是新,有新意就是首次出现;二是好,看起来好看,用起来好用;三是能,能把设想变现实;四是要,创新成果出来以后要能够被市场接受;五是效,创新成果投放市场以后,企业有盈利,并符合社会公共利益。

4. 动态平衡

动态平衡这一原则包含两层含义:一是要实现信息共享、资源共享,使各个部门知道自己是什么?干什么?为什么要这么干?未来向何处去?并及时保持良好的沟通;二是要保持充分授权,每一个团队在充分授权的情况下,即使失去了有组织的指挥,仍然能够保持很强的自适应能力。有了这两项保证,就能实现组织内各个团队的动态平衡,这是组织创新的基本保证。

5. 开放包容

创新者往往都是少数派,大胆前卫的创意很容易被常规思维与习惯势力所否定,主观武断会错过有价值的创新设想。如飞机曾被从理论上反复论证后否定了其存在的可能性;无线电波也曾被权威人士断言其不能沿着地球的弧形表面传播,无法成为通讯手段。这些创新技术在前期被否定,就是由于主观武断,对各种新观点不够开放包容。在这一过程中,权威专家常常会成为创新的"绊脚石"。

6. 尊重市场

在市场经济条件下,只有市场认可的创新才是有价值的创新,所以,现代创新特别强调"以用户为中心"和"用户参与"的创新理念。正如爱迪生所说:"我不打算发明任何卖不出去的东西,因为不能卖出去的东西没有达成成功的顶点。能销售出去就证明了它的实用性,而产品的实用性就是成功。"

7. 可持续发展

在资源匮乏与环境保护的大背景下,组织创新还必须受社会公共利益与长远利益的约束,不能为了企业利益或短期利益,去损害公共利益与长远利益,否则就不是可持续发展的创新。

二、创新原理

创新原理是指从创新实践中提炼概括出来的具有普遍性的创新规律与机制。根据知识创新、技术创新、管理创新、方法创新、营销创新等最新研究成果,将创新原理概括为:聚合创新原理、分割创新原理、还原创新原理、移植创新原理、逆反创新原理。

1. 聚合创新原理

聚合包括组合、综合、融合,通过这三种方法,可以创造出全新的事物,这就是聚合创新原理。

组合,既可以从空间上将相同或相近的物体或操作加以组合,如集成电路板上的多个电子芯片,并行计算机的多个CPU;也可以在时间上将相同的物体或操作合并,如冷热水混合水龙头。组合可以分为:同类组合,如情侣自行车、多缸发动机、多级火箭等;异类组合,如称重条码机、多功能电子表、多功能豆浆机等;重组组合,如古代有田忌赛马,现代有京东用弱势的大家电对打苏宁的优势大家电。

综合是已知事物 A+已知事物 B 得新事物 C,如图 1-1 所示。如广义相对论是万有引力和狭义相对论的综合,气候地貌学是气候学与地貌学的综合,经济数学是经济学与数学的综合。

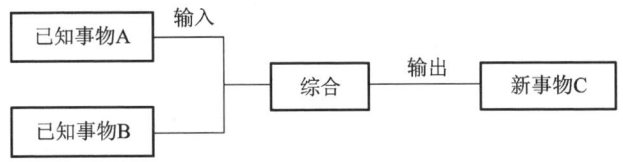

图 1-1 聚合创新原理示意图

融合是两个或两个以上元素耦合成为一种全新的元素,如合金。

从经济领域创新来看,这三者的界限往往很难分清,组合是主流,组合中需要综合,综合中需要融合,这是大趋势。无论产品创新还是管理创新或者营销创新,都离不开"组合"。

从知识创新来看,如学科交叉越来越显著,新兴学科的产生得益于交叉研究。

从产品创新来看,如早期有铅笔与橡皮组合而成为橡皮铅笔,现代有"二合一"洗发水等。

从经营创新来看,如零售兼营批发,批发兼营零售,线上渗透到线下,线下渗透到线上,两线越来越走向融合。

从营销创新来看,如全渠道营销是渠道组合,跨界营销则是供应链整合。

在我国,最著名的聚合创新是淘宝,首先用不收费模式打败了易趣(后来易趣被Ebay收购),再向美国eBay公司的全资子公司PayPal学习,推出了支付宝,两者结合在一起才创造了淘宝奇迹。

2. 分割创新原理

分割,即把一个已知事物(A)分离成相互独立的部分B或C,如图1-2所示,如为不同废弃物的回收利用设置不同的回收箱;也可以把物体分成容易组装或拆卸的部分,如枪支、组合家具等;还可以提高物体的可分性,如活动百叶窗替代整体窗帘。

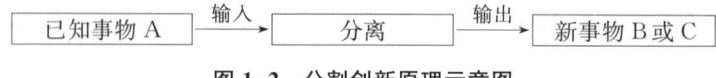

图 1-2　分割创新原理示意图

分割原理在新产品的创造发明中的应用非常普遍,在其应用过程中往往与技术创新的"抽取"方法组合使用。分割原理的应用,要有庖丁解牛的本领,能从错综复杂的表象中理出主要矛盾与矛盾的主要方面,然后根据需要进行分解和离散。抽取是指从物体中抽出产生负面影响的部分或属性,或者仅抽出物体中必要的部分或属性,如空调压缩机将产生噪音的部分即压缩机移到室外。

在经济管理工作中,分割原理也有广泛的应用。在企业发展中,有些企业整体业绩不理想,但有些业务很有发展潜力,于是就把不良的业务分离出去,把优良业务与优质资产打包上市;在组织发展中,通用汽车公司最早使用的"事业部制",就是一种分割,通过业务分析,提炼出一个个"战略业务单位",让他们相对独立地运作;在人事管理中,经营者采取提供虚职的办法,把那些自恃功高盖主的"元老"隔离,以免影响正常的管理秩序,也不至于落得个"忘恩负义"的骂名。

3. 还原创新原理

如图 1-3 所示,任何发明创造都有原点与起点,原点是预期要实现的最基本的功能要求;起点是实现功能要求的方法。原点是唯一,起点则可以很多。还原,是从已有的创新起点出发,返回到创新的原点,构思新的起点。洗衣机的发明就是一个利用还原创新原理作出的极其成功的例子。洗衣机的创造起点是:在不损伤衣物的前提下,将污渍从衣物上分离出来。可以考虑的原理有:揉搓原理,要设计模仿人手的机械手,难度大;刷擦原理,很难把衣物各处都刷洗到;捶打原理,易损坏衣物。后来,人们跳出传统的洗衣方法,从洗衣预期实现的功能要求出发,利用一个波轮在水中旋转,形成涡流来翻动衣物,达到清洗的目的。这就是著名的漂洗原理。它不仅结构简单,而且安全可靠。再后来,由于意识到波轮对衣物也有一定的损害,滚筒洗衣机又相继出现。

再如弩是古代技术的精华,它在 17 世纪就趋于没落,今天却又重现光辉:箭——箭镞由锌铬合金制成,弩装备——具有可变焦距瞄准镜。箭镞在 50 米内能洞穿一叠电话簿厚的汽车外壳;在 300 米内能像步枪一样准确地射杀目标,但却保留其祖先的优点:悄然无声。

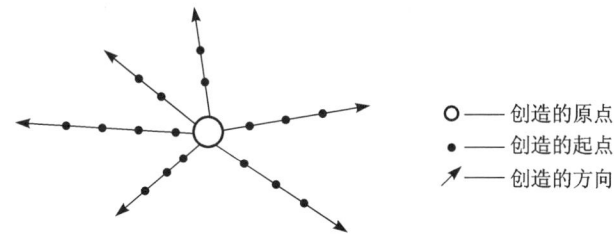

图 1-3 原点与起点示意图

在我国企业界,也正处于需要还原的时代。这正如本章探讨"原动力"时所提到的:企业小的时候,原动力很清晰,企业做大以后,反而偏离了原点,忘记了顾客,迷失了方向。企业应该探索还原之道,如何才能做到——颠覆模式,回归本质。

4. 移植创新原理

移植，是借用已有的创新成果进行再创造，是为了发挥"他山之石，可以攻玉"的功效。例如，"拉链"移植到医学领域发明了"医用拉链"。移植创新原理是讲将某个领域的原理、技术、方法引用或渗透到其他领域，用以改造或创造新的事物，移植法也称"渗透法"。在科学技术发明史上，移植创造法造就了大批"外行"发明家。比如，现代复印技术是由一位专业律师发明的，自行车是医生发明的。在水泥制品发明以后，人们在使用过程中，对它的坚硬满意，但对它的酥脆却很伤脑筋。在法国，一位名叫瑟夫·莫尼埃的园艺师，常常为园艺场中水泥制成的蓄水池和花坛经常被撞坏的事情而苦恼。有一天，他一不小心把一盆花脱手掉到地上，花盆摔得粉碎，而花盆中的土却没摔散。由于花根纵横穿插，交织成网状结构，竟把松软的泥土箍得坚固，用脚踩不碎，掉在地上，只是打个滚，仍保持原状。受到花盆土的启发，莫尼埃仿照花木的根，用铁丝织成网架，用水泥、砂石浇在一起，重新砌成花坛，果然非常结实耐久。就这样，一位园艺师发明了一种崭新建筑材料——钢筋混凝土。

移植可以分为四个层次：原理移植、方法移植、功能移植、结构移植。

原理移植，如红外辐射，这是一种很普通的物理现象，高于绝对零度温度的物体，都有红外辐射。这一原理移植的结果是开发出了一系列创新成果：红外线探测、遥感、诊断、治疗、夜视、测距等。

方法移植，如定向爆破技术移植到医学领域变成了肾结石微爆破，行为科学是心理学方法移植到企业管理中而形成的。

功能移植，如海洋中生长着能消化有机物的净化细菌，有机物经它消化后变成水和一氧化碳，所以，河川中夹杂的有机物流入海洋并不会使其受污染。环保专家将此功能移植于废水处理——引进净化细菌让它大量繁殖，以达到去污变清的目的，就这样发明了"活性污泥处理法"。

结构移植，如积木到模块化设计的移植。竹蜻蜓是我国古代劳动人民发明的一种玩具。它是用竹片削成螺旋桨形状，插在一圆杆上，当手搓动圆杆快速旋转时，螺旋桨就可以飞上天。此玩具在明代时传入欧洲，法国人称之为"中国陀螺"。1878年，意大利人福拉尼尼造出了第一架直升机,飞行时间为 20 秒,高度为 12 米,其严重缺点是飞行时飞机会打转。1939 年,美籍俄国人西科斯基制造出一架"VS-900 直升机",这是世界上第一架实用型直升机,但这架直升机也就是由一大一小两个"竹蜻蜓"组合而成。

5. 逆反创新原理

逆反,是在了解常规的基础上,从反向思考与行动。例如,育种专家早有定论:凡自体授粉的植物没有杂交优势,水稻是自体授粉类植物,所以,水稻不可能杂交。但袁隆平逆向思考,并在发现"天然杂交稻"的基础上培育出了"人工杂交稻",他也因此被称为"杂交水稻之父",有人曾说,中国农民吃饭靠"两平",一靠邓小平的责任制,二靠袁隆平的杂交水稻。从学术的观点看,前者是制度创新,后者是技术创新。

逆向创新包括:属性逆反、方向逆反、行为逆反、缺点逆用等。属性逆反,如软与硬、大与小、干与湿、曲与直、柔与刚、空与实等等;方向逆反是构成顺序、排列位置或安装方向、操纵方向、旋转方向以及完全颠倒处理问题的方法等,如上与下、左与右、内与外、前与后等;行为逆反是指活动主体采用与先前完全相反的行为方式来处理问题;缺点逆用是指有意识地开发利用事物的缺点,变短处为长处、变缺陷成优势、变废为宝等,如废物回收利用。

此外还有迂回创新、变异创新、群体创新、替代创新等创新原理。

链接 1-15 犹太商人的智慧:把灰尘也卖出去

一个犹太人如此教导儿子:"我们唯一的财富就是智慧,当别人说 1 加 1 等于 2 的时候,你应该想到大于 2。"

1946 年,父子俩来到美国的休斯敦做铜器生意。

20 年后,父亲死了,儿子独自经营铜器店。儿子始终牢记着父亲的话,他做过铜鼓,做过瑞士钟表上的弹簧片,做过奥运会的奖牌。他甚至把一磅铜卖到 3 500 美元,这时他已是麦考尔公司的董事长。

然而,真正让他扬名的,是纽约州的一堆垃圾。

1974 年,美国政府为清理给自由女神像翻新扔下的大堆废料,向社会广泛招标。但没人应标,因为在纽约州,垃圾处理有严格规定,弄不好会受到环保组织起诉的。

儿子当时正在法国旅行。听到这个消息,他立即终止休假,飞往纽约。看过自由女神像下堆积如山的铜块、螺丝和木料后,他不发一言,当即与政府部门签下了协议。

消息传开后,纽约许多运输公司都在偷偷发笑,他的许多同僚也认为废料回收吃力不讨好,能回收的资源价值实在有限,这一举动实乃愚蠢之极。

当这些人都在等着看笑话的时候,他已开始组织工人对废料进行分类。他让人把废铜熔化,铸成小自由女神像,旧木料则加工成底座,废铜、废铝的边角料则做成纽约广场的钥匙。他甚至把从自由女神像身上扫下的灰尘都包装起来,出售给花店。

结果可想而知,这些废铜、边角料、灰尘都以高出它们原来价值的数倍乃至数十倍卖出,且供不应求。不到 3 个月的时间,他让这堆废料变成了 350 万美金,每磅铜的价格整整翻了 1 万倍。

(威廉·汉姆顿. 犹太商人的创业经验与经营智慧[M]. 哈尔滨:哈尔滨出版社,2003.)

链接 1-16　让打字机慢下来

19 世纪 70 年代,英文打字机问世初期,制造厂商经常接到用户来信,抱怨打字的速度快时,字母键对应的连杆和打字头会纠缠在一起,无法打字。为此,技术人员想方设法进行改造研究,可没有成功。显然,这种故障是因打字速度快而引起的。后来,有人大胆建议,让打字速度降下来,就没有问题了。这确实是个新奇而反常的主意:打字希望越快越好,怎么可以要打字员故意"磨洋工"呢?除非改变机器的设计,让打字员操作不方便而不得不减缓打字速度。为此,技术人员将键盘的字母排列重新考虑,让几个常用的字母键移到边上,使打字人员操作不顺手而自然降低了速度。打字杆与打字头纠缠的难题也就不复存在了。事实上,适当限制打字速度是有必要的,打字速度过快、出错率也会加大,这也并不是很划算的。

(逆向转换原理. 创新网.)

三、创新过程

许多杰出的创新似乎都有一定的偶然性,比如瓦特看到壶盖被蒸汽顶起而发明了蒸汽机,牛顿被下落的苹果砸了头而发现了万有引力,门捷列夫玩纸牌时想出了元素周期表。其实,他们的灵感之所以能一触即发,是长期专注的结果。沉淀知识与经验的过程,是创新的前奏,如果没有沉淀,就不可能有持续创新。所以,不仅要注重创新成果,更应研究创新的过程。

英国心理学家沃勒斯提出的创新过程"四阶段理论",是一种影响较大也比较实用的创新过程理论,把创新过程分为准备期、酝酿期、明朗期和验证期四个阶段。其实还应该加上一个实施期。

1. 准备期(发现问题)

创新的目的是解决问题,不能为创新而创新。准备期的核心任务是发现问题。在发现问题的过程中,需要注意以下三点。

(1) 现象的呈现与描述。"呈现"是对客观事物的"复原",而"描述"就有可能增添描述者的主观判断。不受外界干扰,通过深入细致的调查,用原始材料还原事物的本来面貌,这是发现问题的基础。有些误传甚至误导了几代人,如"无毒不丈夫"应该为"无度不丈夫""天才就是1%的灵感加上99%的汗水"的后面还有"但那1%的灵感是最重要的,甚至比那99%的汗水都要重要。"自从有了"营销",被误传的"真相"就更多,例如"唯一有益心脏的酒水是红葡萄酒",事实是:啤酒、葡萄酒和白酒都具有相同的健康功效。哈佛大学研究表明,任何酒精饮料,只要饮用适度(每天1~2杯),就有助于减少心脏病风险。发现问题,要坚持"众恶之,必察焉;众好之,必察焉"原则,决不能"人云亦云"。

(2) 问题的重要性与紧急性。按照问题的重要性与紧急性来划分,可以将问题分为四类:紧急又重要的问题,紧急而不重要的问题,不紧急而重要的问题,不紧急又不重要的问题。区分问题的不同性质,以便于把握重点,确保工作有序。

(3) 多视角看问题。不同的人站在不同的立场上会提出不同的问题,相应的解决问题的办法也各不相同,这是正向思考,是利益驱动或叫"屁股指挥脑袋"。另一方面是逆向思考,如站在对方的立场来思考问题,是将心比心,见性明心。多视角看问题,能看到问题的本质与要害。

2. 酝酿期(优选创意)

酝酿期的任务是提出并优选创意,提供解决问题的基本思路。这是一个选择的过程,让各种设想组合、交叉、撞击、渗透,最终形成有效的创意。在优选创意的过程中,需要注意以下两点。

(1) 集思广益。集思广益就是要广泛吸收有益的意见。要做到这一点,不仅要有开阔的胸怀,更要席地而行,深入一线,多走走看看,不要坐井观天、故步自封。

(2) 限制权贵。思路要开拓,但权威与专家的意见要严格受控,不该批示的时候不要乱批示,不该说话的时候不要乱说话,不该表态的时候不要乱表态,不该题词的时候不要乱题词。领导与专家都不是万能的全才,在专业范围内可能是专家,一旦面对专业外的问题,就是外行,不要"不懂装懂",外行指挥内行。

3. 明朗期(寻找办法)

明朗期的任务是为了实施创意思路而寻找解决问题的办法。在寻找解决办法的过程中,需要注意以下三点。

(1) 办法要与想法融合。有些想法很好,但缺乏可操作性,那就要及时回头,改变思路与想法,寻求在新思路下的新办法。

(2) 重点考虑改进技术与迎合需求的办法。应用新技术与迎合消费需求是解决问题的重要途径,如移动客户端技术以及闪付方式的应用,不仅妥善地解决了方便顾客的问题,而且也极大地开拓了营销的新空间。

(3) 趋利避害。任何办法都有一定的局限性和受限性,在设计实施方案、选择实施办法的时候,一定要配置相应的"预案",以备不测,防患于未然。

4. 验证期(测试功效)

验证期的任务是为了测试创新的功效,评价创意的有效性、实用性与社会价值。验证不仅仅是一个程序,更是一个持续的过程,不断验证,持续改进,才能不断优化。在这一过程中,应该特别注意以下两个问题。

(1) 可行性研究与专家评估走过场。有不少"评估专家",以评估为己任,东奔西颠,到处"赶场子"拿评估费,对他们来说,没有不该参加的评估会,只要给钱我就给你评估,结果是:可行性研究没有不可行的!

(2) 鼠目寸光,自以为是。要多接触外面的世界,有很多所谓的"创新"之举,实际上在国外十几年以前就已经有了。还有一些创新虽然是新的,但可能会陷入人家的"专利地雷阵",自己的创新得不到任何保护。所有这一切,都要依靠专家团队来解决问题,不能鼠目寸光,自以为是。

本 章 小 结

1. 既要有"想法"创新,更要有"做法"创新。在信息技术高速发展的当今社会,公开透明已成为社会的主流发展趋势,你能想到的,别人也能想到,但你能做到的,别人不一定能做到。所以,创新的方式也将因环境的改变而转变。

2. 创新1.0向创新2.0的转变。创新1.0以技术为出发点,创新2.0以人为出发点,也就是"以用户为中心、以社会实践为舞台、以共同创新、开放创新为特点的用户参与的创新"。

3. 在技术创新理论提出之前,就有人对创新发明与技术创新有了深入的研究,后来演变成为一种被全世界认可的"TRIZ"(发明问题解决理论)。

4. 研讨创新类型有利于拓展创新思路。熊彼特把创新分为五种类型:①引进新产品;②引用新技术,即新的生产方法;③开辟新市场;④控制原材料的新供应来源;⑤实现企业的新组织。目前很多学者把创新分为四种类型:知识创新、技术创新、管理创新、方法创新。

5. "创新能力"是一种解决实际问题的实践应变能力。生理基因与社会基因的传承,家庭教育,以及自由的环境,对创新以及创新能力的形成都是十分关键的,真正创造世界的是人类,而只有心灵自由,人生才能自由,才能由此迸发出创造力。

6. 创新能力的形成有五大因素,即遗传因素、环境因素、学习因素、实践因素、思维因素。

7. 从企业组织的角度来分析,一个企业类似一辆运动中的板车,最高领导一个人拉着板车,后面有四个人分别管着板车的四个轮子,并推着板车向前。领导者的想法(思维创新);四个轮子(科技创新);四个推车人的协同配合(政策激励);拉车的方向(市场拉动)。

8. 组织创新力背后蕴藏着组织原动力,在企业发展过程中,原动力往往随着时间的变迁而被遗忘。但很多优秀的企业,尽管经营规模与商业模式在不断变化,但他们的原动力却始终没有改变。

9. 创新原则可以从两个视角来分析:一是小原则,即个体创新过程中需要遵循的基本原则,主要有:遵循科学、化繁为简、功效改进等;二是大原则,即组织创新过程中需要遵循的基本原则,主要有:动态平衡、开放包容、尊重市场、持续发展等。

10. 创新的五大普遍性原理：聚合创新原理、分割创新原理、还原创新原理、移植创新原理、逆反创新原理。

 本章讨论题

1. 到底什么是组织的"原动力"？为什么发展得好的公司不会丢失原动力？举例说明，它们都是怎么做到的？
2. 除书上所说的创新分类，您还可以概括出什么分类？
3. 除书上所说的创新原理，您还知道或发现了什么创新原理？

 本章训练题

1. 四色性格测试：根据测试报告，写出自我分析与改进报告。
2. 创新能力测试：在专业教师的指导下选择测试题，针对测试结果，提出改进计划。

第二章 思维概述

创新能力的各种来源,最终汇集到人脑思维,所以,一切创新皆源于思维的创新。

有些人分析说,因为中国人的思维传统是以小喻大,以物寓情,以点带面,强调意境,论语式的思维传统与思维习惯,这也正是中国人特别喜欢微博的重要原因。

当人们追溯伟大的发明与发现的起源时,全世界都发现了古老而悠久文明的存在,那就是中国古代科技。中国古代的科技之光为什么没有照耀近代中国大地?

为什么有些人经历了那么多成功,但到最后却不堪一击,以失败而告终?为什么"圣人"孔子管不好农贸市场?伽利略真的做过比萨斜塔实验吗?

本章将从认识人脑开始,分析奇妙的思维世界。

第一节 人脑功能解读

人类通过思维认识世界,通过语言描述世界。思维过程具有把握现实世界意义的能力。我们可以从不同层次去理解现实世界,从而获得不同的意义。若要了解人的思维过程,首先要认识"人脑"。

关于人脑,有很多争论。这些争论的背后,也许隐藏着不可告人的"商业利益"。

一、人脑的结构与基本功能

人们通常所说的"大脑"只是人脑的一个部分。人脑从结构上来说,由三部分组成:脑干、小脑与大脑。

（一）脑干

脑干位于头颅的底部，上承大脑半球，下连脊髓，呈不规则的柱状形。这部分的功能是人类和较低等动物所共有的，也被称为"爬虫类脑部"。

脑干的功能主要是维持个体生命，包括心跳、呼吸、消化、体温、睡眠等重要生理功能，均与脑干的功能有关。

（二）小脑

小脑位于大脑半球后方，覆盖在脑桥及延髓之上，横跨在中脑和延髓之间，它由胚胎早期的菱脑分化而来。

小脑的主要功能是参与躯体平衡和肌肉张力的调节，以及随意运动的协调。协调骨骼肌的运动，维持和调节肌肉的紧张，保持身体的平衡。小脑像一个大的调节器，平衡着人体运动。人喝醉酒时走路会晃晃悠悠，就是因为酒精麻痹了小脑。实验发现：摘除狗的小脑，狗走路就会失去平衡。

小脑还有一定的运动记忆功能。随着年龄的增长和身体各部分结构的成熟，小脑会逐渐得到训练而提高其生理功能。你可以自己测试一下：在不活动其他手指的情况下，试着弯曲小拇指以接触手掌。而聪明的大拇指与食指完成这个动作则十分容易。

（三）大脑

大脑是高级神经中枢，是记忆、情感与思维的中心，它包括端脑和间脑，端脑包括左右大脑半球。端脑是脊椎动物脑的高级神经系统的主要部分，是人脑的最大部分。脊椎动物的端脑在胚胎时是神经管头端薄壁的膨起部分，以后发展成大脑两半球。大脑表面覆盖着1～2毫米的大脑皮层，如果没有大脑皮层，人只能处于一种植物状态。

大脑的主要功能是控制运动、产生感觉及实现高级脑功能。人类大脑分为两半球，左脑与右脑的形状相似，但功能不尽相同。在生命的早期阶段，两半球的功能有一定的可塑性，当一侧半球受损害时，其功能可为另一侧所代偿，但在大脑半球功能单侧化定型之后，这种代偿便不可能产生。

（1）左脑功能：左脑也称为"理性脑"，主要负责语言，也就是用语言来处理信息。它把人们通过"五觉"（视觉、听觉、触觉、嗅觉、味觉）接收到的信息传递给大脑，再转换成语言表达出来。因此，左脑主要发挥着语言处理、逻辑思维、理性判断等方面的作用。

左脑又被称为"文字脑",主要处理文字和数据等抽象信息,具有理解、分析、判断等抽象思维功能,有理性和逻辑性的特点。

(2) 右脑功能:右脑也称为"感性脑",主要用来处理节奏、旋律、音乐、图像和幻想,具有直观性的整体把握能力、形象思维能力等。由于人的左脑支配右侧身体,右脑支配左侧身体,左撇子从小就经常使用左手,对右脑的锻炼和使用要比普通人多,于是斯佩里将研究方向定在对左右脑功能的分工上,最终取得了巨大成就并荣获诺贝尔奖。

右脑又被称为"图像脑",处理声音和图像等具体信息,具有想象、创意、灵感和超高速反应(超高速记忆和计算)等功能,有感性和直观的特点。

在过去,左脑被认为是优于右脑的,因为左脑管理人的右侧身体活动,又掌管语音中枢,而右脑只掌管身体左侧活动,所以传统教育偏重左脑开发。然而进一步的研究证明了,人类的创造力存在于我们的右脑中,因此右脑又被称为"创造脑",左脑又被称为"知识脑"。但真正要完成一个创造,却需要左右脑的密切配合,二者缺一不可。也就是说,首先右脑提出一个看起来是逻辑的创造性设想,然后由左脑将其转化为语言和逻辑表达出来,这样才能实现创新。爱因斯坦曾说过:"我不是以语言来思考,而是以跳跃的形状和形象来思考,然后努力将其置换成语言。"图 2-1、图 2-2 说明左脑与右脑分工及使用左脑的人与使用右脑的人之间的差异。

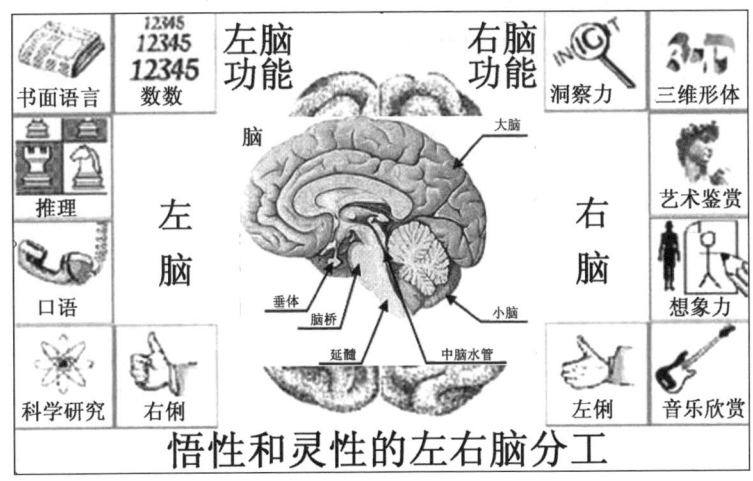

图 2-1　左右脑分工图

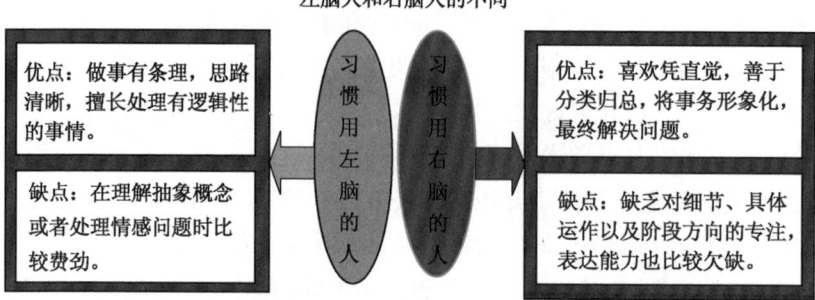

图 2-2 使用左脑与右脑的人

链接 2-1 医疗技术能使常人变成天才吗?

多少年来,人类的大脑一直是科学家们不懈研究的一个重要领域。脑科学家们公认,人的大脑还有大量的潜力可挖。据报道,不久前,美国加利福尼亚大学的布鲁斯·米勒博士曾在人的大脑内成功地发现了"天才按钮"。米勒在自己的实验室里对 72 名因各种原因使大脑受过损伤的病人进行研究,发现了一个规律——一旦人的右颞下受过伤,就有可能变成某个领域的天才。比如,一名 9 岁的男孩在部分大脑受损后竟成了一名天才的力学专家;还有一位 56 岁的工程师,大脑右半球皮质的部分神经元因病受到损伤后却激发了绘画天分,成了一位画家。米勒博士认为这是因为受损神经元坏死后,大脑"天才区"中压抑了一辈子的天分被释放出来。

现在,有不少科学家都在关注,能否通过人工手段激活人脑中的那些被压迫、被忽略的"天才按钮"。也就是说,通过人工途径把一个普通人变成天才。对此,米勒博士也曾表示,他有能力借助手术刀和一两件神经外科器械,彻底改变一个人的思维方式,甚至改变他的个性和信仰。

澳大利亚弗林德斯大学的科学家认为,借助磁场切断人大脑内一些区段,就完全可以激活那些超级数学和艺术天分。不久前,澳大利亚科学家在 17 名志愿者身上进行了试验,结果证明了这一点。研究人员对志愿者的整个大脑进行磁刺激,把他们大脑皮质的有关部分断开几秒钟,获得了惊人的结果:有 5 个人能很快算出某个日子是星期几,还有6个人能凭记忆把马头画得一点儿也不差,其余的人轻易就能记住几个通信地址。这些试验动摇了人们从前的"天才源于勤奋"的信念。在一定程度上,一个人的非凡才能是与生俱来的,关键在于如何找到并启动这些"天才按钮"。只要人类了解大脑神经元运转的更多细节,掌握更尖端、更先进的医疗技术,就有能力将常人变成天才。

(李文云.大脑中有天才按钮:刺激特定区域,常人能变天才.人民网-科技,2004-06-11.)

二、关于人脑的传闻

关于人脑有很多说法,如右脑具有创造性,人脑的利用率只有5%,左撇子更聪明等等。是误传还是真理?需要进一步研究探索。

人们通过研究发现:人脑在完成语言、逻辑思维等任务的时候左右脑都会参与,而左脑对细节更加关注,右脑则更关注大局。左右脑最大的差别,是处理问题方式的差别,并且没有任何证据显示创造性与右脑有着特殊关系。

还有传闻宣称爱因斯坦的右脑超级发达,这导致了他天才的成就。1999年,三位美国科学家在著名医学杂志 The Lancet(《柳叶刀》)上发表了对爱因斯坦大脑切片进行研究的论文。他们的一个重要发现是,爱因斯坦的大脑顶叶部分比一般人对称,这主要是由于他的左顶叶比常人要大,大小和形态类似于右顶叶。而顶叶这片脑区主管着视觉空间认知、数学能力和运动想象能力,这很有可能就是导致爱因斯坦超凡的逻辑思维和空间认知能力的主要原因。这说明,爱因斯坦异于常人的主要是左脑,而不是传闻中的右脑。

链接2-2 人脑利用率到底是多少?

一直有一个传说:人脑中未开发的资源是大部分。这是真的吗?有人指出,这种说法是完全错误的。

类似"大脑利用率"这样说法,是1920年左右 Karl Lashley 所做的一系列实验中得出的。

这类实验已经被广泛证伪。但是由于其商业价值巨大所以流毒甚广,至今仍有影响。从这个意义上说,这个谎言与太空中能看见长城的爱国主义故事从某种意义上非常相似。

在 1920 年 Karl Lashley 进行他的记忆实验的时候,人们对脑的理解完全是空白。科学家不知道脑的功能区划分,不知道左右半球的关系,甚至不知道神经递质的作用和原理。

在这样的大背景下,Karl Lashley 提出了一个假想概念叫"Engram",用以指代脑中负责存储记忆的单元。

Karl Lashley 先训练小老鼠钻迷宫找食物,之后切掉小鼠的一部分脑皮层。再对比小鼠钻迷宫的效果。换言之,如果某次实验,恰好切掉了小鼠的 engram,那么小鼠就会在迷宫里迷路了。

于是 Karl Lashley 切啊切……他渐渐发现了一个脑区,对小鼠走迷宫的效率影响最大。而且在这个区里细分下去,切在哪并不重要,重要的是切除的比例——切得越多,小鼠越傻。

根据这些实验,Karl Lashley 下结论:engram 就在这个区域里。而且,就算切掉一半,小鼠依然能正常活着,这说明小鼠对于脑区的利用率非常低。这个结论听起来很新鲜,一传十,十传百,到最后就变成了"人脑利用率不足 5%"了。

后来,随着技术的进步,人们渐渐知道了负责显式记忆的区域,根本不在 Lashley 切的那块大脑上。而是在一个叫做"海马体"的,很小很小的一个脑结构中。而且脑的主要功能也不是走迷宫——我们看、听、说、运动、思考甚至睡觉,都是脑来进行整体控制的。

那么 Karl Lashley 找到的脑区,究竟是干什么的呢?在当代神经生物学术语里,人们管这个区域叫做"初级视觉皮层"——是负责"看"的脑区。如果这里有一块受损,我们视野里就会相应地产生一块盲点。受损区域越大,盲点的尺寸也就越大。

Lashley 切得越多,可怜的小鼠的视野范围就越小,当然钻迷宫也就越慢。但是从这样的实验,直接推到 5% 的利用率,可谓差之千里。

(Filestorm. 360doc 个人图书馆.)

人类的大脑远比我们想象的要复杂精妙得多。如果能够将大脑的潜能开发利用增加到一倍,人类的能力与潜力、其外在的表现力将非常惊人,社会的发展与进步将会更加迅速。

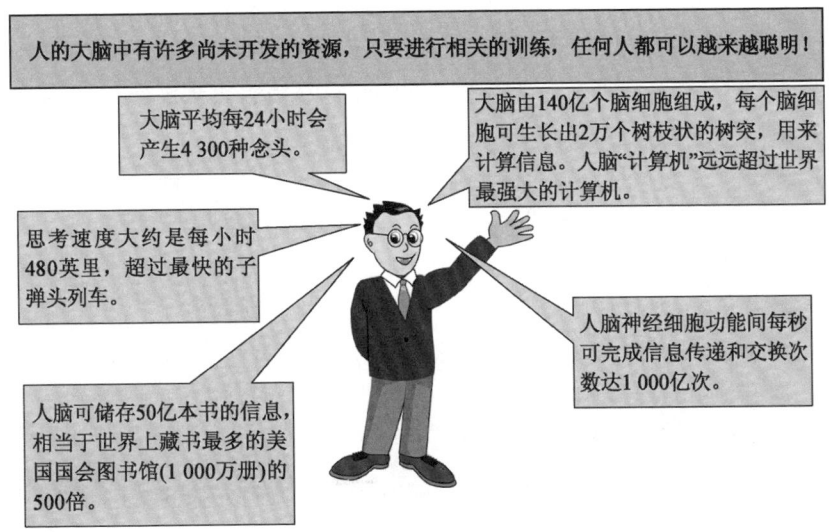

图 2-3 大脑的潜能

链接 2-3 怪异的研究结论

（1）听音乐提智商防痴呆。科学家通过研究发现，音乐不仅能促进大脑的思维能力，还能提高人的智商并维护大脑神经功能。研究人员解释说，听音乐可以改善大脑的生长，大脑中负责信息处理和反应的区域都会变得更发达，因而音乐对大脑具有永久性的促进作用。

（2）伸展运动能促记忆。早些时候，科学家曾发现做伸展运动可以缓解抑郁症等心理疾病。以这一成果为基础，医学家得到了进一步的发现——做伸展运动还能促进记忆力。伸展运动促进记忆的原因有两点：第一是伸展运动能帮助大脑分解和释放一种破坏大脑"记忆中心"的物质——"皮质醇"；第二是作伸展运动能减缓大脑前额区域的新陈代谢，这就意味着大脑的工作效率会得以提高。

（3）睡大床让男人更聪明。奥地利维也纳大学的心理学家说，睡眠环境越狭窄，男性的大脑中一种被称为"压抑素"的荷尔蒙分泌越多，而女性受此影响则很小。科学家分析说，由于进化和社会地位的缘故，男性对睡眠环境和同床者的要求比女性更挑剔，他们的大脑思维能力也更容易因此受到影响。对于男性而言，睡大床或者避免与他人挤在一张床上睡觉,更有益于抑制和排解"压抑素"的分泌。

(4) 大脑不可多"休息"。美国加州大学的生物学家在大脑功能研究中发现,虽然从事脑力劳动的人在工作时会消耗大量脑细胞,但是从脑细胞的总体衰亡数量来看,他们与从事单纯体力劳动者并没有太大的差别。这是因为大脑中新生的脑细胞如果不能很快得到使用,它们就会迅速衰亡,也就是说"静止"的脑细胞,其寿命大大短于用于思维活动的脑细胞。科学家指出,大脑的"休息"应该借助足够的睡眠和营养补充来完成,用"避免动脑"的方法来"健脑"是不可取的。

(大脑.A+医学百科,http://www.a-hospital.com)

三、人脑的保健

科学发展到今天,虽然人们还没有完全弄清楚人脑的结构、功能及其相互作用关系,但有一点是可以肯定的:人的发展必须有一个健康的、富有活力的人脑。所以,人脑保护与保健,尤为重要。据美国《关于大脑》杂志报道,哈佛大学医学院的一项最新研究证明,城市生活严重损伤着人们的大脑。这可能与城市的环境压力、工作压力、生活压力有着密切的关联。因此,对于大脑常用的保健方法有以下几点:

(1) 工作保健法。要防止大脑功能衰退,最根本的一条就是勤用脑。这不但可以提高脑神经的灵敏性,同时还能开发大脑潜在的能力。但是大脑不宜过度使用,通常,连续工作时间不要超过 2 小时。连续用脑时,还要注意更换工作内容,以不疲劳、不勉强、保持饱满的精神状态为原则。

(2) 心理保健法。要保持乐观、从容、淡定的心态,避免过度的精神紧张,合理地安排工作、学习与娱乐,使大脑皮层兴奋位置轮流得到休息,防止过度兴奋而加重神经系统负担。神经细胞是否萎缩,对人的衰老变化有着重要作用,通过动物试验证明,大脑皮质过于紧张是引起动物早衰的唯一原因。当人的神经系统正常机能遭受破坏时,身体内外环境平衡失调,会引起各类脏器的作用下降,造成早衰,因此保持神经系统的健康,是预防早衰与大脑功能减退的重要原因。

(3) 行为保健法。锻炼不仅健身也健脑,要让大脑在适当的体育活动中得到锻炼。经常参加体育锻炼的人,肌肉中储存氧气的"肌红蛋白"也多,"氧气采购站"———肺的摄氧量也大。充足的氧气供应,能及时把劳动和用脑时的代谢产物乳酸和二氧化碳迅速排出体外,而不至于产生疲劳。同时,运动还能增加大脑的重量和皮质的厚度,可以帮助开发脑的智力。科学家们发现,运动时由于精神奋发,心情舒畅,因而又促进了大脑释放出特殊的化学物质,这对促进记忆力和智力的提高都有良好的作用。

此外,保护大脑的健康还要注意预防血管与脑部疾病。如脑动脉硬化、脑膜炎、脑外伤、脑震荡、一氧化碳中毒引起的脑损伤,都可以使大脑功能遭受损害。少吃高脂肪、高胆固醇食物,适量食用鱼肉蛋白有助于预防动脉硬化,对健脑益智有好处。不滥用药、不吸烟、不过量饮酒也是保护大脑健康的良策。

适当运动,可以提高大脑的执行能力;多吃鱼类、坚果,从中能够摄取大脑所需的脂肪酸。冥想能够使大脑皮层变厚,提高处理认知任务的能力,容易集中精力。对大脑要注意避免运动中的外伤、情感的创伤及有毒物质的伤害。

第二节 思维基础

每一种好的思维方式,都是生命历程中一盏明亮的灯,导引你正确地走向成功的彼岸。《找油的哲学》这本书提出了一个著名的观点:人的大脑里蕴藏着丰富的宝藏,而思维方式,是其中最珍贵的资源。

一、什么是思维

简单地说,思维就是思考与思索。任何学科都离不开思考与思索,因此,思维科学是"万学之学"。

按照生理学观点,思维是高级动物的一种生理现象,是脑内生化反应的过程,是产生第二信号系统的源泉。所谓第二信号系统,指以语言作为刺激的反应系统,与第一信号系统——以电、声、光等为感官直接接收的信号作为刺激的反应系统相区别。

思维科学认为,思维是人接受信息、存贮信息、加工信息以及输出信息的活动过程,是对客观现实的本质属性和内部规律的自觉的、间接的、概括的反映过程。

思维与感觉、知觉等心理现象一样,都是人的大脑对客观事物的反映,但反映的内容、形式与水平有所不同。感觉、知觉都是外界刺激物直接作用于感觉器官而产生的,是人脑对当前客观事物的整体反应,离开了刺激物对感觉器官的直接作用,既不能产生感觉,也不能产生知觉。而思维是对客观事物的本质属性、事物的内部规律性及其必然联系的反应。例如,当人们对"水"进行研究,感觉与知觉只能让人们认识到水的颜色、形态、温度等。而通过思维,能够舍弃水的颜色、形态、温度等具体特征,认识到在大气压力760毫米水银柱时,温度降低至0℃水会结冰,增加到100℃会沸腾变成蒸汽等现象与大气压力、温度规律性的联系。感觉与知觉属于感性认识,是认识过程的初级阶段、起始环节,是思维的源泉和基础。思维属于理性认识,是感性认识的深化和飞跃,是认识的高级阶段。

链接2-4　思维三要素

任何思维过程都始终脱离不了三个方面,即思维的三要素。

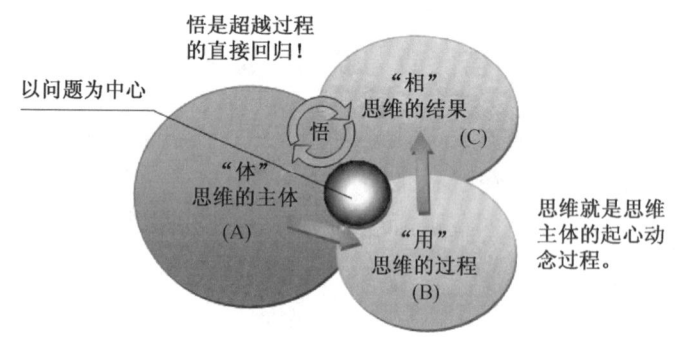

图2-4　思维三要素作用示意图

一是"思维的主体",以蓝色圆形色块(A)表示,蓝色代表冷静、沉着、智慧,即主导思维的那个"我"。

二是"思维的过程",以橙黄色圆形色块(B)表示,橙黄色代表心念启动、心识分别、能量释放,因为心在五行中属火;我们平时常说的思考、思维,即是指思维的过程。

三是"思维的结果",以绿色圆形色块(C)表示,绿色代表生命追求、生发、成长、扩大;思维的结果即得出的观念、观点、理念、思想等。

以上三要素始终围绕着目标问题,以问题为中心,即思维什么,要解决什么问题,我们称之为"思维的客体",用黑白光晕表示。

现实中,我们平时最容易忽视的是对思维主体的关注和开发。唯有哲学或宗教对"思维的主体"特别重视,如佛学强调的破除"我执",超越"自我",达至"空"和"真我"。道家的清静无为。易经《系辞》"易,无思也,无为也,寂然不动,感而遂通天地之故"等等都是直接切入思维的主体。

对思维主体的回归即是思维力源头修炼,亦是融通顿悟的关键过程。

思维出的结果,如观点、知识、理念、理论等乃思维出的产品——思想。思想可以无穷量多,且都是以物象即"相"为基,为创造价值而生。但始终都源于思维,所谓"思维造就思想,思想创造价值"。

思想之融通,会自然由思维进入"悟"的状态,所谓领悟,否则,不过是人造知识的越来越多的堆积过程,不能真正通达。

真正的顿悟过程是思维主体直接与思维客体的融合状态。我即是你,你亦是我的太极和合态,没有阴阳二元分判,也就没有时间维的产生,也自然不会存在所谓的"思维过程"。图中用循环的绿色箭头表示。

这也是自古以来高僧大德们的修为境界,物来则应,过去不留。没有中间起心动念的思维、思考过程,时刻在定境中,不起分别心。这个道理读者可以从禅宗公案的机锋应答中得到印证。如果您能时刻识得当下的主、客体状态,这就是真修为、真精进。自然时刻在机锋中,不知道也入道了,所有禅宗公案都会自然明了。

所以说,思维就是思维主体的起心动念过程,悟是超越过程的直接回归!

(刘硕斌. 现代禅悟学[OL]. 商业评论网, http://club. ebusiness-review. cn. 2012-03-03.)

二、思维过程

1. 思维过程的条件

思维过程必须具备三个基本条件,即原始刺激、规则引导、记忆搜索。

人类的思维首先来自各方面的原始刺激。这些刺激既包括生物体外部的刺激,也包括生物体内部的刺激。如梦见的事情一般与自己所关心的、遇到的或感受到的事情有关。比如在睡眠中口渴了，肚子饿了，或有尿意时他们所做的梦也会与这些事情有关。如有尿意的时候，总会做寻找厕所，但就是找不到厕所，或即使找到了厕所也很脏的梦，如果真的找到了可以小便的厕所，那就意味着快要尿床了！再如用针灸治疗精神分裂症，其实也是一种通过外部刺激影响人的思维的方法。

人类思维活动会受到各种各样规则的约束，大规则下有小规则，这些大大小小的规则可以帮助人们有序地思考，同时建立规则也是创新的前提。但规则也会形成"思维惰性"与"思维定势"，影响思维创新。实际上，思维创新的过程就是破旧立新的过程。所以，定什么样的规则，就会有什么样的思维。如果社会管理规则制定得不科学，不仅规则本身会失效，还会影响社会心理的扭曲变形。俗话说，"宁拆十座庙，不毁一桩婚"，但当楼市调控政策挡住了购房者的买房之路时，不少房产中介也劝自己的客户选择"假离婚"，以满足购房的贷款条件。为什么国人不在乎"假离婚"？因为他们看到了太多的比假离婚"更不善"的行为，于是，渐渐建立起一条自我规则——假离婚、不抢、不盗、不贪、何罪有之？！他们通过调整思路、寻找对策，抑制了"烂政"的泛滥，最终使"烂政"失效。

任何问题的解决，始终都要发挥记忆搜索的功能，人在大脑中储存的信息量越大，知识与经验越丰富，运用规则的能力越强，解决问题的速度就越快。

2. 思维过程的基本特征

思维过程表现出两个基本特征，间接性与概括性。

思维过程的间接性，是指思维是对客观事物的间接反应。也就是说，人在思维过程中，在没有直接感知的情况下，能够凭借知识与经验，做出判断与推理，假设与扩展。从日常生活到科学研究，这方面的事例不胜枚举。如燕子低飞可能是下雨的先兆，动物反常可能是地震的先兆，海水迅速退潮可能是海啸的先兆，等等。更令人称奇的是门捷列夫在发现"元素周期律"以后便画出了"元素周期表"，并可以预测未知的元素。恩格斯在《自然辩证法》一书中曾经指出："门捷列夫不自觉地应用黑格尔的量转化为质的规律，完成了科学上的一个勋业，这个勋业可以和勒维烈计算尚未知道的行星海王星的轨道的勋业居于同等地位。"这就是间接思维的力量。

思维过程的概括性,指思维是在对客观事物的通行特点、本质特征与一般规律的反映,如公式、定理等规律性的认识,都是对共性的概括。也就是说,人们可以脱离具体的事物进行抽象思维,并使思维活动在一定条件下进行迁移。任何科学研究的目的都在于概括出研究所获得的东西。概括性越高,表明知识的系统性越强,迁移就越灵活,一个人的智力和思维能力、创造能力就越发达。

链接 2-5　日本人巧探大庆油田

大庆油田是中国在 20 世纪 60 年代勘探、开发的大油田,当时,绝大多数中国人并不知道大庆油田具体在哪里,但日本人却对大庆油田了如指掌。

日本人首先从中国画报刊登的铁人王进喜的大幅相片上推断出大庆油田在东北三省偏北处,因为相片上王进喜身穿大棉袄,背景是遍地积雪。接着他们又从另一幅工人劳动的照片上,推断出油田离铁路不远。他们从《人民日报》的一篇报道中看到一段话,这段话是说王进喜到了马家窑,说了一声:"好大的油海啊,我们要把中国石油落后的帽子扔到太平洋里去!"据此,日本人推断,大庆油田的中心就在马家窑。

大庆油田什么时候产油了呢?日本人判断:1964 年。因为王进喜在这一年参加了第三届全国人民代表大会,如果不出油,王进喜是不会当选为人大代表的。

日本人还准确地推算出大庆油田油井的直径和大庆油田的产量,依据是《人民日报》一幅钻塔的照片和《人民日报》刊登的国务院政府工作报告:把当时公布的全国石油产量减去原来的石油产量,简单之至,日本人推算出大庆的石油产量为 3 000 万吨,与大庆油田的实际年产量几乎完全一致。

有了如此多的准确情报,日本人迅速设计出适合大庆油田开采用的石油设备。当我国政府向世界各国征求开采大庆油田的设计方案时,日本人一举中标。

思维的概括性使人类的认识活动摆脱了对具体事物的依赖性和直接感知的局限性,拓宽了人类的认识范围,也加深了对事物的理解,使更迅速、更科学地认识世界成为可能。

(http://www.795.com.cn/wz/39323.html)

3. 思维过程的三个阶段

思维过程可以分为三个阶段,即摄取阶段、加工阶段、运用阶段。

摄取阶段是指有用的信息通过感觉器官和传导系统传入大脑,并在大脑皮层着床,使这个区域的神经细胞产生兴奋。

加工阶段是指对大量杂乱无章的信息进行分类、比较、筛选和创新的过程。

运用阶段是指产生思维产品的阶段,也是思维的最好阶段。

不同的人会产生不同的思维方式,其思维过程和结果也会不同。如小的时候看电影对好人坏人的判断就是很典型的"二元论"的思维过程,思维的维度只有一个,评判的标准也只有一个。长大以后,对人的判断出现"不是很好判断一个人的好坏的"看法,这个时候就需要用复杂的思维来判断,如可以从"善恶""态度""性格""知识"等多维度去分析一个人。从不同的维度去思考得到的答案就会更加丰富,对事物的本质认识就更加全面透彻。

一个人外在表现的能力高低,其思维能力起到主要作用。这是因为一个人表现出来的聪明才智,除了知识、技能等因素外,还有赖于思维方式的正确性。如当一个人遇到突发事件时,有些人能够做到有条不紊,能够很快从纷乱的现象中理出头绪找出解决问题的办法,而有的人则会显得手忙脚乱,杂乱无章。这些实际上是思维能力的不同导致的结果。

三、思维能力

1. 思维能力的含义

一般认为,通过分析、综合、概括、抽象、比较、具体化和系统化等一系列思维过程,对感性材料进行加工并转化为理性认识及解决问题的能力,常说的概念、判断和推理是思维的基本形式。简单说思维能力是先天因素与后天因素综合作用的结果。仅有先天智力而无后天的勤奋,不会有大出息。世界上科学家多是聪明而勤奋者,但也有勤奋而不"聪明"者,却没有聪明而不勤奋者。勤能补拙,后天因素起到决定的作用。

思维能力与思维习惯的培养有关。具有思维习惯的人在社会上的分布规律与知识层次有关。就同一知识层次来说,又与年龄有关。

知识层次越高,或者说受教育的层次越高,具有思维习惯的人越多。在真正养成思维习惯的人中,成年人和知识分子的比例较大,他们脑子里经常装着问题,也不时捕获到新问题,具有对事物的敏感性。

2. 思维能力三要素

智力、知识、才能构成思维能力三个基本要素。

智力,取决于基因和幼年期后天环境的影响与教育,是先天与后天教育的统一。相对来说,后天的教育对智力的高低起着更加重要的作用。智力,表现为观察力、注意力和记忆力。现在的教育体制,注重培养学生的记忆力,却很少培养学生的观察力与注意力。

知识,是通过学习和社会实践得到的对事物的认识,即科学知识与社会实践经验。比如学习了语言表达,学习了概念与定理,了解了自然界的很多现象,通过实践掌握了与人交往的经验等。

才能,是人们能够有效达到某种目的的心理能量。才能可以分为两部分:一部分是特殊才能,比如有些人对音乐、绘画、体育等所具有的天赋进而成为音乐家、画家或优秀运动员;另一部分属于一般才能,这与后天的教育和实践环境有关。

3. 影响思维能力培养的五个因素

如果在影响思维能力的五个因素上运用科学的方法,人的思维能力都可以得到提高。

(1) 注意力。注意,是人的身心指向和集中于一定事物时的意向活动。注意力越强,印象就越深刻。根据注意的有无目的和意志努力程度不同,注意可分为两类:一是无意注意,即没有自觉的目的,也不需要做任何意志上的努力的注意。它与人的直接指向某种事物或活动本身的兴趣、爱好有很大关系。另一类是有意注意,即有自觉目的,需要做一定意志上的努力的注意,它是靠间接兴趣或活动本身的兴趣来支持的,是靠词汇和语言来维持的。有意注意和无意注意可以相互转化。许多发明创造就是由一种偶然的无意注意诱发的。注意能力较强往往更能促进思维能力的发展。

(2) 直觉力。爱因斯坦曾经说过:"真正可贵的因素是直觉。"直觉力是根据对事物的生动知觉印象,直接把握事物的本质和规律。直觉力常常表现了人的领悟能力和创造力,是猛然察觉出事物的本来意义,使问题得到突然的醒悟,进入一种走出混沌的清晰状态。

(3) 分析力。分析方法是人类认识世界的一种重要方法。分析就是把客观事物的整体分解为各个部分、方面、要素,逐个加以研究。对事物的分析过程,实质上就是透过现象认识本质的过程。比如写作文章时,分析的主要任务是把握材料的本质和特定属性,敏锐发现材料中的新鲜因素和成分,推敲主题,安排结构,以及选择最佳的表达方式。而在写作实践中,有了分析,就能论证充分,逻辑严密,使人信服。

(4) 想象力。想象力是形成意象、知觉和概念的能力,是人类所独有的一种高级心理功能,是在现实形象的基础上,通过大脑的回忆、加工和新的综合,创造出新的形象的心理过程。它能把世界上许多事物联系起来,扩大认识范围,使我们的认识不受时间和空间的限制,从而创造出一个广阔的世界。想象是心灵的工作,有助于创造出幻想。无论是科学发明或是艺术创作,都离不开想象,也缘于此,想象是思维能力的重要组成部分,如果一个人的想象力不够,他的思维能力也一定不会强到哪里去。想象按有无创造性可以分为再造性想象和创造性想象;按其性质可分为理想、空想和幻想。

(5) 知识力。培根说:"知识就是力量。"思维是需要一定量的知识作支撑的。没有知识的支撑,思维是无法进行下去的。人类知识现已建成了一个开放性的庞大系统,即知识体系。现在人类集聚的知识,仅靠有限的生命是学不完的。这就需要培养有效的思维能力,正确把握知识,运用知识,克服这种矛盾。

四、思维偏好与全脑优势思维模型

古人云:闻道有先后,术业有专攻。这里的"专攻"之"动力",就是"偏好"。思维偏好能引导人去做"来劲"的工作,避开"没劲"的工作。所以,挖掘和培养人的"偏好",是事业成功的基础。这正如《论语·雍也》曰:"知之者不如好之者,好之者不如乐之者。""知"是专,"好"与"乐"都是特定的偏好,思维偏好很大程度上决定了人的思维习惯与发展方向。

1970年代末期,在通用电气公司管理发展中心担任主任的奈德·赫曼(Ned Herrmann)博士通过对大脑思维偏好的研究,提出了全脑优势思维模型(Herrmann Brain Dominance Instrument,HBDI),发展出HBDI问卷,用以测评人的大脑思维偏好,并且发展出全球至今仍沿用的全脑模型(Whole Brain Thinking)。

HBDI是大脑运作方式的类比模型,这一评估工具用四象限描述了四大思维方式。

A. 逻辑型:分析的、数学的、技术的和解决问题的。
B. 组织型:控制的、保守的、计划的、组织的和实际上管理的。
C. 交流型:人际间、情绪的、音乐的、精神上的和"谈话"模式。
D. 空想型:虚构的、综合的、艺术的和概念上模式。

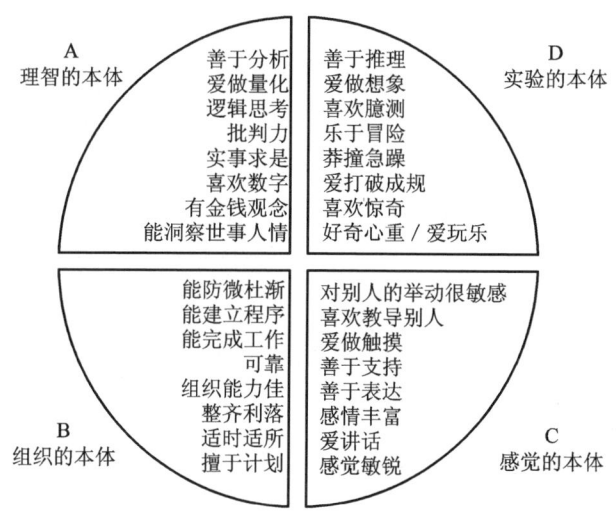

图2-5 四大偏好模型

参照图2-5所示,HBDI全脑优势各个象限所代表的含义。左上的A象限代表大脑的运作,左下的B象限代表条理和组织,右下的C象限涉及情绪化、重感情、重人际关系,右上的D象限更偏好想象。

A象限的思维方式是"理性我":通常喜欢在收集事实资料后再做出决定,喜欢通过理性的逻辑思考引导他人。他们通常都善于理财,还能够很好地解决技术问题。"理性型自我"常会被缺乏逻辑性的意见、过分强调个人感受及含糊不清的指令搞得很沮丧。

B象限的思维方式是"稳妥我":他们愿意按部就班地生活,并根据实用、程序化的原则做出决定。"稳妥型自我"通常扮演的都是管理、组织或行政等角色。即使是娱乐,他们也喜欢选择那些要求事先计划的活动,如露营、钓鱼、旅游等。对日程不明确、突如其来的人或事,以及无截止期之类的情况很无奈。

C象限的偏好是"感觉我":善于表达,敏感而且能够领会他人的需要。从事教师、培训师,以及销售、作家、音乐家、艺术家、社会工作者或其他可以帮助他人的需要善于表达的职业。娱乐时,"情绪型自我"喜欢阅读、散步或者边听音乐边放松。缺乏人际沟通、毫无感情色彩的评论或者不愿意眼神交流的人常常会使以感觉为主导的人感到受挫折。

D象限的偏好则代表"探索我":他们是风险的承担者,期望打破常规,喜欢设想,享受惊奇。"探索型自我"作为探索者能享受成为企业家、艺术家、咨询师或者战略家而带来的自由感。

知人者智,自知者明。知人才能善任,知己才能自强。每个人发挥各自的思维优势,每个组织都能把适当的人放在适当的位置,不仅有利于个人创新力的发展,更有利于组织创新力的增强。

第三节 思 维 方 式

人类的思维活动可以根据具体方法、内容、路径、抽象性、目的性等因素的不同,划分为多种类型。

一、直观行动思维、具体形象思维和抽象逻辑思维

从抽象性来分,主要可分为直观行动思维、具体形象思维和抽象逻辑思维。

(1)直观行动思维,又称为自然思维,是对一个问题或事物未经逐步分析和推理,仅凭内因的感知,比较迅速地对问题的结论作出猜测、设想或理解、领悟的过程,是通过直接与物质活动相联系的一种思维,所以又叫做感知运动思维。一个孩子最初的思维往往是直观行动思维。运动员对技能和技巧的掌握也需要直观行动思维做基础。这也是一种心理现象,是人体生命活动、延缓衰老的重要保证。一旦感知和动

作中断,思维也就终止。

(2) 具体形象思维,是以具体表象为材料,借助于鲜明、生动的表象和语言的思维,它是一般形象思维的初级阶段,文艺创作经常用具体形象思维。这是人的一种本能思维,人一出生就会无师自通地以形象思维方式考虑问题,又称"直感思维"。在此基础上,思维开始向两个方面分化:一是以形象观念为逻辑起点的形象思维过程;二是以概念为逻辑起点的抽象思维过程。人们从概念出发,建构出抽象思维的概念系统;从形象观念出发,则建立起形象思维的观念系统。

有人说,不用概念的思维是不存在的,而用概念来思维就是逻辑思维,所以,一切思维都是逻辑思维。但毛泽东曾经说过,"写诗要用形象思维"。比如,在北方高速公路两侧都种着白杨树,一眼望去,白茫茫的一长溜儿,感觉似白杨树开花。其实这是在阳光照耀下的白杨树被风吹过后的一种反光。这种形象与意境,是难以用概念来描述的,只能用文字来描述其形象与特征。这就是形象思维的重要作用。当然,在市场竞争与企业经营活动中,形象思维更是发挥着不可或缺的重要作用,如包装、广告等。

(3) 抽象逻辑思维,是以抽象概念为形式的思维,是人类思维的核心形态。它主要依靠概念、判断和推理进行思维,常称它为"抽象思维"或"闭上眼睛的思维"。抽象逻辑思维是人类最基本也是运用最广泛的思维方式。因为一切正常的人都具备逻辑思维能力。逻辑思维在创新中具有发现问题、直接创新、筛选设想、评价成果、推广应用、总结提高等方面的作用。但它在创新中也存在局限性,如常规性、严密性、稳定性等,容易形成思维定势,制约着思维的创新。

有人把所有不按逻辑思维方式解决问题的思维活动,用非逻辑思维概括起来,如联想、灵感、直觉、想象等等。因此,形象思维、直观思维都属于非逻辑思维的范畴。

链接 2-6　逻辑思维的训练

1. 在 8 个同样大小的杯中有 7 杯盛的是凉开水,1 杯盛的是白糖水。你能否只通过 3 步,就找出盛白糖水的杯子来?

解:第一步:把 8 个杯子分为各 4 杯的二组,在二组中各选出一杯水,把这组中的其他水都倒一点到这个杯子里,品尝这二杯水,选出有糖水的那一组。第二步:在有糖水的这组中,把3杯没有掺水的杯子中取出二杯水,进行第一步,判断糖水是否在这二杯中。第三步:糖水在这二杯水中,品尝其中没有掺水的那杯,就可以知道糖水是哪杯。反之也可推出糖水是另外二杯中的哪一杯。

2. 某药店收到10瓶药,每瓶中装有每粒重100毫克的药丸1 000粒。后被告知其中一瓶药发错了,错药的形状、颜色及包装均与其他9瓶药完全相同,只是每粒药重110毫克,你能用天平一次称出错药吗?

解:把瓶子编上号,然后从各瓶中拿出与编号相同数的药粒。

1	2	3	4	5	6	7	8	9	10
1	2	3	4	5	6	7	8	9	10
100	200	300	400	550	600	700	800	900	1 000

如果都是正确的则应有5 500毫克,其中第5瓶是错的则总重为5 550毫克,如果第6瓶是错的则应重5 560毫克。

3. 下边有10个不同的字母,代表(0~9)10个不同的数码,已知D=5,求其余字母各代表什么数码?

$$\begin{array}{r} DQNALD \\ +GERALD \\ \hline RQBERT \end{array}$$

解:∵D=5 ∴T=0 有一个很特殊的式子Q+E=Q。显然,E=0才能满足,但T=0,E不能重复等于0,E+1=0有进位,∴E=9。A+A=E,A不能是分数,又有进位,∴A=4。∵2L+1=R>10,G+D=R,R是个位数,又是奇数R>5,∵D=5,E=9,∴R只能等于7。∵N+R=B>10,还剩下2、3、6,∴N=6,B=3,Q=2。这里运用的是逻辑思维的综合分析的方法。

$$\begin{array}{r} DQNALD \\ +GERALD \\ \hline RQBERT \end{array}$$

∴ A=4 B=3 D=5 E=9 R=7 N=6 Q=2 L=8 T=0 G=1

(智库百科)

二、发散思维与收敛思维

从思维的具体方式上可以划分为发散思维与收敛思维。

(1) 发散思维,又称"辐射思维""放射思维""多向思维""扩散思维"或"求异思维",是指从一个目标出发,沿着各种不同的途径去思考,探求多种答案的思维,与聚合思维相对。发散思维要求充分发挥人的想象力,突破原有的知识圈,打破种种习惯性思维的束缚,以思考问题为中心,从一点向四面八方发散。然后再通过知识、概念的重新组合,找出更多的、更新的可能的答案。不少心理学家认为,发散思维是创造性思维的最主要的特点,是测定创造力的主要标志之一。

发散思维是多方向、多角度、对层次的,思考时无一定方向,也无一定范围,允许思考着"海阔天空""异想天开""标新立异",是一种开放性的思维。

链接2-7 思维导图

思维导图是一种革命性的思维工具,是一幅帮助你了解并掌握大脑工作原理的使用说明书。英国著名心理学家托尼·博赞(Tony Buzan,又译东尼·巴赞,托尼·布詹 1942年—),在研究大脑的力量和潜能过程中,发现伟大的艺术家达·芬奇在他的笔记中使用了许多图画、代号和连线。他意识到,这正是达·芬奇拥有超级头脑的秘密所在。在此基础上,博赞于20世纪60年代发明了思维导图这一风靡世界的思维工具。

思维导图,又称心智图,是表达发散性思维的有效图形思维工具。不论是感觉、记忆还是想法,都可以成为一个思考中心,并由此中心向外发散出成千上万的关节点,每一个关节点代表与中心主题的一个联结,而每一个联结又可以成为另一个中心主题,再向外发散出成千上万的关节点,而这些关节点的联结可以视为一个人的记忆,这也就是个人数据库。

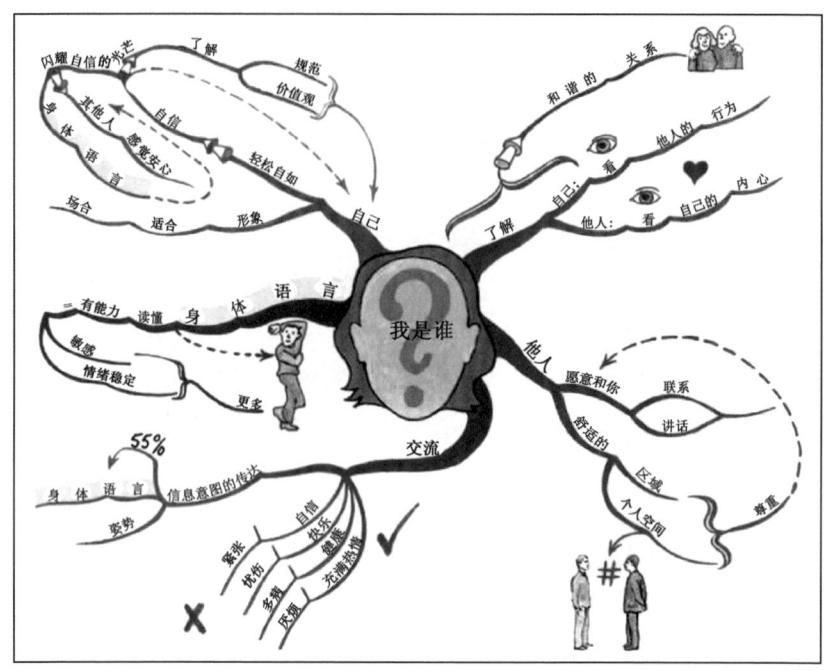

图 2-6　思维导图

(搜狗百科)

链接 2-8　红砖的用途

"红砖可以造房子、铺路、搭灶台、砌鸡舍和狗窝、筑炮台、建牢房、筑城墙……"这位回答者的思路实际受到"砖头是建筑材料"思维的限制,因而这些回答未能跳出"建筑材料"这个圈子。

有人补充说:"砖头除了做建筑材料外,还可以做工具——打人打狗、敲钉子、练气功、垫桌脚、压东西、当锤子、压船舱,还可以用来吸水,做磨刀石,另外还可以卖钱或者……"这个人思维发散性比第一个人回答强了很多,他想到了砖头的多种用途,但这种思维有点"零打碎敲"味道,流畅性和变通性都受到限制。

第三个人的思维方法就高明得多,他首先把砖头的各种要素或特性列出来:①红砖由一定的物质构成;②有重量;③有体积;④有形状;⑤有机械强度;⑥有颜色;⑦有功能;⑧有化学特性;⑨有价值;⑩有时间性等。然后再一个方面一个方面思考它的具体用途。例如,砖头有形状,因而可以用砖头组合成各种文字,再由字组成各种句子、成语、诗歌等,还可以组成文章;字,有中文、英文、俄文、拉丁文、阿拉伯文、日文、韩文等,并由此想开去……又如,砖头有一定硬度,可以用来雕刻各式各样的图案。

(季跃东.创新创业思维拓展与技能训练[M].北京:科学出版社,2012.)

(2) 收敛思维,也称为"聚合思维""求同思维""辐集思维"或"集中思维",是指在解决问题的过程中,尽可能利用已有的知识和经验,从众多信息中引出一个正确的答案或者把解题的可能性逐步引导到条理化的逻辑序列中去,最终得出一个合乎逻辑规范的结论。正好与发散思维相反,收敛思维是以一个问题为思考对象,从不同方向和不同角度,将思维指向这个中心点,已达到解决问题的目的。

收敛思维与发散思维是一种辩证关系,既有区别,又有联系,既对立又统一。没有发散思维的广泛收集,多方搜索,收敛思维就没有了加工对象,就无从进行;反过来,没有收敛思维的认真整理,精心加工,发散思维的结果再多,也不能形成有意义的创新结果,也就成了废料。只有两者协同动作,交替运用,一个创新过程才能圆满完成。

发散思维与收敛思维的结合,可以使新设想不断涌现。这种方法已经被广泛用于创造技法中。

第四节 思 维 定 势

一位公安局长在茶馆与一位老头下棋。正下到难分难解之时,跑来了一位小孩,小孩着急地对公安局长说:"你爸爸和我爸爸吵起来了。"老头问:"这孩子是你的什么人?"公安局长答道:"是我的儿子。"

请问:这两个吵架的人与公安局长是什么关系?

有人曾将这题对100人进行了测验,结果只有两人答对。你是不是已经从婚姻、抚养和血缘等角度开始推测他们之间的关系,感觉是不是很复杂?

其实答案很简单:公安局长是女的! 吵架的一个是她的丈夫即小孩的爸爸;另一个是他的爸爸即小孩的外公。

为什么会把他们之间的关系想得很复杂呢? 因为"公安局长""茶

馆""与老头下棋"这些描述,使人们从以往的经验判断出发,为公安局长预先设了一个"男性身份"。

一、思维定势的定义

预先设定的心理状态和惯性的思维活动就是思维定势。人们根据以往的知识和经验积累,逐渐形成一种判断事物的思维习惯和固定倾向,从而形成"思维定势"。思维定势是一种思维的惰性与惯性,是指人们按习惯的、比较固定的思路去思考与寻求问题及其解决方案。所以,又称"习惯性思维"。虽然运用经验与推理也能有创新,但思维定势往往会导致思维僵化,阻碍思维创新。

思维定势主要表现在两个方面:

一是思维方式。思维方式决定行为方式,推理式思维更容易形成思维定势,归纳式思维更有利于形成创新思维。中国人善于推理,思维方式如 123456789,属于渐进型,没有 1 就没有 2,更没有 3,这叫做"道生一,一生二,二生三,三生万物"。中国人一辈子都在寻找"理论依据",都想做"顺理成章"的事,从大到小,从虚到实,由表及里,由内而外,自上而下,自下而上,用一个既定的框架去解释现实世界,这样的思维方式使中国人的行为方式趋向循规蹈矩。西方人偏好归纳,思维方式如 abcdefghlmn,属于跳跃型,b 与 a 没有必然的联系,更强调现实与存在,需要与结果。中西方相比,中国人比西方人所受到的思想束缚就更多、更强、更深远。

二是思维惯性。当某种思维方式逐渐占主导地位,就会成为思维习惯,构成潜意识和本能的反应,这就是思维惯性。实际上,年纪越大,阅历越深,见多识广,其观念就不易被改变。如有人给企业做策划,首先要分析该企业的目标顾客群属于哪个年代的? 如果以 50 后和 60 后为主体,就不太愿意接单。为什么? 因为要改变这些目标顾客难度较大。所以,老年人与成功人士更具有思维惯性。

下面来看一个问题:

篮子里有四个苹果,由四个孩子均分,到最后,篮子里还有一个苹果。请问:他们是怎样分的?

这是一道设有圈套的题目。如果按照"分 4 个,剩 1 个"的思路去解题,就永远不会有结果。认识上的固定倾向产生了消极的思维定势,使人们认为"篮子里还有一个苹果"那一定是"剩下的苹果"。其实,题目并没有说"剩下"两字,这个在篮子里的苹果可以是"最后一个孩子还没有拿"的苹果。

链接2-9 大象的悲剧——惰性思维

一家马戏团突然失火,人们四处逃窜,所幸没有人员伤亡。但令马戏团老板伤心和不解的是:那只值钱的大象却被活活地烧死了。

"这怎么可能呢?拴住大象的仅仅是一条细绳和一根小木棍啊!"老板怎么也想不通。

通常,没有表演节目时,马戏团人员会用一条绳子绑在大象的右后腿,然后绑在一根插在地上的小木棍上。以避免大象逃跑。我们都知道以大象的力量,可用长鼻子卷起大树,拖拉巨大的木材。甚至可以一脚踏死动物。为什么它如今乖乖地站在那里呢?

原来,当这头小象被捕捉时,马戏团害怕它会逃跑,便以铁链锁住它的脚,然后绑在一棵大树上。每当大象企图逃跑,它的脚被铁链磨得疼痛、流血,经过无数次的尝试后,小象并没有成功逃脱。于是在它的脑海中形成了一旦有条绳子绑在它的脚上,它是永远无法逃脱的印象。因此,当它长大后,虽然绑在它脚上的只是一条小绳子和小木棍,但它懒得再去思考拴住它的是什么东西。

惰性思维是指人类思维深处存在的一种保守的力量,人们总是习惯用老眼光来看新问题,用曾经被反复证明有效的旧概念去解释变化世界的新现象。不去尝试,不敢冒险,因循守旧,大好的时机和自身无限的潜能被白白地葬送,挫折和失败的悲剧肯定不可避免。

比如说看魔术表演,不是魔术师有什么特别高明之处,而是我们大伙儿思维过于因袭习惯之势,想不开,想不通,所以上当了。比如人从扎紧的袋里奇迹般地出来了,我们总习惯于想他怎么能从布袋扎紧的上端出来,而不会去想想布袋下面可以做文章,下面可以装拉链。

在生活的旅途中,我们总是经年累月地按照一种既定的模式运行,从未尝试走别的路,这就容易衍生出消极厌世、疲沓乏味之感。所以,不换思路,生活也就乏味。很多人走不出思维定势,所以他们走不出宿命般的可悲结局;而一旦走出了思维定势,也许可以看到许多别样的人生风景,甚至可以创造新的奇迹。因此,从舞剑可以悟到书法之道,从飞鸟可以造出飞机,从蝙蝠可以联想到电波,从苹果落地可悟出万有引力……常爬山的应该去涉涉水,常跳高的应该去打打球,常划船的应该去驾驾车,常当官的应该去为民。换个位置,换个角度,换个思路,也许我们面前是一番新的天地。

(瞧这网,http://www.795.com.cn)

大象被烧死的现象在心理学上叫做"习得性无助(Learned helplessness)",是美国心理学家马丁·塞利格曼(Martin E. P. Seligman 1942—)1967年在研究动物时提出的。他用狗做了一项经典实验,起初把狗关在笼子里,只要蜂音器一响,就给以难受的电击,狗关在笼子里逃避不了电击,多次实验后,蜂音器一响,在给电击前,先把笼门打开,此时狗不但不逃而是不等电击出现就先倒在地上开始呻吟和颤抖。本来可以主动地逃避却绝望地等待痛苦的来临,这就是习得性无助。习得性无助是指通过学习形成的一种对现实的无望和无可奈何的行为与心理状态。

二、思维定势的类型

思维定势形成具有深刻的社会原因与心理原因。在中国,很多社会现象都可以从历史中找到原因。追寻历史原因,这也许也是一种"思维定势"。

早在哥白尼前1000多年,我国古代《尚书纬·考灵曜》一书中就有地动的思想,甚至所用的比喻和哥白尼完全一样!

大约公元1500年前后,明代有个叫万虎的人,试图用47支"起花"(一种爆竹)把自己送上天空,一声巨响过后,伟大的万虎与"飞行器"同归于尽。但世界上的科学家称万虎为"第一个企图乘'火箭'飞行的人",并以他的名字给月球上的一座环形山命名。

当人们追溯伟大的发明起源时,全世界都发现了中国古代科技,这一古老而悠久文明的存在。

中国古代的科技之光为什么没有照耀近代中国大地?中国古代科技为什么没有得到延续?有三个重要原因:第一,科技被政治化,与政治同构,技术发展曲线与王朝盛衰波动一致,每当王朝崩溃,科技体系也会受到严重破坏。第二,直观思维,只注重经验判断,缺乏实验判断,对可以通过观察获得的发现比较多,如天文地理,但不可以通过观察而获得的成果就比较少,如化学。关于孔子回答不出到底早上离太阳近还是中午近,就是一个直观判断。第三,外国人有成功要公开发表,我们有成果就保密,或者藏到棺材里,或者单传到最后失传。

链接2-10 光绪的鸡蛋

历史上的光绪年间,曾有过这样一件事。当时鸡蛋的时价,是一文钱能买三四个;而皇帝御膳房买来的鸡蛋,竟然是一个鸡蛋要纹银三四十两。光绪皇帝"日必食鸡子四枚",也就是说,光绪帝一顿饭仅吃鸡蛋就花费纹银一百四十两上下。当然,这对"普天之下,莫非王土,率土之滨,莫非王臣"的光绪来说,根本算不了什么。一次,为了炫耀,光绪还当着文武百官的面,举着鸡蛋问他的老师翁同和:"此种贵物,师傅亦尝食否?"听到皇上这样发问,在场负责"政府采购"的那些官员,后背的冷汗都冒出来了。如果翁老师说出了鸡蛋的实价,他们中饱私囊的事岂不就穿帮了?庆幸的是,翁老师的回答是:"臣家中或遇祭祀大典,偶一用之,否则不敢也。"一听翁同和这样回答,那帮采购官员心里的石头算落了地。其实,这个翁老师多精明啊,他是官场的老油条,宁愿背负欺君之罪,也不能把鸡蛋价格的实情说出来。因为他心里清楚,摆在他面前的不是一个鸡蛋,而是整个官场的潜规则。这个官场的潜规则,就是一座不可逾越的大山。"鸡蛋"怎么能够碰"大山"呢?

[邱允盛.勿让"劣币"逐"良币"[N].今晚报,2013-07-17(17).]

思维定势一般可以分为四大类,即从众定势、权威定势、常识定势、经验定势。

1. 从众定势

从众定势是一种横向的趋同。世界知名的美国格式塔心理学家和社会心理学的先驱所罗门·阿希(Solomon E·Asch,1907年9月14日—1996年02月20日),通过"线段实验"(1955—1956)发现了人的从众行为:即使答案很明显,但在三分之一的情况中,被试者会遵循团体的不正确答案,而百分之七十五的被试者会至少遵循一次。可见,从众定势是一种常见的心理现象。

从众定势可以分为三种基本类型。

(1) 认可型从众:因认可而主动的认同。如很多大学生喜欢有缺口的"苹果",他们趁假期去打工就为了这个有缺口的"苹果"。

(2) 迎合型从众：虽然不认可但迫于某些原因而被动迎合大多数人的趋向。如中秋节送月饼，虽然不少人觉得月饼贵而且不好吃不营养，但还是不得不送，因为那是一种"礼节"，中秋节还是随大流送月饼比较体面。

(3) 盲目型从众：这是一种既不认可也不是刻意迎合，而是在缺乏独立判断，没有主见的情况下的从众。如中国人通常所说的"随便"！经常说"随便"两字的人怎么会有创新力呢？

广告商及其他经营者，往往会利用消费者的从众心理与从众行为来提升品牌的影响力，提高与扩大商品销售。尤其是在现代科技传播环境下，有些企业通过不断制造焦点问题，来吸引众人眼球，以达到营销的目的。

链接2-11　送月饼是一种无奈的选择

消费者对中秋月饼有什么看法？在多个选项中，被调查者同时可以选择三个选项，每个选项与被调查者人数相比，数据显示：①有81%的被调查者认为月饼以相互赠送为主，同时有50%的被调查者认为"中秋节还是送月饼比较体面"。这一调查数表明，月饼仍然是中秋送礼的首选商品，人们不愿意去改变传统习惯，跟随大流送月饼，有礼有节，而且可以把手中的月饼转送出去，一举两得。②尽管有25%的被调查者选择"月饼不健康，尽量不买不吃"，但仍有45%的被调查者表示，即使单位不发、别人不送，也要买一点月饼自己吃。这说明：只要适合消费者的口味，月饼仍然具有一定的消费潜力。如位于上海南京西路的"王家沙"总店，中秋期间的各种苏式月饼，如鲜肉月饼、豆沙月饼、干菜月饼等品种，现做现卖，很多消费者都是慕名而来，排队购买。③有55%的被调查者认为"月饼包装过度，价格太高"。尽管政府出台了限制月饼过度包装的相关规定，但月饼的高价趋势仍然有增无减。其实，月饼高价的关键不在于包装，而在于我国礼品消费观念与消费市场的畸形化。在大众消费群体中，送礼非常注重礼品的价值，而人情往来反而被轻视，这一消费观念不改变，各种产品的过度包装趋势都难以抑制。至于鲍鱼饼、燕窝饼、虫草饼、黄金饼、首饰饼之类，那是因为存在另一个众所周知的消费市场，只有对受礼者加以管制，才能从源头杜绝这种畸形消费。无论是企业还是家庭，中秋送月饼，都是一种无奈的选择。

[周勇.无奈的选择[J].店长,2012(9).]

2. 权威定势

权威定势是一种纵向的趋同。德国的政治经济学家和社会学家马克斯·韦伯(德语：Max Weber,1864 年 4 月 21 日—1920 年 6 月 14 日)提出了三种正式的权威,即魅力型权威(家族和宗教)、传统型权威(宗主、父权、封建制度)、官僚型权威(现代的法律和国家、官僚)。

实际支配人们心理与行为的权威要比韦伯所说的更多,除了政治权威、行政权威、法律权威外,还有教育权威、专业权威、品牌权威。

(1) 教育权威:从小时候的家庭父母教育到学校的教师教育,再到工作单位的领导教育与组织教育。被教育者在接受各种教育之后,除获得一定的知识以外,还会产生两种截然相反的效应:一种是顺从效应,使人终于明白"顺从"在特定环境条件下的重要作用;另一种是逆反效应,被教育者从实践中感悟到教育者未必普遍地具有良知良能和大恩大德,被教育的内容也未必都是"真理"!所以,如果教育没有阳光的照耀,就会走向反面,走向黑暗。

(2) 专业权威:由深厚的专业知识所形成的权威。专家、政府有关专业职能部门以及非营利性的专业机构等都拥有一定的"专业权威",但是,当专业权威被某些"利益集团"绑架以后,这些专家与机构就不再有权威性。所以,要发挥专家权威,关键要做到两点:科学精神和保持独立。

(3) 名牌权威:企业品牌或产品品牌,通过广泛的传播推广,一旦成为被消费者认可的名牌以后,就会成为影响消费者购买决策的一种力量,使消费者"认牌购买",从而构成名牌权威。名牌,一方面是质量、信誉、地位、形象、身份和良好的服务的象征,另一方面也使消费进入盲目崇拜的误区,落得"劳民伤财"的结局。从药品到饮料,从牛奶到冰淇淋,从汉堡到家具,类似的案例,越来越多。中国的消费者到了该清醒的时候,中国的法律到了违法必究的时候。

权威被一次次打破,这是历史的进步。如伽利略的比萨斜塔实验推翻了千年教条,但方舟子在其博客中撰文质疑:伽利略有没有做比萨斜塔实验? 这本身也是对历史权威的一次挑战! 中国需要这样的挑战历史的精神、勇气与智慧!

链接2-12　方舟子质疑"伽利略的比萨斜塔实验"

这是一个连小学生都知道的科学故事：古希腊哲学家亚里士多德（公元前384—322）认为物体的下落速度和重量成正比，物体越重，下落的速度越快。千百年来这被当成是不可怀疑的真理。但是年轻的伽利略（1564—1642）不信这个邪。他在比萨斜塔上当众实验，扔下了一重一轻两个球。在众人的惊呼声中，两个球同时落地。千年的教条被推翻了，一条新的科学定律——自由落体运动定律——被发现了。

这个故事最早出现在伽利略晚年的秘书维维亚尼写的伽利略传记中。这本传记写于1654年（1717年才出版），此时伽利略已去世12年。按维维亚尼的说法，伽利略是在比萨大学任教期间（约1590年），当着其他教授和全体学生的面在比萨斜塔做的实验。但是伽利略本人的著作都没有提到在比萨斜塔当众演示，比萨大学的记录、伽利略同时代的其他人也都没有提到这个据说很轰动的实验，倒是提到了其他人在比萨斜塔做自由落体实验。由于当时的传记写作有喜欢夸大其词编造故事吸引读者的风气，许多人认为这个比萨斜塔实验不过是维维亚尼编造的一个传奇而已。

还有人认为，伽利略根本没有必要去做这个实验，因为他用思想实验已经推翻亚里士多德落体运动法则。伽利略在（1638年）出版的《关于两门新科学的对话》一书中，详细介绍了这个思想实验。根据当时教的亚里士多德物理学，每个物体在每种介质中都有一个自然下落速度，在同一种介质中，物体的下落速度和它的重量成正比，物体越重，下落的速度越快。伽利略据此设想，有一重一轻两个球，重球的下落速度将比轻球快。再设想把这两个球绑在一起，速度慢的轻球会拖慢速度快的重球，因此它们一起下落的速度应介于它们各自下落的速度之间。但是两球合在一起的重量大于重球，它们一起下落的速度又应该比它们各自下落的速度都快。这样就出现了自相矛盾，因此亚里士多德的落体运动法则是不能成立的。

伽利略对他的这番论证非常自信，认为无需进一步做实验，就已证明了物体的下落速度和重量大小无关。在真空中，这个结论无疑是正确的，因此很多物理学家、科学哲学家认为伽利略的论证简洁有力、十分精彩，是思想实验的典范。且不说推翻了亚里士多德落体运动法则并不能就得出物体下落速度和重量无关的结论(速度和重量还可以存在其他关系,例如非线性关系),严格地说,伽利略的思想实验并没能推翻亚里士多德落体运动法则。人们往往误以为这个思想实验是关于真空中的自由落体。其实不是,它针对的是任一介质中的自由落体(亚里士多德物理学不相信真空的存在)。而在有介质时,下落速度并非都与重量无关,在某些条件下物体越重,下落速度越快(例如在黏性介质中,具有相同的投影面积的物体,它们的下落速度和质量的开方成正比)。

(方舟子.科学史上著名公案——伽利略有没有做比萨斜塔实验?[N].经济观察报,2009-06-08.)

3. 常识定势

常识是众所周知的一般知识,或者是与生俱来的本能,或者是通过学习获得的日常知识。无论人还是其他动物,都存在常识定势。有一个著名的实验:把六只蜜蜂和同样多的苍蝇装进一个玻璃瓶中,然后将瓶子平放,让瓶底朝着窗户。结果发现:蜜蜂不停地想在瓶底上找到出口,一直到它们力竭倒毙或饿死;而苍蝇则会在不到两分钟之内,穿过另一端的瓶颈逃逸。为什么?蜜蜂认准了一个"死理"(常识):出口在亮处,而且不断重复着这一合乎逻辑的行动,结果死在囚室内;而苍蝇没有对光亮的定势,四处乱飞,终于逃离囚室。

人所掌握的很多常识,也不全是科学的,有的可能是误传,有的可能是条件改变。比如,中国农业大学食品科学与营养工程学院姜微波教授就指出,"每人每天应该喝2升水"是错误观点,认为每人每天需要2升左右的水,依据是源自60多年前发表的一份研究报告。那份研究报告所称的人体需水量,包含了所有随其他食物摄入的水分。所以,按照他的观点,每天喝2升水是多了。但关键还不是喝多喝少的问题,而且环境条件变化了,如今的水没有从前安全,结果,喝水越多,身体受水中有害物质伤害的可能性也就越大。

常识不一定完全可靠,科学的常识也会随着环境条件的变迁而改变。所以,常识必须时时更新。

链接2-13 河中石兽

《河中石兽》是纪昀(纪晓岚)的一篇文章,选自《阅微草堂笔记》卷十六《姑妄听之》,主要内容是石兽掉入河里,因为水的冲力和石兽本身重量的原因，所以找石兽要从石兽掉落的上游去找。

　　沧州的南面，有一座寺庙靠近河岸，寺庙的大门倒塌在了河水里，两个石兽一起沉没在这条河里。经历十多年，和尚们募集金钱重修寺庙，在河中寻找两个石兽，竟然没找到。和尚们认为石兽顺着水流流到下游。驾着几只小船，拖着铁耙，寻找了十多里，没有任何石兽的踪迹。

　　一位学者在寺庙里设立了学馆讲学，听了这件事嘲笑说："你们这些人不能探究事物的道理。这不是木片，怎么能使突然涨起来的河水带它们离开？石头的性质坚硬沉重，沙的性质松软浮动，石兽埋没于沙中，越沉越深罢了。顺着河流寻找石兽，不也是颠倒是非？"大家都很佩服，认为是相当确切的言论。

　　一个年老的河兵听说了这个观点，又嘲笑说："凡是丢失在河里的石头，都应当到河的上游寻找。因为石头的性质坚硬沉重，沙的性质松软浮动，水流不能冲走石头，河水的反冲力，一定在石头下面迎水的地方冲走沙子形成陷坑。越冲越深，冲到石头底部的一半时，石头必定倒在坑穴里。像这样又冲击，石头又会再次转动，这样不停地转动，于是反而逆流而上。到河的下游寻找石兽，固然颠倒；在原地深处寻找它们，不是更颠倒吗？"

　　按照他的话去寻找，果然在上游的几里外寻到了石兽。

　　既然这样，那么天下的事，只知道表面现象，不知道其中根本道理的人和事有很多，难道可以根据自己所知道的道理主观地判断吗？

（百度百科）

4. 经验定势

　　经验定势是依据从前的经验推测未来，做出决定或行为。过去的经验大致可以分为两类：一类是源于以往的成功经验，这些成功经验会强化积极的经验定势，当问题发生时，相信采取某一行动一定会出现预期的结果。守株待兔这个寓言故事中的那个宋国人，就是中了积极的经验定势的邪，最终不仅荒废了田地，而且也没有逮到兔子，还被人耻笑至今！另一类是源于以往的失败教训，这些失败教训会强化消极的经验定势，相信采取某一行动不会出现预期的结果。有个老板与人合作了多次都没有获得成功，最后他渐渐形成了一个消极的经验定势：合作会导致失败，还是自己独立发展更安全。但随着网络时代的到来，跨界营销、全渠道营销、供应链整合等越来越流行，由于这个老板对这些新方式的排斥,他落伍了,最终被市场淘汰。

由于环境条件的改变,过去的成功与失败不一定会重演。事实上,受制于积极的经验定势往往将付出沉重的代价,过去有秦池、爱多等央视广告标王,还有如今有鄂尔多斯等十大"鬼城"。之所以会出现"鬼城",就是因为没有出现预期的结果。而受制于消极的经验定势则往往会失去发展的机遇,在过去有很多事情不能做,但如果一直不做,别人抢先做了,再等待观望,最终将完全失去机会。

链接2-14 城市化与经济发展的逻辑错误

"鬼城"这个概念原本是指有神话色彩和灵异感的城市,但在城市化进程中却发生了语义迁移现象,人们用它来指城市中那些空置率过高、甚至被废弃的城市区域。近年来,由于规划超前、形象工程等原因,在我国的新城新区建设中也出现了一系列"鬼城",先是鄂尔多斯康巴什新城、天津京津新城、昆明呈贡新城、河南郑东新区等因空置率过高引发中外媒体关注,继而是浙江温州、湖南湘潭等地的"鬼城"也被曝光,最近一段日子,又有一些新城新区也进入"鬼城"之列。"鬼城"现象成为我国新城新区建设中值得警惕和反思的重大现实问题。

在"鬼城"现象的背后,一个隐藏很深的逻辑错误尤其应引起各方面的注意。按照通常的理解,经济发展可以推动城市化进程,反之,城市化却未必一定带来经济繁荣。但在目前的很多城市管理者中,并不明白这个简单的经济学原理,他们之所以大肆兴建投资巨大、规模巨大、建筑豪华的新城新区,就是错误地认为只要把城市空间发展到最大、写字楼盖起来,就一定能引来金凤凰,吸引到大量的投资和产业。这既是"鄂尔多斯"现象形成的主要原因,也是这一模式风行一时的根源。

目前,我国正处于快速的城镇化进程中,到2020年,中国还将有1.5亿人口从农村转移到城市,如果按城市建设标准100平方米/人计算,也就是说还会有15 000平方公里的城市开发空间。尽管这些人口的城镇化必然需要相应的城镇空间来匹配,但需要提醒的是,并不是每个城市都机会均等,所以像目前这种不顾城市实际情况,一味跑马圈地建设新城新区,并不可取。特别是很多人口密度本就不高的中西部城市,经济发展水平有限,如果再投入大量的人力物力搞"造城运动",无疑会后患无穷。

(刘新静.警惕"鬼城"现象[N].光明日报,2013-07-04.)

三、克服思维定势

很多成功人士之所以没能"从成功走向成功",而是走了一条"因为成功,所以失败"的不归路,关键是没有意识到自己做得再好、再大,懂得再多、再深,还是一个"有缺陷的人"!连"圣人"也不例外,更何况"凡人"。

"圣人"孔子56岁那年,曾受鲁君之命执掌鲁国朝政,开始了百日"鲁国新政"。他以"仁政"理念为指导颁布了几项法令,农贸市场上禁止讨价还价;街上男女,一律分道,不许携手同行;凡各国宾客来访,一律由官府接待,好吃好喝,有接有送。结果皆以失败告终。

为什么圣人执政也会失败?第一,幻想背离人性,这可以说是中国人所犯的第一大错。人是逐利的动物,你却硬要让他归顺"仁",这是极不现实的。第二,规则超越习惯,这是中国人所犯的第二大错。这两个错误从孔子一直延续到今天。人的习惯根深蒂固,习惯背后隐藏着的力量没有被改变的话,就不可能改变习惯,即使暂时被强制改变,在没有监管的情况下就必然会反弹。实际上,人性与人文背景是形成习惯的基本元素。这正如有些公司,请人来整改,结果由于外人不了解习惯背后的东西,花昂贵的代价让自己犯过的错误叫别人再犯一次。

关键是要养成思维创新的习惯。要形成一种习惯,必须有思想、言语、行为作为基础,思想决定言语,言语决定行为,行为决定习惯,习惯决定性格,性格决定命运。一个企业的命运就是由员工的习惯所决定的。无论是个人还是企业,都存在着一条生死存亡链:思想—言语—行为—习惯—性格—命运。

综合各种思维定势,有三个方面的心理障碍:一是因循守旧,纵向思维,过分注重逻辑思维和因果关系;二是迷信权威,怕担风险,在"尽管,但是"的语义下,无法超越过去;三是认识片面,信奉非黑即白、非此即彼的观念,忽视了对"灰色地带"的认识与发现。要克服思维定势,首先必须破除这三个心理障碍。

其次,要确立新的思维方式,要有思维创新,要有归零思维。归零思维要求人们忘记过去,不受成见束缚,从零开始。有这样一道小测试题:如果将一枚硬币任意抛掷了9次,掉下后都是正面朝上。现在请你再试一次,假定不受任何外来因素的影响,那么硬币正面朝上的概率是多少?答案是:50%。硬币只有两面,即使是之前任意抛掷100次都是正面朝上,在不受任何外来因素影响的情况下再试一次,正面朝上的概率仍然是50%,与之前抛掷硬币的概率没有任何影响和关联。这就是归零思维。

再次,要针对不同类型的思维定势,采取不同措施。如针对从众定势要注意全面观察与独立思考;针对权威定势要注意用事实与实验去挑战权威;针对常识定势要注意常识的前提条件有没有发生变化;针对经验定势要注意环境变化对以往经验的限制。总之,克服思维定势,一定要做到三点:自信、创新、实践。

链接2-15　中式思维的五大逻辑缺陷

1. 概念不清

从老祖宗起,就从来不知道给出概念的逻辑定义,从来不会准确界定所讨论的概念的外延,使概念变成了一堆边界不明的气团。"道""仁""圣人""君子""小人"乃至后世的"理""气"等等重大概念,从来不曾明确地严格地定义过。凡国学和中医中出现的貌似"定义"的东西,如"不偏之谓中,不易之谓庸""成己,仁也;成物,知也""胃为水谷之海""头为诸阳之会""舌乃心之苗"等等,在逻辑学上都是一钱不值的。

概念不清的第一个后果,是我们不但热衷于奢谈某些连自己都莫名其妙的东西,而且还会为它们而激动,而疯狂,而大打出手。概念混乱的第二个恶果,是使得中国无法产生大思想家,既有的学问也无法深化。概念混乱的最后一个恶果,是即使遵循正确的思路也会导出错误的结论。

2. 不证而论

第二个常见的思维毛病,是不懂逻辑学上的"充足理由律",给出论点来往往不证而论,只有论点,没有论据。这里随便引两句《老子》:"古之善为道者,非以明民,将以愚之。民之难治,以其智多。故以智治国,国之贼;不以智治国,国之福。"这里的三句话,每句都是论点,毫无论据,实际上是三个彼此毫无相干的结论。翻成白话就更一目了然了:"古代善于实行'道'的人,是去愚弄百姓,不是教育他们明白事理。聪明的人民是难以统治的。所以,用开发民智去治国只会坑害国家;反过来就会给国家造福。"

3. 乱用类比推理

第三个常见的思维毛病,是乱用类比推理,从毫不相干的事物或自然现象中推导出人生大道理。这里再引《老子》作例证:"江海所以能为百谷王者,以其善下之,故能为百谷王。是以圣人欲上民,以其言下之;欲先民;以其身后之。是以处上而民不重,处前而民不害。是以天下乐推而不厌。以其不争,故天下莫能为之争。"这里由一连串的"是以"连接起来的连锁推论方式,本来在逻辑上就是毫无价值的。然而这一切推论,竟是从"水往低处流"这个自然现象中导出来的!因为江海位置低下,能纳百川,所以圣人为了爬上去统治百姓,就必须先伏低做小,这算是什么推理?就算"将欲取之,必先与之"的道理成立,它与促使水流动的地心引力又有什么相干?

4. 以"经典"作为论据

第四个常见的思维毛病,是以"经典"作为论据甚至论点的来源。中国的古代"思想家",似乎离开了权威的话就写不了文章。老子没有权威可引用,便捏造个"古之圣人"出来。到了庄子,便虚构了一个"仲尼",一会儿把他当神灵附身的巫师,借他的口来假传圣旨,一会儿又把他当批判嘲笑对象。孔子离了文王周公,孟子离了孔子,似乎都要害失语症。

到了后世,读书人的全部智能都用来"代圣贤立言",全国人民两千年如一日地靠三四个死人的智慧讨生活。就连弄点闲情逸致的诗文歌赋,也要把它们变成王恺与石崇式的斗富,比赛谁家囤积的典故多。宋儒说:"天不生仲尼,万古如长夜。"如果孔子不生出来,古往今来的几十亿甚至几百亿人便统统没了脑袋。这种"吃死人大户"的千年"人民战争",蔚为文明史上的奇观!

5. 以偏概全

最后一个常见的思维毛病,是以偏概全,乱作归纳推理,把个别的、一时的现象当做普遍的和永恒的。这样的例子,翻开《四书》比比皆是:"巧言令色,鲜矣仁。""凡事预则立,不预则废。"这是我在《四书》里能找到的最好的归纳,适用于大多数情况。错是错在那个"凡"字上,把话说死了,说得没有例外了。"凡是敌人反对的我们就要拥护;凡是敌人拥护的我们就要反对。"敌人反对嫖娼,我们就要嫖娼,敌人拥护民主,我们就要反对民主?

以上五种重大逻辑缺陷,使诸子之书成了格言集锦,而不是思想家的理论著述。它们当然是古老智慧和人生经验的结晶,但却不是逻辑上井然有序的思索推理结果。然而两千年下来我们却只为其中的智慧闪光而迷醉,看不到其思维方法的缺陷。"先天不足"(传统)加上"后天失调"(现代教育),便害得中国人成了不会逻辑思维的民族。

因为不会逻辑思维,我们便成了"什么都懂,什么都会,什么都敢信,什么都敢说"的愚昧、幼稚、狂热的民族。不管是何等荒谬的名堂,一出笼便能风靡亿万人民,人人如痴如醉,个个似癫似狂。"大跃进""文革"不必说,什么"鸡血疗法""针灸治聋哑""饮水疗法""甩手疗法""磁疗""红茶菌""气功热""风水热""易经热"……实在是琳琅满目,蠢不胜收!

为了使本民族稍微有些理智,我们的教育制度必须作根本的改革,废除那种制造工匠的应试教育,采取西方那种旨在培养学生的逻辑思维能力、想象力、创造力的教育方法。

(芦笛. 天涯论坛,2007-02-15.)

本 章 小 结

1. 思维是人类天生具有的能力,是人类大脑的独特的功能。人脑是一个奇妙的世界,并不是我们只使用了大脑的10%,只不过是我们对大脑的不解之谜,仅仅解开了10%而已。

2. 人的左右大脑发挥着不同的作用。现阶段研究表明:习惯于左脑思维的人,相对逻辑性表现的要强一些;而习惯于右脑思维的人,喜欢凭直觉的、形象化来思考。画家、音乐家、文学家等的作品产生更多是使用右脑的结果。

3. 任何思维过程都始终脱离不了三个方面,即思维的三要素:思维的主体、思维的过程、思维的结果。三要素始终以问题为中心,即思维什么,即要解决的问题是什么。思维就是思维主体起心动念"用"的过程。

4. 思维过程需要具备三个基本条件:原始刺激、规则引导、记忆搜索。思维过程又表现出两个基本特征:间接性与概括性。思维过程分为三个阶段:摄取阶段、加工阶段、运用阶段。

5. 人的思维能力是先天因素与后天因素的综合作用的结果,与人的思维习惯有关。智力、知识、才能构成思维能力三个基本要素。

6. 思维能力可以通过后天的学习与训练得以提高。应该注重提高五个方面:注意力、直觉力、分析力、想象力与知识积累。

7. 人类思维方式划分方法有多种,不论怎么划分,有些是思维的天性,是直接的思维反映,有些是后天的学习经验的积累的反映,而且往往这些思维是交叉存在、相互作用的。

8. 人类思维存在定势,人的成长过程会加速思维定势的形成。思维定势一般可以分为四大类,即从众定势、权威定势、常识定势、经验定势。

9. 思维定势的存在会影响人的创新力,因此要努力克服思维定势,做到三点:自信、创新、实践。最为关键的是要养成具有创新思维的习惯。

本章讨论题

1. 通过本章学习,你认为自己更擅长使用左脑思维还是右脑思维?运用实例来证明自己。

2. 思维存在定势。在你成长中,你是否觉得自己已经在某些方面存有思维定势?自己是否意识到?

3. 除了本章介绍的思维方式分类之外,你还能概况出其他的分类吗?

本章训练题

测一测你是否具有创新意识。

测试1:

下面是20个问题,如符合你的情况,则在( )里打上"√",不符合的则打"×"。

(1) 听别人说话时,你总能专心倾听。   ( )
(2) 完成了上级布置的某项工作,你总有一种兴奋感。   ( )
(3) 观察事物向来很精细。   ( )
(4) 你在说话,以及写文章时经常采用类比的方法。   ( )
(5) 你总能全神贯注地读书、书写或者绘画。   ( )
(6) 你从来不迷信权威。   ( )
(7) 对事物的各种原因喜欢寻根问底。   ( )
(8) 平时喜欢学习或琢磨问题。   ( )
(9) 经常思考事物的新答案和新结果。   ( )
(10) 能够经常从别人的谈话中发现问题。   ( )
(11) 从事带有创新性的工作时,经常忘记时间的推移。   ( )

(12) 能够主动发现问题,以及和问题有关的各种联系。　　　　(　)
(13) 总是对周围的事物保持好奇心。　　　　　　　　　　　　(　)
(14) 能够经常预测事情的结果,并正确地验证这一结果。　　　(　)
(15) 总是有些新设想在脑子里涌现。　　　　　　　　　　　　(　)
(16) 有很敏感的观察力和提出问题的能力。　　　　　　　　　(　)
(17) 遇到困难和挫折时,从不气馁。　　　　　　　　　　　　(　)
(18) 在工作遇到困难时,常能采用自己独特的方法去解决。　　(　)
(19) 在问题解决过程中找到新发现时,你总会感到十分兴奋。　(　)
(20) 遇到问题,能从多方面多途径探索解决它的可能性。　　　(　)

测试 2:
下面是 10 个题目,请在括号中选出符合自己情况的选项。
(1) 你在接到任务时,是否会问一大堆关于如何完成任务的问题?
　　(肯定 0 分,否定 1 分)
(2) 你在完成任务过程中,是否不善于思考,而习惯于找他人帮忙,或者不断地问别人有关完成任务的问题?
　　(肯定 0 分,否定 1 分)
(3) 在任务完成得不好时,你是否会找出一大堆理由来证明任务太难?
　　(肯定 0 分,否定 1 分)
(4) 对待多数人认为很难的任务,你是否有勇气和信心主动承担?
　　(肯定 1 分,否定 0 分)
(5) 当别人说不可能时,你是否就放弃?
　　(肯定 0 分,否定 1 分)
(6) 你完成任务的方法是否与他人不一样?
　　(肯定 1 分,否定 0 分)
(7) 在你完成任务时,领导针对任务问一些相关的信息,你是否总能回答上来?
　　(肯定 1 分,否定 0 分)
(8) 你是否能够立即行动,并且工作质量总能让领导满意?
　　(肯定 1 分,否定 0 分)
(9) 工作完成得好与不好,你是否很在意?
　　(肯定 1 分,否定 0 分)
(10) 对于做好了的工作,你能否很有条理地分析成功的原因和不足?
　　(肯定 1 分,否定 0 分)

测试 1 评价:
如果 20 道题答案都是打"√"的,则证明创新力很强;如果 16 道题以上答案是打"√"的,则证明创新力良好;如果有 10～13 题答案是打"√"的,则证明创新力一般;如果低于 10 道题答案是打"√"的,则证明创新力较差。

测评 2 评价:

如果受测试者能够得 10 分,就很棒了,能够得 7 分以上则过得去,如果低于 7 分,就不尽如人意了,如是低于 5 分,受测试者就简直是一个木头人。

(百度文库\教育专区\高等教育\管理学)

第三章 创新思维(上):发散思维与形象思维

创新本来是人类思维活动固有的活动特征。现代社会的快速发展,市场竞争环境的加剧,人们可能随时随地都存在落伍之忧,创新便成了人们的生存之道,成了当代的时髦用语。

创新来自创新的思维。只有不断打破固有思维模式,不断反思,让自己转变思维方式,从不同角度重新审视,我们才能够发现一个全新的世界。

第一节 创新思维概述

无论生活、工作、创业或管理,大到国家,小到家庭,每时每刻都会遇到各种各样的矛盾与问题。所有问题最终都可以归结为两类:一类是资源短缺;另一类是欲望无限。这两者本身也构成一对矛盾。要解决这些问题与矛盾,光靠增加资源既不现实也不可行,关键还是要有新思维、新想法、新办法。

一、什么是创新思维

关于创新思维,学术界无较为完整的定义。姚本先教授在《大学生心理健康教育》一书中指出:"创新思维是指以新颖独创的方法解决问题的思维过程,通过这种思维能突破常规思维的界限,以超常规甚至反常规的方法、视角去思考问题,提出与众不同的解决方案,从而产生新颖的、独到的、有社会意义的思维成果。"本教材认为,创新思维,就是思维主体在寻找有效解决问题产生的新的想法与做法的思维过程,是一个相对概念,是相对于常规思维而言的。

正如前面所述,一个人能力的表现主要是思维能力在起作用。同样构成创新能力的核心就是一个人思维能力的创新。创新思维是一种习惯,需要注重日积月累的修炼,要使个人或组织有一定的创新力,不仅要学习和了解各种创新思维形式、创新技法,还要重视各种创新技能训练,培养自己的创新意识。因此,创新是一种习惯。创新思维具有三个基本特征:突破性、完备性、实效性。

1. 突破性

要找到解决问题的突破口、关键点,抓住问题的本质。比如,牛津大学的爱德华·博诺在他的讲座中提到的,在电梯旁安装镜子以分散等候者注意力的办法,就是一种创新。而江南春能想出在电梯旁安装广告视频的办法,则更是把这一创意提升到了一种盈利模式。

2. 完备性

要考虑实现系统功能必须具备的基本部件,如技术系统,最基本的部件是:动力装置、传输装置、执行装置、控制装置。系统如果缺少其中的任一部件,就不能成为完整的技术系统,如果系统中任一部件"失效",整个系统就无法正常运转。技术系统如此,社会系统也是如此。如果能清楚地勾画出社会系统的"必要部件",很多管理办法就不至于"失效"。

3. 实效性

要衡量创新的有效性,具有实效的创新才是有用的创新,无论标新立异、奇思异想,还是纵向与横向、发散与收敛、常规与非常规、逻辑与非逻辑,都不是衡量有效创新的根本标志,也不是创新的关键特征,实际效果是衡量创新是否成功的唯一标志。但"实际效果"也可以从不同视角来看。例如,当年"农业学大寨",人造梯田是一种创新,但最终发现"退耕还林"才是可持续发展之路;又如,"长江三峡",看起来成果辉煌,贡献很大,但未来也许会做出更客观的评价;再如,城市中越建越高、越盖越大的住宅小区,以及高端住宅与中低端住宅的区隔化规划,似乎为社会创造了巨大"财富",但却造成了一系列"社会问题",解决这些问题的"社会代价"也许会远远高于房地产开发所带来的"价值"。

二、创新思维因子

在创新思维中有许多的影响因素起作用,如情感、形象、直觉、灵感、顿悟、经验、想象、联想、质疑等。本教材认为最具有挖掘潜力的创新思维因子包括:想象、发散、直觉、灵感。

1. 想象

想象是一种特殊的思维形式,是人在头脑里对已储存的表象进行加工改造形成新形象的心理过程。要激发潜伏在人脑内的创新思维,首先必须张开想象的翅膀。我国很多民间传说与文学作品都孕育着丰富的科学技术创新的想象。例如,"嫦娥奔月""顺风耳"等都是极具想象力的古代例子。再如,爱迪生之所以能研究出来"狭义相对论",得益于他在孩童时代就常常幻想自己同光线赛跑。

想象可以分为消极想象与积极想象两类。两者的区别主要是看有没有第二信号系统的调节与参与。第二信号系统是指抽象的非现实的信号,一般指对具体直接刺激的语言概括。第二信号系统是人类所特有的条件反射机制,即对语言刺激、抽象信号等能形成条件反射。如"谈虎色变",人们虽然没有见到具体的虎,但"虎"字使人联想到具体的虎,引起恐惧的心理反应。

消极想象是缺乏第二信号系统调节的想象,是一种自然进行的想象,如做梦。这种想象有时候也会触发灵感,引发创新。积极想象是有第二信号系统调节下进行的想象,是一种主动的、自觉的、目的想象。

在实践过程中,创造想象可以通过原型启发法、类比法以及联想法三种方法训练与实现。

2. 直觉

直觉是指不受某种固定的逻辑规则约束而直接领悟事物本质的一种思维形式和心理现象,贯穿于日常生活和科学研究之中。直觉的创新作用表现为直观的、不假思索的判断、猜想、假设和预感,但它也必须以丰富的知识、经验、观察与悟性为基础。

直觉具有非逻辑性的特征。如德国气象学家、地球物理学家、大陆漂移学说之父阿尔弗雷德·魏格纳(Alfred Lothar Wegener,1880 年 11 月 1 日—1930 年 11 月 2 日),1910 年在家卧床养病时百无聊赖,常常看着墙上挂着的一幅世界地图。看着看着他突然发现大西洋两岸大陆的海岸线十分相似,如果把它们拼起来,非洲西部和南美洲东部就十分吻合,简直像一块完整的大陆。于是他凭直觉大胆猜想,非洲和南美洲原来是连在一起的,后来由于某种原因分开,沿水平方向各奔东西,中间便形成了大西洋,这就是著名的"大陆漂移假说"。直觉产生假设,假设创造了学说。

3. 灵感

灵感往往存在于文学、艺术、科学、技术等创作活动中,具有突发性,且消失得很快,可能就是一个闪念,是典型的创造性思维的结果,是新颖,甚至是独特的。它以抽象思维和形象思维为基础,与其他心理活动紧密相连,具有情绪性。灵感降临时,人的心情是紧张的、高度兴奋,不为人们的理智所控制,甚至陷入迷狂的境地。灵感的产生源于一个人对某一问题长期孜孜以求、冥思苦想之后,通过某一诱导物的启发,一种新的思路突然产生。每个人都可能出现灵感,只是水平高低不同而已。可以说灵感是创新的起点和原始,灵感还是创新的核心和灵魂。

灵感往往是突然出现的,没有逻辑的一步步推导,灵感的出现意味着思维的跳跃。但是没有长期的观察、学习、实践、冥思、苦想,是不可能有什么灵感突然出现的。杂交水稻之父袁隆平说:"灵感是知识、经验、追求、思索与智慧综合实践在一起而升华了的产物。"

科学家因为直觉与灵感而发现自己理论方向的例子很多,如阿基米德在澡盆里领悟出了判定王冠中黄金成分的办法;牛顿从苹果落地而产生灵感,研究出万有引力定律;俄国化学家门捷列夫从玩牌中得到灵感而排出元素周期表;英国科学家法拉第从磁效应中得到启发,终于发现了电磁感应定律。科学家在创造最伟大发现的那一瞬间,内心最先触发往往来自直觉与灵感,来自类比与现象,来自形象与心绪跳动,而不是来自僵硬的公式或方程式。他们一般是在被认为最不科学的时候创造了最伟大的发现,而逻辑演绎、归纳、实证等都不是发现真理的方法,而是证明真理的方法。灵感也是源于这些科学家,累积了广泛的知识与技能,在大量研究基础上产生的。

4. 发散

思维过程的发散性,是指思维过程呈现多维发散状态,如"一题多解""一事多写""一物多用""一形多物""一物多形""一物多变""一因多果"等。这是创新思维的最主要特点,也是测量创造力的主要标志之一。

测试发散思维的一个经典例子是设想曲别针的用途。有日本人在讲课中对中国学员说,曲别针的用途可以概括为"钩、挂、别、联"四种,具体用途不是三十种,也不是三百种,而是三千种。中国学员回答说:曲别针的用途远不止四类,也不止三千种,可以是无数种。曲别针可以分解为铁质、重量、长度、截面、弹性、韧性、硬度、银白色等十个要素,用一条直线连起来形成信息的横轴,然后把要动用的曲别针的各种要素用直线连成信息标的竖轴。再把两条轴相交垂直延伸,形成一个信息反应场,将两条轴上的信息依次"相乘",达到信息交合,于是曲别针的用途就无穷无尽了。

每当遇到问题,要跳出点、线、面的限制,要善于进行多方位、多维度、多方法的思考。

链接3-1　直　觉　测　验

1. 在猜谜语游戏中你是否成绩不错?
2. 你是否喜欢和别人打赌,赌运是否很好?
3. 你是否一看见一幢房子便感到合适与舒适?
4. 你是否常感到你一见某个人,便感到十分了解他?
5. 你是否经常一拿起电话便知道对方是谁?
6. 你是否常听到某些"启示"的声音,告诉你应该做些什么?
7. 你是否相信命运?
8. 你是否经常在别人说话之前,便知道其内容?
9. 你是否有过噩梦,而其结果又变成事实?
10. 你是否经常在拆信之前,便已知道其内容?
11. 你是否经常为其他人接着说完话?
12. 你是否常有这种经历:有段时间未能听到某一个人的消息了,正当你在思念之时,又忽然接到他的信件、明信片或电话?
13. 你是否无缘无故地不信任别人?
14. 你是否为自己对别人第一面印象的准确而感到骄傲?
15. 你是否常有似曾相识的经历?
16. 你是否经常在登机之前,因害怕该航班出事,而临时改变旅行计划?
17. 你是否在半夜里因担心亲友的健康或安全而忽然惊醒?

18. 你是否无缘无故地讨厌某些人？
19. 你是否一见某件衣服，就感到非得到它不可？
20. 你是否相信"一见钟情"？

答是的记 1 分，答否的记 0 分，累计所得分数，并按如下标准进行评价：

10～20 分：有很强的直觉能力。有着惊人的判断力，当你将它用于创新时一定会取得巨大成功。

1～9 分：你有一定的直觉能力。但常常不善于运用它有时让它自生自灭，应该加强对它的培养，让它成为你事业的好帮手。

0 分：你一点也没有发展自己的直觉能力。你应该试着按直觉办事，就会发现直觉的用处。

（智库百科）

链接 3-2 第六感觉及其测试

科学实验表明，人体除了有视觉、听觉、嗅觉、味觉和触觉等五个基本感觉外，还具有对机体未来的预感，生理学家把这种感觉称为"机体觉""机体模糊知觉"，也叫做人体的"第六感觉"。国外把人的意念力或精神感应称为人的第六感觉，又称超感觉力（英文简写成 ESP）。

一般认为，"第六感"这个词与"直觉（intuition）"大致吻合。但描述直觉不只是"第六感（thesixthsense）"这个词，其他还有：预感（hunch）、灵感（inspiration）、洞察力（insight）、内在的声音（innervoice）或预兆（foreboding）。一般认为，使用"直觉"和"第六感"更能代表现代心理学对这个问题的解释。直觉是指没有使用五官反射作用的感觉，而"第六感"和"潜意识"这个词在定义方法上是相同的，它们是一个集合的排除法的界定。

第六感觉是一种神秘的感觉，不同的人会有程度不同的感知性。想知道你是否有第六感吗？请用"是"或"否"来回答下列问题：

1. 曾经作过的梦境在现实中果然发生了；
2. 到一个从未去过的新的地方，却发现非常熟悉那里的景物；
3. 在别人尚未开口时，已知道他将说什么；
4. 常有正确的预感；
5. 身体有时会有莫名其妙的感觉，如蚁爬感、短暂的刺痛感；

6. 能预知电话铃响；

7. 预见会碰到某人,果然如此；

8. 在灾祸到来之前有不适的生理反应,如窒息感、乏力等；

9. 常做彩色缤纷的梦；

10. 会不时听见无法解释的声音。

如果你有 3 个肯定的回答,你具有第六感觉;有 5 个或 7 个以上肯定的回答,你的第六感比较活跃;超过 7~10 个,则非常敏感了。

(百度百科)

此外,强烈的求知欲、钻研精神、探险爱好等,也都是思维创新源泉,所以,人类对自然界、社会以及自身生存的惊奇是一切思维和创新的起源。

三、创新思维产生的条件

创新者往往善于观察,能够积极主动寻找问题,突破原有的思维框架,勤于思考,随机应变,善于积累信息,并能够适时调用信息,善于发现创新点等等,这些构成了创造性思维产生的基本条件,归纳为以下四个方面。

1. 问题意识

你知道螃蟹壳是软的吗？如果遇到了这个问题,你会怎样？否定、怀疑还是探寻？

链接 3-3 螃蟹壳是软的

在美国,有一种食物叫做"炸软壳蟹",是将蟹壳柔软的螃蟹油炸后食用的一种食物。

螃蟹壳怎么会是软的？

很多人吃过了、惊异了也就过去了。但有一个日本人却一定要问个为什么。他想知道美国的螃蟹的蟹壳为什么是软的？店里的人告诉他:"其实所有的螃蟹壳都是硬的,但所有的螃蟹在蜕皮后刚刚长出新蟹壳的时候都是软的。"

这个人叫川上源一,他是雅马哈第四任总裁。

川上源一回到日本后,马上去走访渔民,没想到他们告诉他:"那种软壳蟹根本卖不出去,都扔了。"他一听立刻下了订单:"我全买下。"于是,雅马哈旗下的鸟羽国际酒店的菜单上就多了一道菜"炸软壳蟹"。

当然,雅马哈的餐饮并不是最知名的。它的所有业务中,占比最大的依然是乐器。雅马哈最早是生产风琴的,后来转向生产钢琴。相对于欧美等老牌钢琴生产国来说,雅马哈生产钢琴的时间虽然短,但是已经达到世界一流水平。不得不说在短时间内达到世界水平与川上源一持续不断"提出为什么"密切相关。

最初做钢琴的时候,川上问制造钢琴的负责人"使用什么样的材质可以使钢琴的音质更好?"对于专家的回答,一般人不会再去怀疑,但川上却继续不停地问下去:"你说的那种材质真的是最好的?""欧洲和南洋的木材哪种更适合做钢琴?""这些材质到底干燥几天比较好?"……直到把负责人问得说"我不知道",于是,川上下令:"那就去试吧!"

他们把音板、弦、不同的木材、不同干燥时间等因素进行组合试验,一次次改变,获得了几十万个数据!之后,从中寻找最佳组合——这就是雅马哈制造钢琴的方法。

这种方法的效果很快就超越了传统的依靠技术人员的经验和感觉制造钢琴的方法,使雅马哈迅速成为世界一流品牌。

(大前研一.创新者的思考[M].王伟,译.北京:机械工业出版社,2007.)

可以说问题意识是创新者非常重要的一个特征。任何创新都基于问题意识,善于发现问题、寻找问题是创新者的重要能力。

链接3-4 海尔的问题意识

海尔的成功一定意义上归于海尔集团总裁张瑞敏的"问题意识",并且成功地将其转换为企业全员的"问题意识",他要求每个员工每天对自己做的事情都进行控制和管理,要"日事日毕,日清日高",而不能拖延和隐藏当天的矛盾和问题。

"小小神童"的问世,缘于一封上海女顾客的抱怨信。女顾客抱怨市场上的洗衣机容量大,耗时耗电耗水,并希望企业能开发一种适合现代人的小型洗衣机。在很多人都忽视这个信息的时候,海尔的决策人却敏锐地抓住了这一信息。海尔不仅重视这一信息,并且还对这一信息内的问题进行了大量的市场调查和研究。最后得知,城市家庭普遍存在着对洗衣机需求的不满意,市场上确实有小型洗衣机的需求。最后,海尔公司总部抽调了一批在洗衣机开发方面有很深造诣的研究人员,并投入了几千万元的开发费用进行研制和开发。就这样,迷你型洗衣机问世了。

海尔还开发出型号为 XPB40—DS 的洗衣机,不仅具有一般双桶洗衣机的全部功能,还可以洗地瓜、水果、蛤蜊等动植物。

1996年10月,公司总裁张瑞敏带队到四川德阳等地考察,当地维修人员反映经常遇到下水管堵塞的问题,原因是当地号称"红薯之乡",盛产红薯,常有人用洗衣机洗地瓜。张总回来后几次谈起这个有趣的现象,并要求技术部门对销往当地的洗衣机作一些改造,加粗下水管,解决排沙的问题。既然用户有需要,为什么不开发一种既能洗衣物,又能洗水果蔬菜的多用途洗衣机呢?1997年年底,动植物洗衣机(所谓动物指海产品)正式立项,成立了以李崇正为组长的4个课题组。1998年4月完成产品开发,定名为小神螺大地瓜洗衣机,进入批量生产。当年即销售数千台。与普通洗衣机相比,大地瓜洗衣机在设计上有四个方面的改进:一是增加了洗涤支撑网;二是增加了导沙槽;三是排水系统改为直排式,设计了独特的双排水管系统;四是设计了一种防沙结构,防止泥沙进入传动系统内部。这些改进成功解决了果皮磨损、排沙、漏水三大难题。

(百度文章)

需要特别强调的是,这里所说的问题意识是指"主动发现问题"的意识。创新者只有不断地将观察到的事物和已知的知识或假说联系思考,不断提出为什么,通过提问去找寻解决的方法。教育的本意是需要不断提出问题,但现在的应试教育已经把探寻问题意识逐渐抹杀了。事实上很多时候,人们不是看不到问题,而是不好意思去"探究"问题,下意识地认为"这么简单的问题如果提出来,其他人会不会笑话自己没知识"或者自认为自己学历很高,懂的知识很多,不愿意去问一些看似简单的问题。创新产生的时机就这样被错过。

2. 突破思维框架

有人说学得越多,思维受到的约束越多,如第二章所述的思维定势。因此,创新一定要突破原有的思维框架。

3. 积累信息,敏锐观察,勤于思考,灵活应变

著名法国学者巴斯德有一次到田间散步,发现有块土壤的颜色与

其他的土壤有些不同，走近一看，原来是蚯蚓从地下带来的大量土粒。于是他想，死于炭疽病的羊，深埋地下，使其周围的泥土含有炭疽病芽孢，会不会是蚯蚓把这种泥土带到土壤表层上来而使得炭疽病继续传播呢？这个想法在不久后得到证实。就是这样，巴斯德的思维所具有的这种敏锐性使他发现了神秘莫测的炭疽病传播途径。

具有创新思维的人，其思维具有灵活性，不易受到原有思维的束缚，常常通过敏锐的观察产生不同凡响的新思维。这种人还善于组合多种信息，善于灵活运用已拥有的知识、经验与技能并能够根据事务的变化及时调整自己的思路和看法。

好的创新者一定对各种信息很敏锐，能够及时地从任何一种环境中捕捉到对自己有用的信息，并及时记录下来，以供随时调用。特别是进入互联网与大数据时代，数据已经渗透到每一个行业和业务领域，已成为重要的生产因素。麦肯锡认为：人们对于海量数据的挖掘和运用，将预示着新一波生产率增长和消费者盈余浪潮的到来。

4. 善于发现创新点

创新的根本目的就是要满足人们的各种需要。永远牢记：需求引领创新！创新者总是在思考人们需求的基础上搜寻创新点，哪里有需求哪里就会有创新的市场和创造性产品。列维·施特劳斯在成千上万的淘金者中发现他们需要结实耐穿的裤子而推出了牛仔裤；在不穿鞋的原始部落中发现鞋子的需求；能够将梳子推销到庙里等，营销中这些经典案例都说明需求引领创新，而互联网出现改变了人们的沟通交往与购物模式，改变了整个世界。

由于消费需求是动态变化的，不同年龄段、不同家庭生命周期都会有不同的消费需求热点，企业如果能够抓住需求热点的变化趋势，对于开发新产品、捕捉创造新市场是至关重要的。专家们分析了现阶段消费热点的状况，并概括成9个英文单词来描述。同时专家们也提出未来创新型产品几个相应的创新方向，对于企业开发新产品具有借鉴作用。

链接3-5　消费热点

Amenity(舒适)——追求舒适的生活；
Beauty(美观)——追求美的满足；

Culture(文明)——追求文化素养的提高；
Delicacy(优雅)——讲究格调，追求高雅的倾向；
Economy(经济)——希望实用、实惠的心态；
Fashion(时髦)——追求时尚、流行的心理；
Gourmet(美食)——喜好美食享受的倾向；
Health(健康)——重视健康的心理；
Intelligence(知识)——追求知识的需要。

(搜狗百科)

链接3-6 创新产品方向

1. 健康型产品。各种健身产品，如功能型、健美型、休闲型、成长型、平民型等；各种检测型、预警型、监护型、保健型、环保型等产品；饮食与防病、治病相结合的功能食品等。

2. 智能型产品。"智能型"或"聪明型"产品能够过滤并解释信息，让使用者更加便捷、更加方便、更加有效采取行动。

3. 礼品化产品。人们交往增加，广泛的交际成为人们重要的生活内容；国际化的交往的增多，不同民族、不同国家人们交往等等，礼品化产品成为连接人们交往的纽带。

4. 个性化产品。定制、使用者参与设计产品的经营模式成为体现个性化产品的首要模式。

5. 人性化产品。产品设计的目的是满足人们的需求，"人性化"也就是在产品设计中以提升人的价值、尊重人的自然需要和社会需要，满足人们需要为出发点。

(DAVE G，SUNNI B，JAMES M. Game Storming：创新变革 & 非凡思维训练[M]. 北京：清华大学出版社，2012.)

第二节 发散思维与商业创新

在第二章思维形式上提到发散思维是人类发展过程中产生创造性思维最主要的一种思维形式，是在一般思维基础上发展起来的，是人们后天学习与训练的结果，如前一章链接2-8中对红砖用途的描述。这里将详细叙述发散思维类型及训练方法。

一、发散思维的特点

发散思维,就是对一个问题从多角度、多方位、多层次进行思考,从而得出多种不同的答案甚至是奇异答案的思维方式。

例如,给你一个圆,你能画出什么?你能说出笔的功能吗?对于缺水你会有什么方法?口香糖有哪些种类?等等问题,都是发散思维典型的训练例子。如果善于运用发散思维,你会发现智慧的能量是无限的。

发散思维具有以下几方面特点。

1. 思维的流畅性

思维的流畅性,就是在较短时间内思维能够在产生大量设想,并能够流畅表达出产生的新的想法。流畅性反映了发散思维的速度和数量特征。

如词汇流畅,就是在给定时间内(3分钟或4分钟内)尽可能多地写出包含某个特定结构的汉字,如包含"口"的汉字。

2. 思维的变通性

思维的变通性,就是打破常规,突破头脑中固有的思维框架,按照某一个新的方向来思索可能的结果的过程。变通性需要借助横向类比、跨界转化、触类旁通,中国古代的司马光砸缸、曹冲称象都是典型的突破思维框架的例子。

3. 思维的独特性

独特就是与众不同,因此思维独特性就是要提出与众不同、异于寻常的新奇思想。创新必然具有新颖、独特、不同一般的特点,如报纸可以做门帘还可以做衣架。

4. 多感官性

发散思维不仅要运用视觉思维、听觉思维,还需要充分运用其他感官接收信息并加工。发散思维与情感有关,如果能够激发兴趣产生激情,发散思维速度与效果将会大大提高。

链接 3-7 咖啡的发现

1 000多年前非洲埃塞俄比亚一个凯夫小镇有个聪明的牧童,他对自己的羊了如指掌,羊也非常听他的话。有一天,他把羊群赶到了周围有一片灌木的草地上吃草。到了晚上,发生了奇怪现象,羊不听话了。他费了很大劲才把羊赶进围栏。羊进栏后还是很兴奋挤来挤去。第二天,他又把羊群赶到那片草地上。他看到,羊除了吃青草外,还吃灌木上的小白花、小浆果和叶子。到了晚上,他的羊和前一天一样不听指挥。

为了证明是羊吃了灌木叶和果实出现了反常现象。第三天,他把羊赶到另一片草地上,只让羊吃草。当晚羊恢复了正常。

问题出在灌木和果实上。小牧童拔了几颗灌木回家,他尝了灌木毛茸茸的叶子,有点苦,又尝了果子,又苦又涩。他把果实放到火里烧一烧,发出浓郁的香味,再把烧过的果实放在水里泡着喝,味道好极了。那一天晚上,小牧童也兴奋地一夜未眠。小牧童反复试了几次,每次都得到同样的结果。

于是,他把这种香喷喷的东西当做饮料,招待镇上的人。此后,一种新的饮料诞生,这就是我们现在喜欢喝的咖啡,也就是非洲小镇"凯夫"的谐音。

分析牧童发现咖啡的过程:第一,好奇心:我的羊怎么变得这样奇怪?第二,敏感性:羊是不是吃了灌木叶引起变化;第三,观察力:羊不仅吃了灌木叶,还吃了果实花朵;第四,联想:叶子和果实中有特殊东西,人能不能吃?第五,探究:拔一些灌木回家看看是怎么回事;第六,冒险:我来尝尝;第七,进取心:有点苦,烧一烧会怎样?泡水喝是不是更好?第八,良好的心态,健康的品质:如果牧童自私一点,自己发现了东西自己享用,那么咖啡永远成不了饮料。

(戈江区科普网,http://www.yjq.gov.cn/yj_kp/show.aspx? id＝150&cid＝9)

二、发散思维的形式

发散思维的主要形式有横向思维、逆向思维、立体思维、平面思维、侧向思维、多路思维、组合思维等。

1. 横向思维

横向与纵向是相对的。一般而言,纵向思维是逻辑思维推理的过程。当纵向思维受阻,往往需要跳出原有思维路线,从横向来寻找答案的过程。最早提出横向思维概念的是英国学者博诺,他创立横向思维概念的目的是针对纵向思维的缺陷提出与之互补的对立的思维方法。横向思维面一般不会太窄,且能够运用横向思维的人都善于举一反三。有人说横向思维就像河流一样,遇到宽广处,很自然地就会蔓延开来,欠缺的是深度不够。

链接3-8 股票预测

一位年轻的股票经纪人即将开始经营他自己的业务,但是他没有客户。他如何使一些富有的人相信他能够准确地预测股票的价格走势呢?

他一开始列出800个富人,给其中一半人发送的预测中,他预言IBM的股票将在下周上升,在给另一半人发送的预测中,他预言IBM的股票下周将下跌。结果IBM的股票下降了,这样他就选中了收到正确预言的这400个人。他再向其中200人预言通用电器的股票下周上升,向另外200人预言该股票将在下周下降……重复这个过程,直到他手里有25个人。对着25个人而言,他连续5次预言正确,他再和其中的每个人联系,劝说他们中的几个把他们的股票交给他来管理。

这个案例中,年轻人没有按常规的逻辑推理方式,如发传单、营销、宣讲、做广告等方式,而是运用了独特的横向思维方式——思维扩散,收到意想不到的效果。

(360doc个人图书馆)

横向思维的几种方式:

(1) 横向移入。把其他领域的好方法移到本领域来。

(2) 横向移出。把本领域的成功方法移到其他领域去。如法国细菌学家巴斯德发现酒变酸,肉汤变质都是细菌作怪。经过处理,消灭或隔离细菌,就可以防止酒、肉汤变质。李斯特把巴斯德的理论用于医学界,轻而易举地发明了外科手术消毒法,拯救了千百万人的性命。

(3) 横向转换。不直接解决问题,转换成其他问题,如曹冲称象,把测重转换成测船入水的深度。那么埃及人如何测量金字塔呢?

链接3-9 金字塔有多高?

埃及金字塔到底多高?在古代这个谜团困惑了很多人。这个问题后来被古希腊哲学家泰勒斯解决了。

在一个阳光明媚的上午,金字塔下人山人海,泰勒斯和他的助手带了一把尺子来到金字塔下。开始时,太阳升起斜照时人影很长。太阳越升越高,人影越来越短。当助手测得泰勒斯的影子长度和他本人身高一样时,泰勒斯立即将金字塔的影子做上记号,并用尺子量出影子的长度,然后当众宣布,这个影子的长度就是金字塔的高度。

(360doc 个人图书馆)

2. 逆向思维

从正面去寻找解决问题的方法和途径,这是常规的正向思维方法。如果从问题的反面去思考解决的方法和途径就叫"逆向思维",也叫做反向思维。敢于"反其道而行之",让思维向对立面的方向发展,把事物的位置颠倒过来进行思考或从问题的相反面深入地进行探索,从而产生新的想法、新的创意。如说话声音高低能引起金属片相应的振动,相反金属片的振动也可以引起声音高低的变化。因此,爱迪生在对电话的改进中,发明制造了世界上第一台留声机。

链接 3-10　一个警示牌的提示

一所小学大门口正对着一条商业街,南来北往的人特别多,再加上一些司机为了节省存车费,就把车子停在学校门口。每天放学时,学校门口就拥挤不堪,很危险。因此,学校领导让老师们轮流在校门口执勤,来劝说那些司机不要在门口停车,还立了个禁止停车的警示牌。但是,这些措施都收效甚微。

有一次轮到小杜执勤,善于思索的小杜就想了一个办法,并准备了一下。那天小杜执勤效果特别好,门口没有一辆汽车停车。领导很高兴,表扬小杜:"到底年轻人做事有魄力,门口乱停车的现象被小杜解决了!"事后他邀请小杜向其他老师谈谈自己是怎样解决这个难题的。

小杜说:"我哪里有什么经验呀,那些乱停车的人不就是为了节省存车费嘛,我就把学校门口的禁止停车的牌子拿掉,挂上另一个牌子:停车 20 元。结果,很多司机看到这个牌子自动就把车子开走了,我没说一句话,也没有收一分钱。就这样把停车问题解决了。"

这就是小杜的逆向思维。正面的劝说效果不好,反过来,停车收费 20 元,效果就明显了。

(新浪博客,http://blog.sina.com.cn/yinlinzhou)

一般人们习惯于沿着事物发展的正方向去思考问题并寻求解决问题的办法。其实,对于某些问题,尤其是一些特殊问题,从结论往回推,倒过来思考,从求解回到已知条件,反过去想或许会使问题简单化。运用逆向思维去思考问题的结果往往会令人大吃一惊,另有所获。

逆向思维最为突出的特征是反向性与批判性。反向性是逆向思维的重要特点,也是逆向思维的出发点,其思维取向与常人相反。逆向思维的另一个特点是批判性。逆向思维是对传统、惯例、常识的反叛,是对常规的挑战。它需要克服思维定势,破除由经验和习惯造成的僵化的认识模式。习惯性做法并不总是对的,对一切事物都持有怀疑精神与批判性是逆向思维所需要的。正是源于逆向思维的反向性与批判性,任天堂开发出可以通过控制手柄,用身体动作控制游戏的游戏主机Wii,吸尘器实现从"吹"到"吸"的转变。

链接 3-11　任天堂的 Wii

占据电子游戏市场半壁江山的视频控制台一直被两大巨头——索尼公司的 Playstation 游戏机和微软公司的 Xbox 游戏机牢牢掌控着。这两家巨头都遵守着这样的规则:首先,这个世界上的人分为"玩游戏的"和"不玩游戏的"两种;其次,玩游戏的人关心的主要是速度更快的处理器主板和更加逼真的视觉效果;再次,游戏设备都价值不菲;最后,当人们坐着玩游戏时,除了动动手指搬动游戏机控制器外,身体的其他部位几乎是不动的。

此时,任天堂公司却没有因循守旧,其推出的游戏机 Wii 相对来说价格低廉,根本没有硬盘,没有 DVD 播放设备,网络功能很弱,处理器的主频也很低。但是在上市后的短短几周内,其就成为消费者争相购买的产品。这要归功于 Wii 所配备的创意十足的控制手柄。通过这个手柄,游戏玩家可以用身体控制游戏。

通过 Wii,你可以打网球、篮球以及高尔夫球,甚至还可以打保龄球,或者用剑格斗和打拳击。可以说,任天堂公司开创了一个新的游戏世界,让很多置身事外、从不认为自己会玩电子游戏的人也加入到游戏中。正如一位记者约书亚·库珀·拉莫(Joshua Cooper Ramo)所说,"Wii 拆除了隔离现实与虚拟世界之间的那道墙,打破了世界分为'玩游戏的'和'不玩游戏的'两种人的旧观念,迫使其他竞争者不得不重新思考自己对游戏的理解——Wii彻底颠覆了人们心中玩视频游戏不用出一丝汗的观念。"

（卢克·威廉姆斯.颠覆性思维——想别人所未想,做别人所未做[M].北京：人民邮电出版社,2011.）

链接3-12 从"吹尘器"到"吸尘器"

东西掉在地上,沾上灰尘,捡起来吹吹就是了,这是一般人们的习惯动作；桌面有灰尘,一时找不到抹布,吹一吹也是很常见的动作。用嘴吹气这是最古老的及最简单的除尘方式,于是人们发明了"吹尘器"。1901年,英国伦敦火车站举行吹尘器表演——用吹尘器清理火车车厢的灰尘。吹尘器效率很高,让人们大开眼界。可是,也有不尽如人意的地方,那就是用吹尘器的时候尘土飞扬,让人难受；等尘埃落定之后,桌椅上又有了新的一层灰。

有一位叫赫伯·布恩的技师深感吹尘器美中不足。他掉头一想,改吹为吸能行吗？回家之后,他用最原始的方法开始实验,用一条薄薄的手帕蒙住嘴和鼻子,趴在地上,然后用嘴猛力吸气,结果灰尘都被吸到手帕上。实验证明,吸尘比吹尘强多了。于是,他根据真空负压原理发明了电动吸尘器。

（郑奕财.发明与创新.龙源期刊网.）

逆向思维在各种领域、各种活动中都有适用性,由于对立统一规律是普遍适用的,而对立统一的形式又是多种多样的,有一种对立统一的形式,相应就有一种逆向思维的角度。所以逆向思维具有无限多种形式。如性质上对立两级的转换：软与硬、高与低等；结构、位置上的互换、颠倒：上与下、左与右等；过程上的逆转：气态变液态或液态变气态、电转磁或磁转电等。不论哪种方式,只要是从一个方向的对立面去思索,就是逆向思维。

3. 立体思维

立体思维是指在思考问题时跳出点、线、面的限制,能够进行立体式思维。如立体绿化：屋顶花园增加绿化面积、减少占地改善环境、净化空气；立体农业、间作：如玉米地种绿豆、高粱地里种花生等；立体森林：如高大乔木下种灌木,灌木下种草,草下种食用菌。立体思维是从宏观高度寻找微观层面问题的解决办法。

4. 平面思维

平面思维是指人的各种思维线条在平面上聚散交错。如一幅画，如果单纯以笔和纸才能完成就是常规思维方式，但如果把"画"放在一个平面上，将所有可以想象的名词联系起来，就会发现石头、头发、麦秆、金属、树叶、布料、沙子——都可以用来做成一幅画。这就是平面思维。在诸葛亮的思维中，"兵"不仅是指"人"，"水""火""草""木"皆是"兵"。

5. 侧向思维

侧向思维又称旁通思维，是指沿着正向思维旁侧开拓出新思路的一种创造性思维。当正面进攻受阻迂回前进的方法。从侧面去思考，是在最不起眼的地方多做文章，这往往会有意想不到的效果。如19世纪末，法国园艺学家莫尼哀从植物的盘根错节想到水泥加固的例子。当一个人为某一问题苦苦思索时，在大脑里形成了一种优势灶，一旦受到其他事物的启发，就很容易与这个优势灶产生相联系的反应，从而解决问题。

6. 多路思维

所谓多路思维，是指对一个有多种答案的问题，朝着各种可能解决的方向，去发散性思考问题的各种可能的答案。也就是解决问题时不要一条路走到黑，而是从多角度、多方面思考，这是发散思维最普通的形式（逆向、侧向、横向思维是其中的特殊形式）。现代心理学研究表明，人的大脑不仅具有同时学习和思考几个问题的功能，而且由于内容的更换或交替，还往往能够促进创造性思维的迸发，即灵感的产生。据心理学家测定，一个人在一段时间内平行研究或思考的问题，最多可以有7个。这当然要看所研究的问题的大小及一个人的知识面的宽窄程度。

7. 组合思维

组合就是将两个或两个以上的事物组合在一起，或者把多项貌似不相干事物通过想象加以连接，从而使之变成彼此不可分割的新的整体。组合思维就是从某一事物出发，以此为发散点，尽可能多地与另一（或一些）事物联结成具有新价值（或附加价值）的新事物的思维方式。美国加利福尼亚一家小工厂，将小温度计与汤匙组合，取名"温度匙"，解决了给婴儿测量体温问题,即在给婴儿喂养时就很方便地看出汤匙里液体的温度,大受母亲的欢迎。日本的一位理发师将推剪和小吸尘器组合而成一种新型理发工具,使剪下来的头发立即被吸尘器吸走,减少清扫碎头发的麻烦。

最具标志性的组合是:第一次大组合是牛顿组合了开普勒天体运行三定律和伽利略的物体垂直运动与水平运动规律,从而创造了经典力学,引起了以蒸汽机为标志的技术革命;第二次大组合是麦克斯韦组合了法拉第的电磁感应理论和拉格朗日、哈密尔顿的数学方法,创造了更加完备的电磁理论,因此引发了以发电机、电动机为标志的技术革命;第三次大组合是狄拉克组合了爱因斯坦的相对论和薛定鄂方程,创造了相对量子力学,引起了以原子能技术和电子计算机技术为标志的新技术革命。所以爱因斯坦说过:"……组合作用似乎是创造性思维的本质特征。"

在科学界、商业和其他行业都有大量的组合创造的实例。当然组合不是随心所欲的拼凑,必须是遵循一定科学规律的有机的最佳组合。

三、发散思维与收敛思维的统一

发散思维是一种很重要的创新思维,同样收敛思维(也称集中思维)也是一种创新思维。只是我们这里重点谈论的是发散思维。任何的创新过程,总是要经过发散到集中,再由集中到发散,再次循环往复的过程。发散思维体现了"由此及彼""由表及里"的思维过程,而集中思维体现了"去粗取精""去伪存真"的思维过程。

在创新活动中,通过发散思维可以产生大量的新想法、新创意,但是不可能每一个想法和创意都会去实践,而是要不断集中,从中筛选出更好的想法或创意。由于创造性首先表现在发散思维上,因此这里我们重点介绍发散思维形式及一般训练方法。

四、发散思维的实现方法

发散思维可以借用于思维导图(见第二章)进行。

1. 功能发散

设想获得某种事物功能(以此为发散点)的各种可能性。如:怎样才能达到照明的目的?点油灯、开电灯、点蜡烛、用手电筒、点火把、燃篝火、用镜子反射太阳光、划火柴、烧木炭……第二章中红砖的实例就是典型的功能发散的方法。

链接3-13　铅笔用途与冰箱用途

1. 铅笔用途

1983年，一位在美国学习的法学博士普洛罗夫在做毕业论文时发现：50年以来，美国纽约里士满区一所穷人学校圣·贝纳特学院出来的学生犯罪记录最低。

普洛罗夫在将近6年的时间里进行调查，问一个问题："圣·贝纳特学院教会了你什么？"共收到了3 756份回函。在这些回函中有74%的人回答，他们在学校里知道了一支铅笔有多少种用途，入学的第一篇作文就是这个题目。

当初，学生都知道铅笔只有一种用途——写字。后来又知道了铅笔不仅能用来写字，必要时候能用来替代尺子画线；能作为礼品送朋友表示友爱；能当商品出售获得利润；铅笔的芯磨成粉后可以做润滑粉；演出的时候可以临时用来化妆；削下的木屑可以做成装饰画；一支铅笔按照相等的比例锯成若干份，可以做成一副象棋盘；可以当做玩具的轮子；在野外缺水的时候，铅笔抽掉芯还能当做吸管喝石缝中的水；在遇到坏人时，削尖的铅笔还能作为自卫的武器等。贝纳特学校让这些穷人的孩子明白，有着眼睛、鼻子、耳朵、大脑和手脚的人更有创造力，成为对社会有用的人。

2. 冰箱用途

很长时期，电冰箱市场一直为美国人所垄断，几乎每个家庭都有，这种高度成熟的产品竞争激烈，利润率很低，美国的厂商显得束手无策，而日本人却异军突起，发明创造了微型冰箱。人们发现除了可以在办公室使用外，还可安装在野营车娱乐车上。于是，全家人外出旅游，舒适条件全部具备。微型冰箱改变了一些人的生活方式，也改变了它进入市场初期默默无闻的命运。

微型电冰箱与家用冰箱在工作原理上没有区别，其差别只是产品所处的环境不同。日本人把冰箱的使用方向由家居转换到了办公室、汽车、旅游等其他侧翼方向，有意识地改变了产品的使用环境，引导和开发了人们潜在的消费需求，从而达到了创造需求、开发新市场的目的。

上述两个例子都说明了,只要有想法,原有产品就可以创造更多的需求。

(创新人才培训网站)

2. 形态发散

设想出利用事物形态(如形状、颜色、音响、味道、气味、明暗等)作为发散点的可能性。如:尽可能多地设想利用红色可做什么。交通信号、红旗、红水果、红围巾、红星……

3. 组合发散

尽可能多地设想某一事物(作为发散点)与另一事物(或一些事情)联结而成具有新价值(或附加价值)的新事物的各种可能性。如:尽可能多地写出或说出钥匙圈可以同哪些东西组合在一起。可同小刀组合、可同指甲钳组合、可同图章组合、可同圆珠笔组合……

4. 方法发散

以人们解决问题或创造物品的某种方法为发散点,设想出利用该种方法的各种可能性。如:尽可能地写出或说出用"吹"的方法可以办成哪些事情或解决哪些问题。吹气球、吹灰、吹肥皂泡、吹蒲公英、吹鸡毛……

链接 3-14　味精瓶改进与彩色电扇

1. 味精瓶的改造

日本有一厂家生产瓶装味精,质量好,瓶子内盖上有 4 个孔,顾客使用时只需甩几下,很方便。可是销售量一直徘徊不前。全体职工费尽心机,销售量还是不能大增。后来一位家庭主妇提了一条小建议。厂方采纳后,不费吹灰之力便使销售量提高了近四分之一。那位主妇的小建议是:在味精瓶的内盖上多钻一个孔。由于一般顾客放味精时只是大致甩个二三下,四个孔时是这样甩,五个孔时也是这样甩,结果在不知不觉中多用了近 25%。

同样,牙膏也可以这样改进。

2. 彩色电扇

日本的东芝电气公司 1952 年前后曾一度积压了大量的电扇卖不出去,7 万多名职工为了打开销路,费尽心机地想了不少办法,依然进展不大。有一天,一个小职员向当时的董事长石坂提出了改变电扇颜色的建议。在当时,全世界的电扇都是黑色的,东芝公司生产的电扇自然也不例外。这个小职员建议把黑色改为彩色。这一建议引起了石坂董事长的重视。经过研究,公司采纳了这个建议。第二年夏天东芝公司推出了一批浅蓝色电扇,大受顾客欢迎,市场上还掀起了一阵抢购热潮,几个月就卖出了几十万台。从此以后,在日本以及在全世界,电扇就不再都是一副统一的黑色面孔了。

同样,家电也越来越多颜色;个人电脑过去也是以黑色为主,索尼公司就推出彩色系列个人电脑。苹果手机以黑白为主,iPhone 5C 则推出多款颜色手机。

(创新人才培训网站)

5. 因果发散

以某个事物发展的结果作为发散点,推测造成此结果的各种原因或以某个事物发展的起因作为发散点,推测可能发生的结果。如:尽可能多地写出或说出造成玻璃杯破碎原因。掉在地上碰碎了、被雷声震碎了、被某种东西敲碎了、杯子里的水结冰收缩碎了、杯子被胀碎了、被重物压碎……

6. 结构扩散

设想出利用某种事物结构(以此为发散点)的各种可能性。如:蜜蜂的蜂窝构造非常精巧、适用而且省材料,航天器设计师受蜂窝结构启发,用金属制成蜂窝,再用两块金属板把它夹起来就成了蜂窝结构,强度高,重量轻,又隔音隔热,现航天飞机、人造卫星、宇宙飞船内部就大量使用这种蜂窝结构。

7. 材料发散

设想某种材料物品(以此为发散点)的多种用途。如:尽可能多地说出铅笔的用途。可以写字、可以替代尺子画线、作为礼品送朋友、能当商品出售获得利润、铅笔的芯磨成粉后可以做润滑粉、演出的时候可以临时用来化妆、削下的木屑可以做成装饰画、在野外缺水的时候铅笔抽掉芯还能当做吸管喝石缝中的水、在遇到坏人时削尖的铅笔可以当做武器……

第三节　形象思维与商业创新

大家都知道可口可乐公司最具独特的创意——弧形瓶,其创意的产生来源于制瓶工人罗特看到女朋友穿的裙子而产生。在第二章提到,通过具体表象产生的思维是人类基本的思维形式,是一种本能的思维方式。但是随着人们的学习与实践,对获得表象进行分析、抽象、综合等高层次思维活动,就会产生新的设想与创意。因此,本节重点讨论形象思维在创新中所起的作用。

一、形象思维特点

形象思维是原生的,无论是人还是动物,在不接触文化知识的情况下能够自然产生出来的思维能力。不同人的形象思维能力因天赋的不同而不同,这种差异产生的原因有先天的因素,这就是基因的不同。但是随着一个人后天的学习、训练与实践,大脑在抽象思维不断进化过程中又进一步促进形象思维向更高层次发展。因此,这里说到的形象思维已非初级阶段的形象思维,而是思维主体为实现一定的认知目的,通过感官捕获研究对象的具体形态或图像信息,发挥个人的想象、联想、类比、模仿等能力,并允许虚构和幻想,从而构造出一个富有代表性的新事物、新形象的一种思维活动。

科学研究认为人的大脑中的右脑是形象思维活动的主要区域。形象思维不仅存在于艺术领域,而是广泛存在于科学研究、发明创造、技术应用乃至生活各个领域。在科学技术、文艺创作、绘画音乐、生产工作及生活形态的各个方面的实践活动中,人们都在自觉或不自觉运用形象思维。例如,炼钢工人通过钢水的颜色变化推断炉温,厨师依据炒菜的温度变化掌握火候,医生通过察言观色、望闻问切诊断疾病等等。不管是人文科学还是自然科学,它们每一步的进展与突破,无不与形象思维密切相关。

形象思维具有形象性、非逻辑性、粗略性、想象性等特点。

1. 思维的形象性

形象性是形象思维最基本的特点。形象思维所反映的对象是客观事物的形象,这是思维的原料。形象思维是从事物的表象感知、认知,到概括为反映事物本质特征的意象,其思维过程表现为形象感受、形象储存、形象识别、形象描述到形象创造,其表达的工具和手段是能为感官所感知的图形、图像、图式和形象性的符号。形象思维的形象性使它具有生动性、直观性和整体性的优点。

2. 思维的非逻辑性

形象思维是人对于外界信息产生的直观印象,形象思维并不是在人脑中真的产生图像、声音、颜色等形象,而是能够直接感应到外部形象并在神经系统中产生对应的映像点。因此,形象思维对信息的加工可以是跳跃的、组合的、非连续的、跨界的,不像逻辑思维那样,对信息的加工是一步一步、首尾相接、线性地进行的。形象思维可以使思维主体迅速地从整体上把握住问题。形象思维是或然性或似真性的思维,思维的结果有待于逻辑的证明或实践的检验。

3. 思维的粗略性

由于形象思维的非逻辑性,因此对问题的反映是粗线条的,对问题的把握是大体的,对问题的分析是定性的或半定量的。在人类的思维活动中,形象思维与逻辑思维是不可分割的,形象思维常用于问题的定性分析,而逻辑思维可以给出精确的数量关系,所以在实际的思维活动中,往往需要将抽象的逻辑思维与形象思维巧妙结合,协同使用。

4. 思维的想象性

想象是思维主体运用已有的形象进行加工、改造或重组形成新形象的过程,是一种特殊的思维形式。它能突破时间和空间的束缚,能起到对机体的调节作用。由于形象思维并不满足于对已有形象的再现,而是追求对已有形象的加工,打破原有事物形态重组而获得新形象的输出。所以,想象性使形象思维具有创造性的特点。这也说明了一个道理:富有创造力的人通常都具有极强的想象力。有人说如果让情商、联想、未知、感觉的右脑大量记忆,右脑会对这些讯息自动加工处理,并衍生出创造性的讯息。也就是说,右脑具有自主性,能够发挥独自的想象力、思考,把创意图像化。

链接3-15 沼泽地与迪士尼

如果说把迪士尼建在荒无人烟的沼泽地中会是怎样的情景?你能想到吗?

美国人华特·迪士尼(Watter Elias Disney)就具有这样超凡的想象力。当年在讨论在哪里建设新乐园时,大部分人意见是建在人口稠密的美国东北部地区,但是华特·迪士尼却决定建在美国南部,现在被称为奥兰多的"佛罗里达沼泽地"——那里曾是一片鳄鱼的栖息地。

当然这一提议遭到大多数人的反对。甚至有人说:"在那种只住鳄鱼的地方建乐园又怎样?难道想和鳄鱼一起玩吗?"

现在,奥兰多迪士尼乐园吸引着来自世界各地的人。事实证明,华特·迪士尼的想象力超人一等,在他看到广阔沼泽地的瞬间,已经想象并预见到人们在园中快乐游玩的景象了。

(胡雪飞. 创新思维训练与方法[M]. 北京:机械工业出版社,2013.)

链接3-16 空中温泉

看到题目你会觉得奇怪吗?温泉怎么会到空中去?

在日本大阪南郊的有田观光饭店近年来对旅游业作了一系列市场调查。它们发现,大多数喜欢到郊外山水风景区旅游的游客,除了希望能欣赏到大自然的风光外,还希望能够痛痛快快地泡温泉,以消除疲劳放松身心。

总经理宇野了解到这种情况后,就产生了想象:如果能边泡温泉边欣赏风景,那该有多么的惬意呀!于是,他就请人在饭店旁的两座山之间,安装了离地面20米高的电缆,电缆上悬挂着一个个温泉澡池,用电缆车将它们连接起来。操纵电缆,温泉澡池便随电缆车在两山之间穿行。每个空中澡池可以容纳两人。你可以想象一下这是怎样的意境!

这个项目一出来,有田观光饭店几乎天天客满,就连附近小客栈小饭店也沾了大光,生意很火。

人们纷纷追问宇野的经营诀窍。他会笑着回答:"满足人们的好奇心和提供最佳服务,是服务行业两个不可缺少的着眼点。它们的关系就像一枚钱币的两面,缺一不可。如果既能享用到全身浸泡温泉之中的惬意,又能领略到半空中包揽山水风光的新奇,那顾客即使多花一点钱也是心甘情愿的。"

(胡雪飞. 创新思维训练与方法[M]. 北京:机械工业出版社,2013.)

二、形象思维模式

形象思维包括想象、联想、模拟、联姻等多种思维模式。

1. 想象与幻想

想象,是形象思维的一种重要思维模式,而想象力则被称作是创新活动的核心动力。因此,一个人想象能力的大小,在很大程度上决定着其创新能力如何。沼泽地建乐园、空中泡温泉都是利用想象力成就企业经营业绩。一个天真烂漫的小孩,其想象能力往往是十分丰富的。因为他没有任何框架的束缚,可以自由自在、无拘无束地充分发挥自己的想象力甚至可以说是幻想,经常表现出令成年人都无法理解的创新举动。正所谓"初生牛犊不怕虎",历史上许多"神童"的创新之举大多属于此类。想象法是形象思维的一种主要应用方法。

根据想象产生的条件、有无目的性和自觉性,把想象分为无意想象和有意想象两大类。

(1) 无意想象又称为不随意想象,是指不受思维主体支配、没有预定的目的、不作任何努力,让思维任意飞翔的想象。它常由客观事物的某些外在特征所引起。比如,抬头看见天上的白云或远处的山石,可能想象它像某种动物或人的样子;人睡眠时做的梦;精神病患者在头脑中产生的幻觉;由药物引起的幻觉等,都是无意想象。

(2) 有意想象又称为随意想象,是指在刺激物的影响下,由主体支配的,依据一定的目的而进行想象的过程。有意想象是一种富有主动性、有一定程度自觉性和计划性的想象,是一种刻意的想象,如在产品开发中,设想可能出现的情况及应该采取的措施,或者有人问月亮像什么而围绕月亮展开的想象,都是有意想象。

有意想象又可以分为再造想象、创造想象和幻想三种形式。

再造想象是在他人的语言表述的基础上或使用非语言的描绘(图样、图解、模型、符号记录等)在头脑中形成有关事物的形象的想象过程。

创造想象则是思维主体根据一定的目的、任务,有目的性地对脑海储存的知觉材料、形象材料进行加工、改造、重组而创造出新形象的过程。

幻想是以现实为出发点,但不受现实束缚,是一种与人的愿望相结合,并指向未来的想象。幻想是创造想象的一种特殊形式。幻想既体现当前的愿望又指向未来,往往超出现实不易实现。

链接 3-17　想　象　实　验

有人做了如下的"想象实验":开凿一条穿过地球中心的隧道,从某一段投进去一个铅球,可以想象,一段时间内铅球应该像自由落体一样降落,在到达地心之前速度会越来越快,过了地心之后,它又像垂直上抛的物体一样,速度越来越慢。假设除地球引力外不受任何力的作用,而且地球是一个正圆球的话,铅球到达另一端时速度刚好为零。然后由于地心引力,铅球又会向相反方向运动。在我们想象的情况下,铅球会永远不停地在隧道中做往返运动。如果根据这种设想,设计一种交通工具,可以用来完成在地面上距离最远的两地的旅行,既不需要燃料也不需要动力且速度又快又好。这样,从我国连云港出发到最远的南美洲的布宜诺斯艾利斯,只需要 40 分钟。

(胡雪飞. 创新思维训练与方法[M]. 北京:机械工业出版社,2013.)

2. 类比与联想

类比,就是分类比较。既可以对同类进行比较,也可以对异类进行比较;既可以从事物相同或相似的方面进行比较,也可以从事物相反或相异的方面进行比较;还可以从因果关系进行比较等。类比的方法本属于逻辑思维中的一类思考方法,但它与联想一起运用,便构成了创新思维中的一种新模式。联想是指人们在自己的记忆表象中由于某种诱因引发不同表象间发生联系的一种思维方法,简单说就是将头脑中一种事物形象与另一种事物形象联系起来以探索它们之间的关系的思维。而在我们所描述的"类比与联想"这一思维模式中,所谓"某种诱因",就是指诸多事物之间的类比。

联想是心理活动的基本形式之一。这里的联想不同于一般的自由想象,它有着明确的目的性与方向性,是对事物本质和内在规律的理性认知行为,不是人的大脑与生俱来的能力,而是需要后天的培养与训练,与人们的知识储备密切相关。如泰勒所说:"具有丰富知识和经验的人,比只有一种知识和经验的人更容易产生新的联想和独到的见解。"因此,知识越丰富,类比与联想更容易实现。如通过研究海豚发现其皮肤具有特殊的双层管状结构,使其游水速度极高,于是将这种双层管状结构移植到潜艇上,大大提高了潜艇的速度。联想与想象有一定联系,这也是形象思维应用的主要方法。

链接 3-18　类比与联想创新小案例

1. 一种休闲食品——锅巴的诞生

一次偶然的机会,西安太阳食品集团李照森陪客人到西安饭庄进餐,发现人们对一道用锅巴做原料的菜肴极感兴趣,于是引发了以下联想:"锅巴能作菜肴,为什么不能成为一种小食品呢?""美国的土豆片能风靡全球,作为烹饪大国的中国,为什么不能创出锅巴小吃打出国门呢?"接着就是试制、成功、投产、走俏。之后,联想进一步展开,既然搞成了大米锅巴,当然还可以有其他原料、别样风味的锅巴。一时间,小米锅巴、五香锅巴、牛肉锅巴、麻辣锅巴、孜然锅巴、海味锅巴、黑米锅巴、果味锅巴、西式锅巴、咖喱锅巴、玉米锅巴等等不一而足、琳琅满目。既然锅巴畅销,那么类似于锅巴特征的食品也相继开发问世,如虾条、奶宝、蓼宝、麦圈、菠萝豆、乳钙沙香酥、营养箕子豆等等,这些风味多样的新产品使小食品市场五彩缤纷,也使西安太阳集团获得巨大利益。李照森运用联想与类比思维模式,从锅巴做原料的菜肴、美国风靡全球的土豆片,联想到锅巴制作成小食品投入市场,不但畅销全国,还打入世界市场。

2. 抱娃热销之谜

韩国的金光中曾生产了一种叫"抱娃"的黑皮肤玩具,在百货公司里销售。他为了宣传这种玩具,还刊登了广告。可是这种玩具的销路一直不好,几乎无人问津。百货公司让他拿回去。无奈,金光中只得把"抱娃"取了回来,堆放在仓库里。金光中的儿子是一位肯动脑筋的年轻人。他注意到,百货公司里有一种身穿游泳衣的女模特模型,女模特模型有一双雪白的手臂。他想:假如把这种黑色的"抱娃"放在女模特模型雪白的手腕上,那真是黑白分明。有了这种鲜明的对比,说不定顾客会喜欢"抱娃"呢。于是他的儿子决定试一试。他费尽了口舌,终于说服了百货公司,同意让女模特模型手持抱挂。这一招果然奏效。凡是从女模特模型前走过的女孩都会情不自禁地打听:"这个'抱娃'真好看,哪儿有卖?……"原来无人问津的"抱娃",一时间成了抢手的热门货。后来,他的儿子又想出了一个办法。他请了几位白皮肤的女士,身着夏装,手中各拿一个"抱娃",在繁华的街道上"招摇过市",一下子吸引了大量过往行人的注意,连新闻记者也纷纷前来采访。第二天,报纸上竞相刊登出照片和报导。没想到,这一成功的推销竟然掀起了一股"抱娃"热。归根结底,"抱娃"推销术之所以收到了奇效,是因为成功地将事物之间在形状、结构、性质、作用等某一方面存在的互相矛盾的关系进行联想。

(http://www.795.com.cn/wz/98870_8.html)

3. 钢盔的发明

1941年第二次世界大战的炮火弥漫欧洲,机枪和火炮的发展使战斗更加残酷,大批伤兵被运送到后方。

一天,法国将军亚德里安去医院看望伤兵,伤兵向他讲述了自己受伤的经过。原来在德国炮击时,这个士兵正在厨房值日,炮弹劈头盖脸地打过来,弹片横飞,他急中生智,忙把铁锅举起来扣在头上,结果很多同伴都被炸死,而他只受了点轻伤。

亚德里安由此联想到如果战场上人人都有一顶铁帽子,不就可以减少伤亡了吗?于是,他立即制定一个小组进行研究,制成了第一代钢盔,并在当年装备部队。据统计,在第二次世界大战中,世界各国的军队由于装备了钢盔使几十万人免于死亡。

(曹连霞.创新思维与创新技法新编[M].北京:.中国经济出版社,2011.)

3. 仿生与模拟

仿生就是模仿生物的外形、结构、特征以及功能等创造出为人类所利用的新生事物。仿生学由来已久,不仅越来越为人们所重视,而且具有很大的潜力和很强的生命力。鸟儿展翅可在空中自由飞翔。据《韩非子》记载鲁班用竹木做鸟"成而飞之,三日不下"。在四百多年前,意大利人莱昂纳多·达·芬奇和他的助手对鸟类进行仔细的解剖,研究鸟的身体结构并认真观察鸟类的飞行,设计制造了一架扑翼机,这是世界上第一架人造飞行器。模拟与仿生相比,具有更广义的概念,模拟既可以模仿生物,也可以模仿没有生命的事物;既可以模仿有形事物,也可以模仿无形事物,如理论模拟和方法模拟等。如模仿鱼发明了潜水艇,模仿蝙蝠发明了雷达。因此,模拟方法也是形象思维的一种主要方法。

4. 边缘与联姻

随着人类社会的不断发展,科技在进步,经济在繁荣,教育在成长,而代表人类社会发展水平的社会科学和自然科学的学科建设也正在不断地发展壮大。综观这些门类众多的科学学科,除了具有各自的内部规律和外部特征之外还存在着密切的相互联系和相互渗透。正是由于这种原因,才使得许多科学学科之间的边缘界限越来越模糊不清,以至于使它们之间相互联姻的可能性也正在逐渐增大。事实上,近几年来各种边缘学科的迅速发展就印证了这一点。比如生物化学、物理化学、人体物理学、量子物理学、光电子学、量子电子学、微电子学和电子工程学等,无一不是诸多边缘学科相互联姻产生的结果。而这种不同学科的联姻其根本原因在于思维的重组引起的概念重组、结构重组、技术重组等。乔布斯认为:麦金塔电脑(苹果公司1984年推出的一款产品)之所以伟大,就在于它是音乐家、诗人、动物学家、历史学家和计算机科学家等各行各业优秀人才的智慧结晶。苹果公司正是在人类已有知识和经验的基础上不断创新不断发展的。这种组合重构也成为形象思维的主要应用方法。

三、形象思维训练

链接3-19 测试你是左脑人还是右脑人

人的大脑分为左右两个脑半球,就像一只核桃的仁。左脑主要从事逻辑思维,是分析、判断、抽象、概括的语言文字中枢,是"理性脑";右脑主要从事形象思维、创造性思维,负责直觉、创造力,是艺术和经验学习的中枢,是"感性脑"。很多杰出人物,如爱因斯坦、莫扎特等都是擅长使用右脑的人,他们的成功离不开右脑功能的出色发挥和左右脑的平衡。

那么你呢?请尽量与自己联系起来,对以下10个问题作出回答,每题只选一个答案。

1. 你总是能不看表而猜到时间吗?

   A. 总是能,误差不过几分钟

   B. 偶尔能,如果有一些参照时间的话

   C. 一头雾水,乱猜一气,误差有时会达数小时

(选 A 得 1 分,选 B 得 3 分,选 C 得 5 分。)

2. 你常迟到吗?

A. 经常,虽然明知可能迟到,还是会被一些突发的小事耽误

B. 努力不迟到,但还是难以避免

C. 从约定前一两个小时就每隔五分钟看一次表,一般不会迟到

(选 A 得 5 分,选 B 得 3 分,选 C 得 1 分。)

3. 和人说话时,你更倾向于做一个_____。

A. 发言者

B. 好听众

C. 两者之间

(选 A 得 1 分,选 B 得 5 分,选 C 得 3 分。)

4. 你更喜欢用语言还是手势、表情来表达比较强烈的思想感情?

A. 当然是用说的

B. 手势和表情比语言更加真实也更有说服力

C. 二者结合比较好

(选 A 得 1 分,选 B 得 5 分,选 C 得 3 分。)

5. 在看书看报时,你更喜欢阅读_____。

A. 文字

B. 图画和照片

C. 数字和图表

(选 A 得 3 分,选 B 得 5 分,选 C 得 1 分。)

6. 你突然被点名当众发言,你通常会_____。

A. 张口就说,努力流畅地说下去

B. 先沉默片刻,在脑子里拟出一个提纲后再开口

C. 胡乱说几句,迅速把人们的目光转向下一位发言者

(选 A 得 3 分,选 B 得 1 分,选 C 得 5 分。)

7. 如果有几个非打不可但又不是很着急的电话要打,你会____。

A. 趁有空赶紧打

B. 尽量拖,一直拖到不能再拖

C. 没有什么特别的感觉,不知什么时候就打完了

(选 A 得 1 分,选 B 得 5 分,选 C 得 3 分。)

8. 你喜欢将家具或其他摆设挪来挪去吗?

A. 非常喜欢,那是我的一大爱好

B. 没有特殊情况决不

C. 偶尔会心血来潮

(选 A 得 5 分,选 B 得 1 分,选 C 得 3 分。)

9. 你要努力记住什么资料时,你会采取何种方法?

A. 将资料想方设法与一些有趣的事联想在一起来记

B. 做成卡片常常看

C. 反复背诵

(选 A 得 5 分,选 B 得 1 分,选 C 得 3 分。)

10. 你习惯于遵守规章制度吗?

A. 有时不守规则是一件有意思的事

B. 是,我是守纪律的好孩子

C. 规矩定下来就是供人打破的,这事我不做谁做

(选 A 得 3 分,选 B 得 1 分,选 C 得 5 分。)

请将你每道题目的相应得分进行累加,算出总分。分数 10~22:你是典型的"左脑人",你喜欢中规中矩的生活,有时想问题难免有点死板。读书的时候,你的代数要比几何好;谈恋爱的时候,你觉得写情书比当面表达来得自然;你生活得很好,但如果时常能够有点别出心裁的小创意,会感觉更好。分数 23~37:你不是"左脑人"也不是"右脑人"。你的左右脑分工比较均衡,应该说你较好地发挥了左右半脑的功能,是比较理想的状态。分数 38~50:你是非凡的"右脑人",像你这样的人,如果不是天才,就是一个十足的捣乱分子。你总是会想出一些鬼灵精怪的点子并付诸实施,弄得身边的人非常头疼。你给人的感觉是太聪明但不踏实。如果能够稍稍收敛一点,听听大多数人的意见,你将会获得更大的成功。

(心理咨询中文网,http://www.xlzx.cn)

人在成长过程中,右脑的形象思维、创造性思维等功能会慢慢弱化和减退,而逻辑思维、数字计算等左脑功能却得到更多的运用和强化,往往导致左右脑的不平衡。因此,我们应该有意识地开发我们的右脑。爱因斯坦把自己许多科学创意归功于他的形象思维训练游戏——右脑开发活动。据说,有一年夏天,他在一个小山上尝试形象思维训练来实现右脑开发,最后昏昏入睡,梦见自己骑着光束到达了宇宙遥远的极

端,发现自己"不合逻辑"地回到地球表面时,他猛然意识到宇宙本来就是弯曲的,而且发觉他以前学到的"合乎逻辑"的知识是不完全的。爱因斯坦把这个形象思维图景转化为语言,写下的数字、公式和词句就完成了著名的"相对论"。由于右脑是形象思维的中枢,思维材料侧重于事物形象,因此,开展右脑训练的基本原则就是要利用形象记忆和形象思维活动。

(一) 形象思维训练的基本原则

(1) 注重观察,累积形象材料。形象思维在于事物表象的多样性储存在大脑中。头脑中的表象越多,不仅能够促进右脑的活动,也为形象思维提供丰富的原料。如何才能丰富自己的形象原料? 在日常生活、娱乐活动、看电视、欣赏音乐、学习活动、参观、旅游、家务和社会实践活动中,要不断提高自己的观察力,尽量扩大对自然和人类活动中事物形象的掌握,有意识地观察事物形象,广泛积累表象材料,丰富表象储备。1979 年诺贝尔物理学奖获得者格拉肖也指出:"涉猎多方面的学问可以开阔思想,像抽时间读读小说,逛逛动物园都有好处,可以帮助提高想象力,这同理解力和记忆力一样重要。假如你从来没有见过大象,你能想象出这种奇形怪状的东西吗? 我这样讲,有的人听起来可能会感到奇怪。但是在我们研究物理问题的时候,往往会用到现实世界的各种形式。对世界或人类社会的事物形象掌握得越多,越有助于抽象思维。"当然也更有助于形象思维。

可以说,丰富的表象储存无论对形象思维还是抽象思维都有帮助。

(2) 积极开展联想和想象活动。假如把象棋和食物联系起来会想到什么? 鞋可以吃吗? 如果经常开展形象丰富生动的联想和想象活动,上述问题也就不觉得奇怪了。要把看到的不同事物之间联系起来需要不断练习。想象力是创新思维的重要品质,它能使我们超越已有的知识和经验,使思维插上翅膀,达到一个新的境界。我们不仅不能束缚自己的想象,更需要有丰富的联想能力。你想过把飞机折叠起来吗? 市场上有各种各样的折叠产品,日本长野县一家公司,就想象着把直升机像折叠产品一样折叠起来。因此开始投入研发并研制成功折叠直升机,折叠后放入汽车行李箱中。这种飞机只销往美国,售价 2.5 万美元。

想象思维与联想思维可以互为起点,即想象思维可以在联想到的事物之前展开,同时想象思维所获得的结果又可以引起新的联想。

(二)形象思维训练的方法

1. 模仿法形象思维训练

蜂巢由一个个排列整齐的六棱柱形小蜂房组成,每个小蜂房的底部由3个相同的菱形组成,这种结构与近代数学家精确计算出来的菱形钝角和锐角完全相同,是最节省材料的结构,且容量大、极坚固,令许多专家赞叹不已。人们仿其构造用各种材料制成蜂巢式夹层结构板,强度大、重量轻、不易传导声音和热,是建筑及制造航天飞机、宇宙飞船、人造卫星等的理想材料。

由于从一片树叶上发现其交叉网状的支撑组织肌理,1947—1949年意大利结构工程师奈尔维和建筑师巴托利设计的意大利都灵展览馆的巨型拱顶就是仿叶脉肌理而建造起来的,混凝土骨架和玻璃格组成的拱顶宽93.6米,长75米。

用活性污泥法处理废水就是模拟自然界中的海洋自动除污的机制而实行的。因为海洋中生长着能消化有机物质的净化细菌,有机物质经它消化后变成水和二氧化碳,使海洋具有自净化功能。人们据此设计了净化池,池内装有带净化细菌的污泥,再鼓入氧气,于是净化细菌大量繁殖,污水变成了净水。

在企业经营中也可以把别人已有的成功经验和先进的生产方法直接吸收过来加以运用。

2. 想象法形象思维训练

想象是创新思维的主力军。物理学家普朗克说过:"每一种假设都是想象力发挥作用的产物。"严加安教授在"想象力比知识更重要"一文中指出:通过加强文学和艺术的修养可以开拓形象思维的能力。爱因斯坦就酷爱艺术,他还是一个演奏小提琴的高手。他曾坦言:"物理给我知识,艺术给我想象力,知识是有限的,而艺术所开拓的想象力是无限的。"英国哲学家培根说过:"历史使人明智,诗歌使人机智。""机智"在很大程度上就是想象力的丰富。像李贺《梦天》中诗句"遥望齐州九点烟,一泓海水杯中泻"和李白《望庐山瀑布》中诗句"飞流直下三千尺,疑是银河落九天"就极富想象力。这种想象力是源于诗人的形象思维。

(1)克服想象思维障碍。在培养想象力时首先要克服压抑想象思维的障碍。这种障碍主要有环境方面障碍、内部心理障碍和内部智能障碍。人际关系和谐、环境优美利于人们的想象力发挥;人的心情愉悦、有激情容易发挥想象力,而心情压抑、沮丧只会带来悲观的想象;如果你总是抱着固有的思维,不善于接受新生事物,也难以形成良好的想象思维。

(2) 培养想象思维的途径。一是强化创新意识,人的需要是无限的,要满足需要就需要不断开创新事物,社会才会不断进步。互联网改变人们的消费模式、社交模式,同时不断出现新的利用互联网的经营模式;二是学习,不仅要从书本上学习知识,更重要在实践中获得经验知识;三是静思,不仅要交流产生新的思想火花,也需要独自静静思考。

(3) 使自己头脑充满丰富想象的训练方法如下所述。

第一,在社会实践中开阔视野。这样做的好处是,个人对自然界和人类社会的各种形象的储备将会扩大,如社会调查、读书、旅游、艺术欣赏等等。

第二,借用"朦胧想象"。即在睡意蒙眬时思考问题,许多科学家都善于用这种状态。运用朦胧想象来发掘事物间意想不到的相似点,放飞想象翅膀,触发灵感。

第三,融合想象与判断。善于将不同事物融合在一起想象可能出现的结果,大量新产品的出现就是采用融合想象,如收音机与录音机组合在一起制成收录机;混凝土搅拌车将搅拌与运输结合在一起,在运输途中即实现搅拌;鸡尾酒、双排订书机、多缸发动机、双头液化气灶、双层文具盒、三面电风扇、双头绣花针、3 000 个易拉罐组合在一起的汽车、1 000 只空玻璃瓶组合在一起的埃菲尔铁塔模型等等。

第四,练习比喻、类比与联想。经常进行类比与比喻可以活跃想象。读小说读到关键处,可以悬念和伏笔,自己设想故事的多重结局或发展趋势,然后进行类比分层,锻炼想象力。

第五,多做随意性想象。要自由放飞自己的思想,展开想象,也许新的发现就在想象中。听音乐是一种放飞思想的很好的办法。

3. 联想法形象思维训练

联想是心理活动的基本形式,也是创意产生的基础。联想越广阔、越丰富,就越富有创造力。许多发明创造就是在联想思维作用下产生的。联想思维需要遵循一些法则:①接近原则,即联想的事物之间必须有某种接近与联系,在时间和空间上把人脑和外界的刺激联系起来。②相似原则,即联想的事物对人脑产生刺激后,人脑能够迅速做出反应,产生与此刺激物相似的环境经验。③对比原则,即大脑能够回想起和这一刺激完全相反的经验。

联想思维可以分为相关联想、相似联想、类比联想、对称联想、因果联想。

相关联想是由给定事物联想到经常与之同时出现或在某个方面有内在联系的事物的思维活动。心理学家哥洛万实验表明,任何两个概念都可以经过四五个阶段建立起相关联想的联系。如"木质"与"皮球":木质——树林——田野——足球场——皮球;"天空"与"茶":天空——土地——水——喝——茶。

相似联想是从给定事物想到与其相似的事物,可能外形上的相似,也可能是功能上相似,也可能是性质上相似等等的思维活动。如海洋生物表皮性质引起联想,发明新式泳衣。瓦特发现水壶里的水沸腾时的蒸汽可以将水壶盖冲开,以此为开端展开联想:水蒸气冲开水壶盖——水蒸气具有推动力——与水壶相似的动力机,蒸汽机就这样被发明出来了。

类比联想是指对一件事物的认识引起对与该事物在形态或性质上相似的另一个事物的联想,是借助于对某一事物的认识并比较它与另一个事物某些相似类推而成。如前述钢盔的出现、折叠直升机的发明等。

对称联想是指由给定事物联想到空间、时间、形状、特性等方面相对称的事物的思维活动。如从左边联想到右边,上联想到下,白联想到黑,光明联想到黑暗等。如前述吸尘器的发明。

因果联想是指由于两个事物之间存在因果关系引发联想,或是由一个事物的因联想到果,或者由一个事物因果关系联想到另一个事物的因果关系。如美国工程师斯波塞在做雷达起振实验时,发现口袋里的巧克力融化了,探究其原因,发现是雷达发射的微波造成的,找到因果关系就联想到用微波加热食品而发明了微波炉。

4. 组合法形象思维训练

科学技术的进步使得诸多学科相互联姻,诸多技术相互整合由此形成形象思维的组合法。这是一种重要的创新思维方法。组合法就是根据特定的组合法则,运用数学、机械、物理、化学或者生物学的手段,在材料、结构和功能等方面,将两个或两个以上客体进行有目的巧妙的组合,以获得具有统一整体功能的新技术和新产品的方法。中国古代的"龙"就是以蛇为主体,结合兽脚、马头、鹿角、鱼鳞等其他特征的超现实的想象;人面狮身的斯芬克斯和传说中的美人鱼都是人类组合形象思维的杰作。组合法在工程技术中的应用十分广泛。据统计,现代技术开发中,组合型成果占全部发明的60%～70%。组合方法的类型很多,这里介绍同物组合、异类组合、结构重组、概念组合及综合等类型。

同物组合,即若干相同事物的组合。如鸡尾酒的出现,就是用几种酒加果汁、香料等混合起来的酒。

异类组合,即两种及两种以上不同领域技术思想的组合或不同功能物质的组合。如把"收音"与"录音"组合起来成为"收录机";把"声音""图画""动作"组合起来就是"电视机";把"杯子"与"温度计"组合起来产生"可测液温的杯子";把"钢笔"与"望远镜"组合产生了"钢笔式单筒望远镜";把"沙发"与"床"组合起来就产生"沙发床"等。

结构重组,即改变原有事物中的结构要素,分解原有组合,再根据新的目的进行重新组合的方法。其特点是:在一个事物上进行,不增加新的事物,重组主要是改变事物各组成部分间的相互关系。如,流行的儿童玩具"变形金刚",分体组合家具等;另外,据报道我国南方一工厂的工人发明了一种"万能自行车",只需一把扳手就能变换出100多种车式,可以广泛应用于锻炼、载货、车技训练等多用途。

概念组合,即两个及两个以上的命题或词类进行组合。可分为:①命题组合,如命题一:风刮起来产生很大动力;命题二:需要很大的力是发电机转动的基本条件。去掉相同部分和不重要词汇,产生——风力发电及风力发电机。②词类组合。将选定题目与尽可能多的有关动词组合。

综合即是将不同领域、不同方面、不同类型的事物以某个目的为中心,通过一定的方法手段有机地组合在一起。与以上几种组合方式相比,综合是一种更为高层次的组合。在知识和信息飞速增长的时代,综合方法在科技发明创造中应用得越来越广泛。

本 章 小 结

1. 创新思维是一种习惯,需要注重日积月累的修炼,要使个人或组织有一定的创新力,不仅要学习和了解各种创新思维形式、创新技法,还要重视各种创新技能训练,培养自己的创新意识。

2. 创新思维具有三个基本特征:突破性、完备性、实效性。

3. 最具有挖掘潜力的创新思维因子包括:想象、发散、直觉、灵感。

4. 创新者往往善于观察,能够积极主动寻找问题。他们具有问题意识,能够突破思维框框,善于积累信息,具有敏锐观察能力,勤于思考,能够灵活应变,不断发现创新点。

5. 发散思维是一种典型的创新思维。发散思维,就是对一个问题从多角度、多方位、多层次进行思考,从而得出多种不同的答案甚至是奇异答案的思维方式。

6. 发散思维综合了多种思维方式,主要有横向思维、逆向思维、立体思维、平面思维、侧向思维、多路思维、组合思维等形式。

7. 发散思维可以通过功能发散、形态发散、组合发散、方法发散、因果发散、结构发散、材料发散等多种方法实现。

8. 形象思维是原生的,也就是一个人或动物在不接触文化知识的情况下能够自然产生出来的思维能力。但是随着后天的学习、训练与实践,大脑的抽象思维不断进化,思维主体为实现一定的认知目的,通过感官捕获研究对象的具体形态或图像信息,通过发挥个人的想象、联想、类比、模仿等,甚至可以虚构和幻想,从而构造出一个富有代表性的新事物、新形象的一种思维活动。

9. 形象思维具有形象性、非逻辑性、粗略性、想象性等特点。

10. 本教程中介绍的形象思维包括想象、联想、模拟、联姻等思维模式,并通过这几种方法进行形象思维训练。

本章讨论题

1. 我们常说"求同存异",左脑的功能在于寻求共同点,右脑则在于发现不同点。左脑按常规考虑问题,作决定往往与竞争对手雷同。而用右脑考虑问题,就能想到别人没有想到的,做到别人不能做到的。列举你做到了别人做不到的那些事,其创新点在哪里?

2. 在思维过程中,能否让自己回归到零点?这与发散思维、形象思维冲突吗?

本章训练题

1. 发散思维训练

通过学习和训练,我们每一个人的创造性思维得以大幅度提升。发散思维是创新思维的基本方法。我们筛选了一些发散思维的训练方法,以初步培养学生的创新思维能力。在训练时要注意：

（1）把握好每个发散点，以发散点为圆心，向四周发散，发散的同时必然与想象相联系。发散思维与想象思维是密不可分的，向四面八方任意发散就是需要展开想象的翅膀。所以，在做发散思维训练时，尽可能摆脱逻辑思维的束缚，大胆想象，而不必担心其结果是否合理，是否实用。

（2）要注意发散思维的几个特点，即流畅性、变通性和独特性的要求，在训练中要尽量追求独特性。可从流畅性到变通性再到独特性，循序渐进进行训练，逐渐进入较高水平的发散思维状态。

（3）发散思维需要突破思维定势。

练习1：字的流畅

（1）请在十字上加最多三笔构成新的汉字（至少10个）。

（2）请在"日"字、"口"字、"大"字、"土"字的上、下、左、右、上下一起各加笔划写出尽可能多的字来（每种至少3个）

练习2：材料发散思维训练

（1）尽可能多写出（或者说出）废旧牙膏的各种用途。

（2）尽可能多写出（或者说出）塑料薄膜的各种用途。

（3）尽可能多写出（或者说出）橘子皮的各种用途。

（4）尽可能多写出（或者说出）领带的各种用途。

（5）尽可能多写出（或者说出）报纸的各种用途。

练习3：功能发散思维训练

（1）怎样才能达到降温目的？

（2）怎样才能使脏衣服去污？

（3）怎样才能达到平衡的目的？

（4）怎样才能激励自己更好工作？

（5）怎样才能达到保护自己的目的？

练习4：方法发散思维训练

（1）尽可能多地写出（或说出）用"敲"的方法可以办成哪些事情或解决哪些问题。

（2）尽可能多地写出（或说出）用"提"的方法可以办成哪些事情或解决哪些问题。

（3）尽可能多地写出（或说出）用"压"的方法可以办成哪些事情或解决哪些问题。

（4）尽可能多地写出（或说出）用"翻"的方法可以办成哪些事情或解决哪些问题。

（5）你对电话机的铃声可以做哪些改变？

练习5:因果发散思维训练

(1) 如果世界没有了蚊子,会发生什么事情?

(2) 买东西时发现少分量现象,尽可能多地写出(或说出)重量不足的各种可能的原因。

(3) 如果外星人到你家,会发生什么事情?

(4) 尽可能多地写出(或说出)随便扔一块石头会发生的结果。

(5) 老王今天下班没有回家,尽可能多地写出(或说出)老王没有回家的原因。

练习6:形态发散思维训练

(1) 尽可能多地设想利用铃声可以做什么或者办什么事。

(2) 尽可能多地设想利用椭圆形可以做什么或者办什么事。

(3) 尽可能多地设想利用浆液状态可以做什么或者办什么事。

(4) 尽可能多地设想利用香味可以做什么或者办什么事。

(5) 尽可能多地设想利用黑色可以做什么或者办什么事。

2. 形象思维训练

(1) 请模仿某种动物的功能,构思一种新产品。

(2) 请模仿植物的某项特征,构思一种新产品。

(3) 闭上眼睛随意想象:一张熟悉的脸、一匹飞奔的马、键盘、手……。

(4) 音乐训练,经常欣赏音乐或弹唱,增强音乐鉴赏能力,通过音乐进行想象。

(5) 冥想训练,经常用美好愉快的形象进行想象,如回忆愉快的往事,遐想美好的未来,想象时要求形象鲜明、生动。

(6) 想象电脑如果具有形象思维能力会怎样。

(7) 通过给定的一个事物(图形、动物、植物等等)展开联想。

(8) 从给定信息出发,尽可能多地运用各种联想类型,形成各种综合联想链。

(9) 从以下给定的两个没有关联的信息中寻找各种各样的联想链将它们连接起来。

鸡蛋与宇宙;管理与绘画;灯与污染;音响与头痛;木头与足球;足球与讲台;挂历与衣服;粉笔与原子弹。

(10) 自由联想:给定一个主题展开联想,至少十步以上。

第四章　创新思维(下)：批判性思维与颠覆性思维

思维方式决定了一个人的行为方式。从小到大，我们受到很多教育都是"应该这样""必须这样"，我们很少思考"为什么会这样""为什么必须这样""不这样不行吗"我们思维的定势越来越明显，很多现象已经觉得是必然，很少去思考"能否有其他方式可以替代"，因此我们需要学习批判性思维与颠覆性思维，我们需要用审视的目光来看待很多看似必然的东西。

在商业创新活动中，很多新产品的出现都是通过不断的反问，颠覆原有的思维习惯创造出来的。特别是互联网、移动互联网的出现，我们更需要颠覆故有思维习惯，才能不断创造新的商业模式。

第一节　批判性思维与商业创新

批判性思维是一种对思维方式进行思考的艺术。批判性思维方式是思维个体要有对思维方式进行仔细检视与反思的意愿，并非凡事说"不"，而是需要在具有良好判断基础上，使用恰当标准进行分析思考，以更趋客观、全面、公允地对外界的人和事形成判断。批判性思维可以广泛运用到生活的方方面面。本节内容着重探讨如何运用批判性思维在创新中发挥作用。

一、批判性思维内涵

1. 什么是批判性思维

理查德·保罗(Richard Paul)、琳达·埃尔德(Linda

Elder)所著的《批判性思维工具》一书中指出:批判性思维的概念反映了一种古希腊的观点。批判性这一词汇有两个希腊根源:kriticos(意思是"恰当的判断")和 kriterion(意思是"标准"),因此该书给出了批判性思维的基本概念是:批判性思维是建立在良好判断基础上,使用恰当的评估标准对事物的真实价值进行判断和思考。布鲁克·诺埃尔·摩尔(Brooke Noel Moore)、理查德·帕克(Richard Parker)合著的《批评性思维:带你走出思维误区》中指出:批判性思维是指审慎地运用推理去判定一个断言是否为真。而且特别指出,批判性思维不仅仅是对断言的真伪的判别,而是对所面临的断言进行评估。尼斯(Ennis, R. H., 1987)则认为:批判性思维是指为了决定什么可做,什么可信所进行的合理、深入的思考。因此,我们认为:批判性思维是对思想的质疑,对自己的思想与他人的思想要始终持有一种怀疑的态度和一种对证据的渴求愿望,通过重新深度思考,来检视事实。批判性思维绝非凡事说"不",而是在具有良好判断的基础上,使用恰当标准进行分析思考,以更趋客观、全面、公允地对外界的人和事形成判断。

事实上生活中会经常碰到这种情况:当你接触很多信息却无从选择;当你看到同一个论题,而此时有两个相反的观点,双方都各有证据有道理,而你却不知道如何判断;当某人提出对某一事件的看法并说出自己的观点时,自己觉得不甚合理却又无法反驳,等等。如果你能够很好地对上述问题作出判断,你就是在运用批判性思维方式。表4-1所示为惯常思维与批判性思维的区别。

表4-1 惯常思维与批判性思维的区别

惯 常 思 维	批 判 性 思 维
我们常常仅仅是思考	批判性思考者分析自己的思考
我们常常以自我为中心进行思考	批判性思考者仔细检查,思考的自我中心根源
我们常常得到不值得信赖的思考标准	批判性思考者揭露不合理的标准,并且用更好的标准取代之
我们常常被困扰在直觉意义系统中	批判性思考者将自己的思考提升到意识水平,使自己可以从那些不严谨的直觉思考中解脱出来

(续表)

惯 常 思 维	批 判 性 思 维
我们常常使用没有清晰结构的逻辑系统	批判性思考者寻求工具以阐明和评估自己使用的逻辑系统
我们常常生活在思维和情感的自由状态中	批判性思考者使用思维和情感明确自己是谁、自己是什么以及自己人生的目标
我们常常被自己的思想所控制	批判性思考者学习控制自己的思想

(理查德·保罗、琳达·埃尔德. 批判性思维工具[M]. 侯玉波,姜佟琳译. 北京:机械工业出版社,2013.)

培养自己具有批判性思维的习惯和提高运用批判性思维的技能都会让人变得更聪明。一个受过良好训练的批判性思维者体现在:①能够找出关键问题和困难所在,并且能够清晰、准确地表述这些问题;②对收集的信息能够使用简练的语言有效地解释这些信息;③能够有效地得出结论和解决办法,并能够使用相关的标准去检验;④思路开阔的,并能够有效地评估其他思维方式的假设与可能的结果;⑤在寻找复杂问题的解决办法时能够有效地与人沟通。表4-2所示为培养自己具有成为优秀思维者的思维特质,让自己成为批判性思考者。

表4-2 培养优秀思维特质

思维特质	定 义	经常问自己的问题
思维谦逊	了解自己不知道的知识,对自己知道什么和不知道什么有敏锐的判断力	我真正了解多少(关于自己、关于情况、关于他人、关于我的国家、关于世界上正在发生的事情等) 偏见对自己的思考影响有多大 我被灌输了哪些错误信息 那些未加批判地接受的信念如何阻碍我对事物真相的探查
思维勇气	敢于质疑自己信念的品质	我对自己的信念有多少分析 我对自己的信念有多少质疑(其中很多信念是儿童时期学到的) 当有明显的证据证实我的信念是错误的时候,我在多大程度上表示愿意放弃这一信念 在多大程度上我愿意与大多数人作对(即使人们可能嘲弄自己)

(续表)

思维特质	定义	经常问自己的问题
思维换位思考	要能够包容与自己不同观点，尤其是强烈反对的观点	我在多大程度上能够准确地理解自己反对的观点 我对对手观点的总结是否能够使得对方满意 我是否能够看到他人观点的独到见解和自己观点中的偏见 当他人的思考与我不同的时候，我是否能够理解他人的感受
思维正直	对自己和他人使用同样的要求和标准（拒绝双重标准）	我所做的与我是如何想的相一致，还是我说一套做一套 我在多大程度上对自己的要求和对他人的要求相一致 我的生活中有多少不一致或冲突的时候 我为找出并减少自欺行为做出了多少努力
思维坚毅	克服困难和挫折，解决复杂问题的思维品质	我是希望独立解决复杂问题还是遇到困难就想要放弃 我是否能够在思考一个困难的思维难题并解决难题的过程中表现出耐心和决心 在处理复杂问题的时候我是否有策略 我是否期待学习任务比较复杂，或者我是否认识到有挑战性思维任务的重要性
对推理的信心	建立在一种信念基础上，这一信念认为给予人们自由推理的机会能够最好地满足人们高层次需要	当有证据证实一个更合理的结果时，我是否会改变自己的立场 当我说服别人的时候，是坚持合理的推理，还是为了支持自己的立场而歪曲事实 我认为赢得一场争论重要还是从更加合理的角度认清事实重要 我是鼓励别人独立得出结论，还是将自己的观点强加给别人
思维自主	坚持理性的标准独立思考	我在多大程度上能够遵从别人 我在多大程度上能够不加批判地接受了政府、媒体、同伴告诉我们的话 我是独立思考问题呢还是仅仅接受他人的观点呢 当我们通过自己的思考得到合理的观点时，我是否愿意独立坚持己见而不管他人合理的批判

（理查德·保罗、琳达·埃尔德. 批判性思维工具[M]. 侯玉波，姜佟琳译. 北京：机械工业出版社，2013.）

链接4-1 具有批判性思维的重要技能

如何判断自己是否具有批判性思维呢？美国教育资助委员会的大学学习评估(CLA)项目列出了具有批判性思维的技能。这些技能包括：

学生是否善于：
(1) 判断信息是否恰当；
(2) 区分理性的断言与情感的断言；
(3) 区分事实与观点；
(4) 识别证据的不足；
(5) 洞察他人论证的陷阱和漏洞；
(6) 独立分析数据或信息；
(7) 识别论证的逻辑错误；
(8) 发现信息和其来源之间的联想；
(9) 处理矛盾的、不充分的、模糊的信息；
(10) 基于数据而不是观点建立令人信服的论证；
(11) 选择出支持力强的数据；
(12) 避免言过其实的结论；
(13) 识别证据的漏洞并建议收集其他信息；
(14) 知道问题往往没有明确答案或唯一解决办法；
(15) 提出替代方案并在决策时予以考虑；
(16) 采取行动时考虑所有利益相关的主体；
(17) 清楚地表达论证及其语境；
(18) 精准地运用证据为论证辩护；
(19) 符合逻辑地组织复杂的论坛；
(20) 展开论证时避免无关因素；
(21) 有序地呈现增强说服力的证据。

(布鲁克·诺埃尔·摩尔,理查德·帕克.批评性思维:带你走出思维误区[M].朱素梅,译.北京:机械工业出版社,2013.)

2. 批判性思维基本要素

批判性思维具有三个基本要素:断言(claims)、论题(issues)、论证(arguments)。而识别、分析和评估这些要素则构成了批判性思维的关键。

(1) 断言(claims)，是表达意见或信念的陈述。上海是中国人口最密集的大城市；北京的雾霾天气，已经影响到人们的生活；牙膏对牙齿具有美白作用，等等。对于这些断言或陈述，你需要学会判断其真伪，需要学会分析与评估。

(2) 论题(issues)，就是问题，当对一个断言分析其真伪时，就已经提出了论题。如北京的雾霾天气，是否需要政府通过立法限制汽车尾气的排放？雾霾天气是否会导致肺癌高发？因此，论题是提出某个特定的断言是否真实这一问题，而解决该问题就能够对断言的真假作出回答。论题需要通过论证来支持。

(3) 论证(arguments)，由前提和结论构成。论证是批判性思维最为重要的因素，论证也就是要对断言的真伪给出一个合理的理由，也就是一种因果关系的陈述。如"过去一年中学会窃取他人身份信息的人成倍增加了，所以你比以往更容易成为被窃取信息的受害者。"这里第一个断言作为理由，为第二个断言提供了支持，这就构成一个论证。

论证分为演绎论证与非演绎论证。

所谓演绎论证，就是具有演绎推理模式的论证。这是一种有效的论证，即该论证不可能出现前提为真而结论为假的情形，按照传统的解释方法，演绎推理是由一般推出特殊(个别)的推理，即由前提必然推出结论的一种推理。演绎论证的前提和结论之间的联系是必需的。如：前提是"张三生活在上海"，结论是"所以张三生活在中国"；前提是"所有的资料都是有重量的"，结论是"所以，缺失的资料也是有重量的"。两个案例都是从一般性前提推出真实的结论。

运用演绎论证要求大前提、小前提必须真实、正确、一致，同时要求推论是合乎逻辑的，否则就会出现纰漏。如大前提"凡金属都可以导电"、小前提"铁是金属"、结论"所以铁能导电"。因此，一个有效的演绎论证，其前提为真，结果就一定会得到证实。

这里要注意：演绎论证与演绎推理并不完全一致。好的演绎论证一定是有效的演绎推理，但有效的演绎推理却不一定是好的演绎论证。推理和论证具有一些不同属性。①目的性不同。论证与推理的根本区别在于：论证是为证明某断言或陈述提供充足理由，目的是使人接受该断言或陈述；而推理显示了陈述的逻辑关系。因此，从目的性来看，论证是使人相信某个观点、命题或陈述,而推理是使人相信陈述的逻辑关系;论证要确立结论的可靠性、可接受性;而推理则要确立陈述间逻辑关系的真值(真假)关系。②前提性质不同。论证的前提必须为真或认可为真,至少逻辑也可能为真,前提一旦被识别出为假,论证就不再有任何价值;推理的前提可以是假设性的,甚至可以为假。此时,仍可对推理进行有效性评估,因为,真命题之间、假命题之间、真命题和假命题之间都可能有必然的逻辑关系。③前提与结论的关系不同。论证的前提对结论是一种支持与保证的关系,因为前提为真结论必然为真,回答"结论为何为真";推理的前提对结论是真值蕴涵关系,回答"前提对结论有何真值关联"。

非演绎论证的前提并不证明结论,而是为结论提供支持。支持有高低之分,支持程度高,则其结论为真的可能性高,支持程度低,其结论为真的可能性低。

如"一名妇女被谋杀了",已知死者曾多次遭到丈夫的威胁。该事实当然不能证明死者是被丈夫谋杀的,仅凭该事实也几乎不能单独地支持凶手就是死者丈夫的结论。如果知道他于妻子死前曾不止一次地威胁妻子,侦查人员就会仔细审问他。这对于"丈夫是凶手"的结论,前提"丈夫多次威胁妻子"就提供了一定程度支持。如果发现凶器上留有丈夫的指纹,则前提"凶器上有丈夫的指纹",就为"丈夫是凶手"的结论提供了程度更高的支持。两者相比,后者是较强的论证,该前提使得"妻子被丈夫谋杀"的结论更有可能为真。

依据前提给结论提供的支持程度的不同,非演绎论证分为好论证和坏论证。逻辑学用强和弱分别描述这两种不同的论证。前提为结论提供的支持越高,非演绎论证越强;前提为结论提供的支持越低,非演绎论证越弱。

3. 批判性思维带来的益处

如果具有良好的批判性思维技能,将会有很多益处。表现在:

①锻炼注意力,提高观察力;②阅读时更加有侧重点;③在接受信息时能够抓住重点,不被次要信息干扰;④能够有的放矢地对信息做出回应;⑤知道怎么能让自己的观点更有说服力;⑥拥有可广泛运用的分析能力。

批判性思维要求准确和精确,需要人们极为执著地探寻答案,因此运用批判性思维时就需要做到：

①注意细节——能够注意到对全局有所启示的小细节；②辨别趋势和模式——需要细心地做好信息记录、数据分析，辨别重复和相似之处；③重复——多次回到原点，检查是否有遗漏，换句话说需要有归零思维；④多元视角——从几个角度去看同样的信息；⑤客观——把自己的好恶、信仰和兴趣抛开，只想着得到最准确的结果或更深入地理解内容本身。

4. 运用批判性思维的障碍

在运用批判性思维时，每个人都会遇到一些思维的障碍，而这些障碍有的可能就是思维定势导致的，甚至有些是情感因素的作用。具体表现在：

（1）误解"批判"的含义。有人认为批判就是给出负面的评价，往往习惯从消极面进行分析；或者有些人认为他们如果擅长批判会被看做是讨厌的人，特别是在组织中面对领导的一个决策更不愿意说出批判性的意见，所以往往报喜不报忧。事实上，批判还有建设性一面，这可以很好地帮助对方看清形势，助人进步。

（2）高估自身的推理能力。大部分人都认为自己是理智的，都愿意相信自己的价值体系。但是人们在成长过程中随着经验、阅历的增长，人人都可能存在某些思维定势（参看第二章）。哪怕是在辩论中取得胜利一方，也不能说明你善于推理，可能是对手还未识破某个拙劣的论辩或者对手不想发生冲突而选择妥协。

（3）缺乏方法、策略或练习。常规的学习还不足以具备更好的批判性思维技能，通过训练该项技能会得到提高。

（4）不愿批评专家。一般人们不愿意去怀疑某一专家的说法，特别在目前中国的教育系统中，从小学到中学，教育背离了应有的批判精神，使得培养的学生不善于自己去思考，也不会使用批判性思维质疑所学的知识。在工作中也不愿意质疑领导或者专家的看法，甚至认为怎么能够去反对专家的观点呢。

（5）情感因素。情感因素在批判性思维中具有重要作用。当人们不喜欢那些和自己的观点相反的证据时，如果这个证据指出的方向出人意料又很具有挑战性，那就可能导致你情绪激动、气愤、沮丧或者焦虑。如果一个人拥有批判的能力，意味着他能够很好控制情绪，可以从多个角度有逻辑地分析问题。

（6）不够关注细节。批判性思维需要准确和精确，就需要关注细节，也不能被其他事物所干扰。过于笼统的分析可能会导致较差的判断。

二、批判性思维者善于提出问题

批判性思维的基本要素中论证的前提是要能够质疑一个断言。人类如果不善于提问，就无法推动思维的发展，科学的发展与进步、各种发明创造等都是科学家、发明家对现象或陈述不断提出疑问。因此，我们需要培养自己良好的思维习惯，需要学会提问。不断提问，能够不断刺激大脑思维活动，更有益于产生创新思维。

现在互联网每天给我们提供了大量的信息，然而我们每天浏览的这些信息却都是碎片化的、平面化的，人们缺少深度的、纵向的思考。特别是现在的大学生，大部分人缺少自己独立思考能力，提出的问题都不能够刺激大脑深度思考，他们更喜欢从互联网上搜寻相关信息然后将其堆砌起来作为论证。我们必须不断提醒自己：只有提出问题，思维才能得以开展。没有问题等同于不理解，表面问题等同于肤浅的理解，不清楚的问题等同于含糊的理解。因此，我们需要学会提出问题。

1. 关注问题的类型

理查德·保罗、琳达·埃尔德所著的《批判性思维工具》一书中介绍了一个对问题分类的有效方法，如图4-1所示。问题分为三种类型：

（1）单体系问题，又称基于事实的问题，即只有一个正确答案的问题（事实题属于此类）。如水的沸点是多少？房间大小是多少？电脑的硬盘是怎样运行的？等等。

（2）无体系问题，又称基于偏好的问题，即问题随着个体不同的偏好而拥有不同的答案（纯粹的主观意见分类）。这类问题可以反映提问者某方面的偏好。如在山间和海边旅行，你更喜欢哪一种？你对佩戴假发怎么看？你愿意去看京剧吗？你最喜欢吃什么？等等。这类问题是主观判断。

（3）多体系问题，又称基于判断的问题，即需要进行论证，并不止一个可行答案的问题。这些问题需要经过充分的辩证才可以得到更好的答案，并且在提出可能答案中寻找到最佳答案或最可行答案。如什么措施可以有效减少吸烟引起的危害？拯救地球我们能够做得最好的事情是什么？死刑应该被废除吗？等等。这类问题需要与论证判断有关。

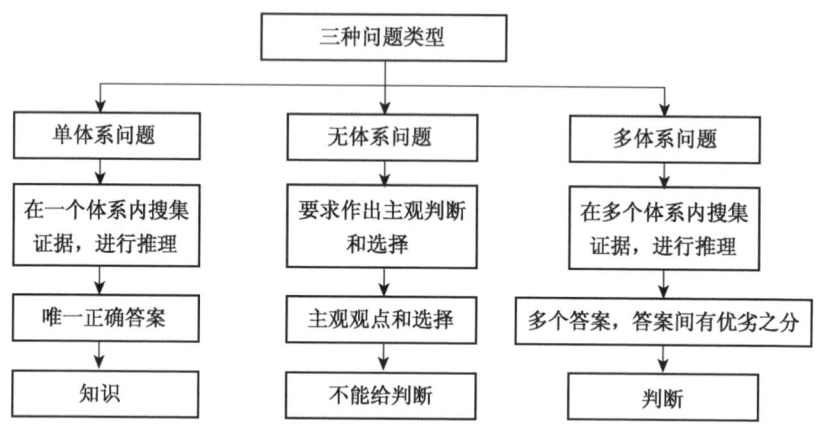

图 4-1　三种问题类型

2. 关注提问的艺术

训练提问的一个较好的方法是关注思维元素，即关注目标、信息、推理、概念、假设、意义、观点、解释等。

（1）所有思维都有一定目标。如果不清楚或者不完全理解某个观点背后的目标，可以尝试提出关注目标的问题，如：陈述这个观点时你想要达到什么目标？这些观点的中心目标是什么？这次会议的目的是什么？这一章表达了什么？等等。

（2）所有思维产生都是以信息为基础的。如果不清楚某观点背后支持的各种信息，可以尝试提出关注信息的问题，如：你根据什么信息得出这个结论？什么样的经历使你相信这个观点？你考察情景的方法是不是建立在一个扭曲的观点之上？你如何确认这个信息是准确的？是否遗漏了需要考虑的重要信息？等等。

（3）所有思维都需要经过推理、得到结论、创造意义的过程。如果不理解一个观点的推理过程，可以尝试提出关注推理的问题，如：你是如何得出这个结论的？你能解释你的论证吗？存在其他可供选择的可信结果吗？基于所有事实的最佳的可能的结论是什么？等等。

（4）所有思维都离不开概念的使用。如果不能够清晰界定某个观点的概念，可以尝试提出关注概念的问题，如：你论证中使用的主要观点是什么？你能解释这个观点吗？对概念的使用合理吗？等等。

（5）所有思维都不是孤立的，思维中所有观点都依赖于其他观点而存在，即离不开前提假设。如果不清楚观点背后的其他问题和观点，可以尝试提出关注假设的问题，如：得出这个结论的依据究竟是什么？为什么做那样的假设？等等。

（6）所有思维活动都是朝着特定方向发展的，即思维不会仅仅只有假设与前提而是往某一方向去发展这才构成思维的意义。如果不清楚可以尝试提出关注意义的问题，如：你持这样观点的时候意味着什么？如果我们做此事而非彼事，有可能发生什么？你这么说意味着什么？等等。

（7）所有思维活动都会由观点及相应的推理框架产生。如果不清楚这个过程，可以尝试提出关注观点的问题，如：你是依据哪个观点得到这个结论的？存在我们需要考虑的其他观点吗？这些可能的观点中，考虑当下情景，哪个最有意义？等等。

（8）所有思维活动都来源于问题。也就是如果不清楚是什么问题引发某一思维活动和观点，可以尝试提出关注问题的问题，如：我不是很确定你提出的问题，可以解释一下吗？这个问题可以很好地解决我们关注的要点吗？还存在其他需要关注的更紧迫的问题吗？我的疑问是你如何发现这个问题的？你的问题是怎样与已经论证过的问题产生联系的？等等。

如果大学生的论文写作中能够反复提出上述各类问题，这样的一篇文章就会有很高的水准。但是现在很多大学生往往缺乏深度思考，也就是凡事不会打问号或者不会提出问题，上述实例提供了很好的训练提问的方法。

另外，如果有很多问题，一般需要将所提出的问题进行优先顺序排列。通过列出问题优先次序表，将你所关注的主要问题写下来，并尽可能多地写下你认为应该先行回答的问题。接着从列表中决定，为解决最终问题而必须要优先回答的问题，以此类推，并对列表中的每一个问题都进行同样的思考。

三、批判性思维者具备的基本能力

1. 批判性思维者能够指向一定目标

人们对事物的思考都是与其目标、欲望、需求、价值观念相一致的，而并非随意的或无规律的。每个人都存在着应对外部环境的模式化方式,思维则是这种模式化的主要部分之一,如理发师对自己和他人的外在形象的塑造与他个人的价值观念紧密结合。也就是说,个体的思维,即使是针对简单的事物,依然遵循个体特定的行为模式并迎合个体预设的目标。想要了解一个人的思维(包括我们自己),必须了解他思维的功能、内容、思维活动发展的趋势及其目的。

2. 批判性思维者能够组织概念

概念如同我们呼吸的空气一般无处不在。尽管如此,人们却很少意识到它的存在。当我们看到云、草、道路、山川、河流、人群、孩童、日落等名称的事物,会直觉地应用这些概念,好像这些概念名称是事物本身的自然属性一样。实际上,这些概念是在人类对事物进行抽象概括后形成的,是人为后天加工的。只有当人们对某件事物进行概念化的解读之后,才能进行思考。对事物进行抽象概括的能力是我们自己后天的学习能力和创造能力的体现。对不同概念的内涵的理解也与人们生活的社会环境、文化背景等密切相关。

3. 批判性思维者能够评估获取信息

推理必须根据一系列的事实、数据与经验等基本要素作出。找到可靠的信息来源并掌握个体经验的界定方式是批判性思维者的重要目标。换言之,必须对采纳的信息来源保持警惕,同时对自身经验的解释保持分析与批判的态度。每个人都会拥有不同的经验,经验也许是很好的老师,但经验绝不可能完全是正确的。信息只是思维的一个组成维度,与其他维度一样,应当受到批判性的分析与检验,不加审视地根据经验作出推论会带来思维的偏差与自我错觉。

通常有三种独特的途径获取信息:①背诵事实或惰性知识,即尚未完全理解,通过机械记忆进行加工获取的信息;②错误学习、局部学习或者接受非理性经验也称主动地忽略,即人们将实际错误的信息看成是正确知识,并在头脑中加工得以积极应用的心理过程。无论何时,主动性忽略的存在都是十分危险的。由于每个人都存在主动性忽略衍生出的观念,特别是当这些观念可能造成伤害性或灾难性后果的时候。因此,我们有必要对这些观念产生质疑;③积极地获取重要概念,即活性知识,这是在头脑中获得加工、被积极运用,同时又被深入内化理解的正确信息。这类知识可以潜在地引导我们获得更多知识。任何一门学科都可以产生活性知识。通过学习,人们开始掌握某一领域中的基本概念,并以此为基础,理解这一领域中相互关联的思想、知识及经验,培养出一种探求事物逻辑的学习习惯,这是发现活性知识的强有力途径,而这其中最关键的是要树立终生学习的人生理念。

4. 批判性思维者能够区分推论与假设

推论是思维的一个阶段,是个体根据一些正确或看似正确的命题归纳总结、得出结论的过程。假设是进行推理的前提信息,是指我们先前学习过并不会质疑的知识内容,构成我们信念体系的一部分。一般情况下,我们都会假定自己的信念是正确的,而且会运用这些信念去解释周围的世界,做出推论。如看到乌云推断可能要下雨;看到皱眉就推断他在生气;阅读一本书能根据故事大意推断语句的引申含义;我们聆听他人的对话,然后对他所表达的观点作出一系列的推论,等等。

学习可以培养我们对推论与假设的意识觉察能力。所有学科学习的共同之处在于,它们都需要我们基于学习内容作出正确的假设,并能够熟练地得出合理的推论。如学习数学,我们就会基于数学假设作出数学推论;学习科学时就会根据科学假设得出科学推论。在不同情况下,我们作出的假设都依赖于我们基本概念与原理的理解,渐渐地我们就具备了质疑假设正确性的能力。

现实生活中人们通常是根据情景作出推论,而这些推论又是根据假设得出的,假设的形成过程往往是无意识的。通过学习,可以将思维的无意识水平上升到有意识的水平,从而帮助我们得出正确的推论。图 4-2 所示人们在情境中作出推论的过程示意图。

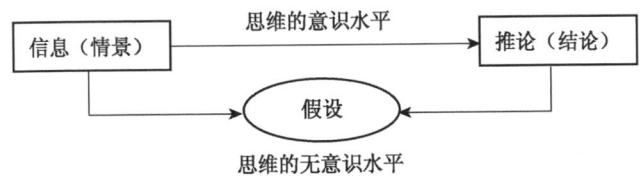

图 4-2 人们在情境中作出推论的过程

5. 批判性思维者能够透彻理解推论的意义

批判性思维者清楚推论是导向结论的一个重要思维阶段。任何基于场景的推论都可能产生三种结果:合理的、可能的与必然的。例如,每次开车又隐含着发生事故的合理性；而当你在醉酒的同时还超速行驶在雨中拥挤的街道，发生车祸可能性将增大；如果你在高速公路的主干线上快速行驶，发现迎面开来一辆车时刹车又失灵，发生事故将成为必然。如果我们能够有效识别并作出推论合理的、可能的及必然的意义，就可以采取措施以减少消极结果出现的可能性。所以，借助对事物逻辑的准确把握，对特定情景隐含的意义作出合理的推论，就可以透彻了解一项决策可能存在的合理的、可能的或必然的意义。另外，我们还需要准确的语言表达，能够恰如其分地解释事物的逻辑推论过程。

6. 批判性思维者能够调整观点立场

观点立场是思维成分中最难以用意识控制的因素。人们在思考时都会从一定的观点立场出发，对于大多数人而言这是高度自动化的直觉性行为；但是大多数人并不清楚如何识别自己和他人的观点立场。批判性思维者无论是在阅读、写作还是交谈、倾听，他都在不断练习对自己思维意识的控制过程。阅读时努力理解作者的意图，写作时有意识思考目标读者的看法，交谈时努力理解交谈者的观点与关注点，他们更愿意倾听他人意见，提出问题而非作出判断。批判性思维者认为自己是有能力的学习者，不会将相反的观点视为威胁或挑战。他们将所有的个人观点看做可以被挑战的，随时准备根据新的证据与合理的推论修正自己的观点。

四、批判性思维者的五步思考法

批判性思维需要关注细节，需要知道最为关键的问题，需要对各种信息进行合理组织与判断，也就是要在自己的大脑中构建一种良好的思维模式。

链接 4-2　阿门娜的故事

阿门娜 2 岁，患有先天性心脏病，是伊拉克哈迪塞北部郊区的一个普通家庭的小女孩。由于反政府武装使得当地一直很混乱。美国海军陆战队进驻了伊拉克，以帮助伊拉克警察和军队提高战斗力。这一天，美国海军少校凯文·杰拉德（Kevin Jarrard）和随队的外科医生约翰来到阿门娜家，发现了阿门娜的病情已经刻不容缓，如果不接受心脏手术，阿门娜将活不了多长时间。

于是，凯文把营救阿门娜作为当前的首要任务。而当时的伊拉克连是否应该开放市场让人们有地方卖土豆都是一个艰难的决定，更何况这是一个跨国营救的事情，困难重重！

凯文和约翰怎样去完成这个任务呢？凯文认为首先需要取得他们部队的大卫·贝伦（David Bellon）中校许可——获得领导支持。其次是关于手术和医院的问题，还有往返美国的费用、住宿、吃饭、翻译等问题，还有宗教信仰，另外在军事管制区也不可能用军用飞机送阿门娜。

在这个任务中不仅涉及伊拉克的美国海军陆战队，还需要美国当地的儿童医院心脏外科医生，治疗费善款捐助组织，阿门娜与妈妈出国需要的各种证件申办，阿门娜的妈妈还有糖尿病，阿门娜在高空还需要吸氧等等一系列工作和人物。大卫说："这件事涉及的不仅仅是凯文、约翰医生和那个小女孩儿，它将涉及这里的 1 800 个美国人和 65 000 个伊拉克人。如果我们失败了，或者出了差错，就很可能会破坏这里来之不易的和平。"

当然这件事最终获得成功，阿门娜获得及时治疗，并顺利返回家园。

大卫和凯文后来谈论这件事的时候，总结出：当你在听别人说话的时候其实是在重新处理自己听到的信息，就是主动积极地去听。你在捕捉对方话语里关键的缺陷和不足，比如这件事会在哪出问题，等等。大卫说："我很了解凯文，当我在望着他的时候就在想'他累了吗？这件事的前因后果他都想清楚了吗？他现在是什么状态？他是处在最佳状态吗？'因为有时候即使是最优秀的人才也会有状态不好的时候。所以说，你在听别人说话的时候，实际上也是在评估他们的状态。有时候你会想，'好吧，他这样讲只是因为他还需要一些开导。那么我应该怎么做才能让他好受一点呢？'但这次我和凯文谈话的时候，几乎立刻就能清楚地意识到他已经想得很清楚了。他在和我谈话之前就已经和约翰讨论过了，这就是他话里所透露出来的信息。他说，他先和约翰商议是因为他知道我敬重约翰。所以，我很快就作出了判断'这件事并非是不成熟的想法，他们确实已经做了比较扎实的准备工作'。"

因此，概括地说，任何在概率上不太可能发生的好事都是奇迹，比如战胜绝症从而改变了宿命。想想拯救阿门娜这件事涉及的所有困难，你就能豁然开朗了：伊拉克当地对妇女和孩子单独随陌生人出行的反对意见,将一个得了绝症的孩子送出战区长途跋涉的途中所遇到的重重困难,孩子在路途中和手术中死亡的风险,因军方不出资而需要在民间筹划的旅费,跨越语言障碍所需的翻译服务,孩子在美国居住的地方,陪同母女二人离开伊拉克前往美国的人员,以及这一路上数不胜数的沟沟坎坎,这些都让拯救阿门娜这件事看上去几乎不可能完成。

这件事不仅只是拯救了一个生命,而是在同样一种病曾夺去无数生命的国度里,所有为了拯救阿门娜的人力和资源竟然能如此完美地结合在一起。大洋两岸的所有参与者的想法虽迥然不同,思维风格和方式也是多种多样,但依然创造了奇迹。这才是我们要深入研究的。也就是说,我们需要探讨的是人们也能在自己的生活中运用的某种思维。你会发现一旦改变了思维方式,你就能重塑自己的事业,改善自己的生活,改变自己的人生,而这才是值得你在本书中期待和探究的奇迹。

(茱蒂·查坦德,斯图尔特·埃默里,拉斯·霍尔,希瑟·石川,约翰·梅克塔.最佳思考者[M].北京:人民邮电出版社,2013.)

要成为一个良好的批判性思维者,请按照下列步骤进行训练。

1. 第一步:三思而后行

对于上述故事中看似不可能完成的任务,最后都解决完成了。关键是对所面临的问题的不断思考。

三思而后行是一种反思能力,是指一个人能够在问题出现时稍作停留,找到自己当下需要的思维方式。当你在三思的时候,其实就是积极主动地在控制自己的思维方式。三思就是要不断地向自己提问。

链接4-3 反思与提问

三思而后行,以下为"三思"时需要问自己的反思性问题。

➢ 现在到底发生了什么事?停顿片刻,判断自己遇到的情况以及自己的情感状况。

➢ 我们想要实现什么?停顿片刻,确定你的目的或目标。以避免走弯路,并掌控自己的情感。

➢ 现在的情况十分紧急吗?

➢ 还有什么是我需要了解的?需要确定能够回答"何事""何时""何地(背景)"或"如何(过程)"等问题,确定是否需要了解更多信息,是否需要制订计划。

（茱蒂·查坦德，斯图尔特·埃默里，拉斯·霍尔，希瑟·石川，约翰·梅克塔.最佳思考者[M].北京：人民邮电出版社，2013.）

要做到三思而后行，最佳方法是：首先，挑选一项活动，比如开会或者查看自己的花销记录，总之选择一个希望能够深入思考的情形，然后停下来问自己几个反思性的问题。例如，"我希望完成什么？""哪种思维方式此时最有用？""我现在的情感有多强烈？"不要着急给出答案，要给自己充分的时间酝酿一个经过深思熟虑的答案。

当面临严重问题时，三思而后行更具有挑战性。比如，当我们必须要做大决定或者要面对某种矛盾时，情感往往会占上风，对我们产生压倒性的影响。此时，应对情感压力的一种方式，就是停留时间回忆一个往昔的重要时刻或者情绪激动的情形，再问几个上述链接中提到的反思性问题。这是利用过去已发生的事来做思维练习，以保证重要时刻再度来临时，你已经有了充分的准备。

2. 第二步：辨别假设的真假

链接4-4　盖普公司变更企业标识

不久前，顶级时装零售商盖普服装公司（Gap Inc.）决定启用新标识来提升品牌形象，因为旧的标识已经用了几十年，所以公司觉得需要一个更有时代感的形象。但不幸的是，公司没有验证他们的这个假设是否可行就匆忙上马，结果招致广大网民一致的批评。仅仅一周后，盖普公司就取消了新标识，恢复使用旧标识。

（茱蒂·查坦德，斯图尔特·埃默里，拉斯·霍尔，希瑟·石川，约翰·梅克塔.最佳思考者[M].北京：人民邮电出版社，2013.）

有时你头脑中的假设可能是错的。链接4-4说明：如果你的假设是错的，它就会把你引入死胡同，而且你可能根本不知道你错了方向，并稀里糊涂地为这个错误付出巨大代价。因此，判断假设正确与否可以让你少犯错。其最好的方式莫过于查证假设的根据和来源。

个人经验是假设最常见的来源，而且也最难辨别。我们通常都是根据自己的文化、背景以及经历形成观念、作出假设的。如何辨别假设？

（1）区分事实与观点。当你听到有人说"Macs 比 PC 更容易操作"时，你会点头表示同意吗？大多数人都会，却不知道这只是这个人的个人观点，还要进一步证实。可以反问一下自己"Macs 对谁而言比 PC 更容易操作？"或者"应用在哪方面时，Macs 更容易操作？"越是流行的观点越需要谨慎对待。因此，当你与人交谈、看新闻或者浏览网页的时候，可以趁机检验一下自己在区别事实与观点方面能做到哪一步。

（2）辨别已表达和未表达假设。已表达假设是清楚明了的，在项目计划和合同中随处可见。这种类型的陈述通过表达一个假设，让每个人都能明白自己应该如何行事。已表达假设可以增加事情的透明度，有助于人们量化风险，也有利于人们掌控自己的工作量与工作进度。未表达假设则很容易制造麻烦。比如谈恋爱的时候，一对恋人对"在一起"或"让我们冷静一下"这些话的意思就会有不同理解。浪漫喜剧片常常根据这种误解来营造喜剧气氛。但是，项目或金钱交易一旦出现这种差错，则多半是由于未表达假设造成的，其后果可能非常严重。

要辨别哪些观点是未表达假设并非易事。"我们需要改善工作环境中物品再利用的状况，提高公司员工环保意识。"这句话未表达假设是什么？这句话中的未表达假设就是：改善物品再利用的状况就可以提高员工的环保意识。事实上，物品再利用的状况得到改善后，员工的环保意识可能会提高，但也可能不会提高，或者用别的什么方法会比改善物品利用状况更有效。当你辨认出了这个假设，你就会对这个观点进行重新评估。也就是说，一旦你将自己的假设或者观点表达出来（你可以讲"我认为，一个更完善的物品再利用项目将会提高员工绿色办公的意识"），你就更容易判断它的真伪。

3. 第三步：识别信息

如果要作出正确的选择，评估信息是一个重要环节。如今互联网的发展，我们能够接触到的信息比过去多得多，现代社会早已被淹没在信息和谬误的海洋中。要想有效地处理这些信息往往会觉得力不从心，所以我们需要利用更为系统的方法来应对繁杂的信息。这里介绍两种利用简单问题评估信息的方法。

第一个问题是信息是否相关。人们有时会由于埋头处理无关紧要的信息而偏离方向，结果最后不是觉得力不从心，就是感到困惑。因此,当评估信息时,就需要一遍又一遍地问自己:"它与决定我能否取得成功的关键问题有关吗?"

第二个问题是信息是否准确。那些看似准确实则含糊的信息需要特别警惕,也需要对流行观点特别关注。另外,人们看到的信息往往是一些零碎的,而且常常是第二手、第三手的信息。评估信息准确与否时,找出信息的来源是非常重要的。比如,你觉得维基百科是可靠的信息来源吗?你怎么知道它可不可靠呢?若要判断信息来源是否可靠,你需要回答以下这些问题:信息来源是否具备这一领域的专业知识?这些专业知识是最新的吗?

有时当你在评估信息时,往往会受到其他人的左右,领导、同事、朋友、专家甚至是你的孩子都可能会通过他们的说服来对你施加影响。因此,需要学会辨别一些说服技巧。比如请受人尊敬的人做代言人,或使用富有感情的话语来勾起人们的梦想和愿望。某些广告就巧妙运用这一条规律——大多数人只能记住六到八条信息,而且往往是第一条与最后一条记忆得最为清楚,所以表明商品好处的都会放在第一条与第八条。

评估信息的时候,还会因为一些常见的认知偏见而偏离。例如,当你听到"某类疾病的存活率有 92%"时会比听到"某类疾病的致死率有 8%"时要舒服得多。珍珠港遇袭的那天,虽然雷达已经监测到日军飞机的行踪并做了汇报,但是美国军方并没有采取任何行动,因为他们认为美军飞机当天会到港,而且没有人相信日方会来袭击珍珠港。也就是说人类的大脑喜欢根据启发式的简单原则作出判断,因为这样可以提高效率,同时也会导致系统性的错误。

因此,为了减少这些认知偏见,需要不断反问自己:我的想法客观吗?通过回答可以让自己仔细审视信息的真伪。

4. 第四步:不要急于下结论

一旦作出决定,你的整个人生都有可能随之发生变化。这个决定有时候可能是特定瞬间突然出现的某种联想,也可能是对许多可选项进行深思熟虑后才作出决定的。不论什么情况,做决定的顺序都是一样的。首先,需要对信息进行准确的判断,然后据此得出合理的结论。但是,在评估信息和得出结论这两步之间却往往是错误的"多发地带"。

常见的两种错误是：①过早下结论。人们通常在承受着巨大压力必须迅速作出反应，或者急切地想要得出结果的时候，才会过早下结论。②不完全归纳。这类现象很常见，也就是说你手里现有的信息虽然不足以支持你得出的结论，但仍归纳最终结论。比如，你会因为在《金融时报》上读到一篇关于股票市场利好的报道，就把所有积蓄都用来买股票吗？不，当然不会。但是，很多公司和机构在得出结论时都没有足够的信息作为依据，因此总是有公司和机构会因此而倒下。

根据所得信息进行推论，就是前面所说的论证过程，包括演绎论证与非演绎论证。作出决策或者提出问题解决对策时最好依据准确、相关的信息来得出合乎逻辑的结论。同时在处理信息与得出结论的过程中需要充分运用演绎论证和非演绎论证的技巧。如果信息和结论间的联系过程出错，比如过早下结论或者使用了不完全归纳的方法，那么决策的质量也会大打折扣。

5. 第五步：心动不如行动

一旦作出决定，下一步就是制订行动计划，计划可以预见行动结果，把决定变成现实。尽管决定的内容在很大程度上已经确定了行动计划的类型，如项目计划、商业计划或婚礼计划。当从决策阶段进入行动阶段时，建议通过回答下面三个问题，将会有一个良好的行动开始。

（1）这一决定会有什么后果？

（2）实现这一决定还需要哪些计划？

（3）实现这一决定还需要哪些资源？

利用计划的时间性，可以使计划变得更具灵活性。同样，通过分析的方法来检查计划是否有前后不一致或遗漏的地方，可以帮你少犯错误。不论行动计划的制订过程有多么复杂，它总能让你集中注意力，少走弯路，最终为你带来最符合预期的结果。注意制订行动计划需要特别注重细节，每个环节、每个步骤都要有明确安排，包括时间、地点、任务、使用的资源等等。

每天，我们的生活中都充斥着各种信息，互联网与移动互联的发展，让我们获取信息的方式也变得多种多样。可能你会注意到某个观点只是看起来像事实而已，也许还能辨别出哪些观点是未表达假设，或者还能发现自己接受某件事仅仅是因为它符合自己的观念。也许你还能迅速分辨出哪些信息是无关紧要的,于是主动去关注与自己面临的问题更相关的信息,从而节省了不少时间,又或是发现不同信息哪些相似之处,然后通过归纳推理的方法将这些相似点联系在一起。说明你已经开始运用批判性思维方式进行思考了。

第二节　颠覆性思维与商业创新

颠覆就是彻底改变!颠覆性思维就是要彻底改变你固有的思维方式,培养一种全新的思维,从而设计出激动人心、打破常规的颠覆性方案与企业的经营策略,极大冲击市场,形成一种潮流,让消费者拼命追赶,彻底改变消费模式。美国作者卢克·威廉姆斯(Luke Williams)在其《颠覆性思维——想别人所未想,做别人所未做》一书中,指出:如果企业的创新仅仅停留在为产品增值层面上,而不考虑如何通过创新来改变市场游戏规则的话,终将会被那些勇于采取颠覆性思维进行创新、努力在竞争中脱颖而出的企业所淘汰。乔布斯的苹果公司就创造了这样的神话。

链接 4-5　创新是苹果文化的灵魂

在苹果公司的历史上,似乎从未有过克隆其他公司产品的历史。从苹果Ⅱ开始,到乔布斯重返苹果公司的十几年时间,苹果在微机史上创造了许多第一,其中,苹果Ⅱ和麦金托什机对计算机行业产生了革命性的影响。在乔布斯离开的 12 年间,苹果公司虽遭遇数次危机,导致 3 次变更 CEO,但却从未停止创新。创新文化,使得苹果几乎每年都有新的产品问世。苹果推出的每一款产品,几乎都带给客户最新的体验,引领着时代的潮流。1978 年 4 月推出的苹果Ⅱ是当时最先进的电脑;1983 年推出的丽萨(Lisa)电脑也是当时世界上最先进的;1984 年推出的麦金托什电脑(Macintosh),设计精美、技术领先,是当时最容易使用的电脑。乔布斯回归苹果之后,先于 2001 年 1 月份发布了用于播放、编码和转换 MP3 文件的工具软件 iTunes,改变了流行音乐世界;2001 年 11 月推出了引领音乐播放器革命的 iPod,以及用于将 MP3 文件从 Mac 上传输到 iPod 上的工具软件 iTunes2;2007 年 6 月推出了改变智能手机市场格局的 iPhone;2010 年 4 月发布的 iPad 则让平板电脑成为一种潮流,改变了PC行业的未来发展。

即便在经营最困难的时候,苹果也不曾改变,坚持创新;即便在产品非常畅销的时候,苹果也依然推陈出新。对创新的热爱,以至于偏执,是苹果能够坚持到今天的一个关键因素。

(陈武朝.苹果公司何以走到今天.清华管理评论,http://www.tbr.net.cn/)

一、颠覆性思维导图

商业创新从颠覆性思维开始。在美国作者卢克·威廉姆斯(Luke Williams)所著的《颠覆性思维——想别人所未想,做别人所未做》一书中指出:颠覆性思维就是要彻底改变固有的思维方式,培养一种全新的思维方式,从而能够设计出激动人心、打破常规的颠覆性方案和经营策略,在市场上一次一次为此惊叹,让竞争者拼命追赶却又望尘莫及;让消费者的期望彻底颠覆,引领行业开创一个新时代。苹果公司就是最为典型的具有颠覆性思维的创新公司,一代代新产品的出现,不断让"果粉"们为之疯狂。

这本书告诉我们,颠覆性思维需要从人们认为不是问题的地方入手进行思考,需要关注那些被人忽视、并不显而易见的细节,从"小毛病"入手。而"一切运作正常,就无需改进,安于现状"的思想与态度正是阻碍人们拥有颠覆性思维的最大障碍。如何进行颠覆性思维训练呢?

本书从五个方面设计了颠覆性思维导图。

颠覆性思维的五步创意法则:

第一步:提出颠覆性假设;

第二步:找到具有颠覆性的市场商机;

第三步:想出一些具有颠覆性的解决方案;

第四步:将上述创意整合成颠覆性的解决方案;

第五步:以颠覆性的方式演示你的方案,说服内部或外部股东为你的方案投资或接纳你的方案。

根据上述五大步骤设计颠覆性思维导图如图4-4所示。

图4-4中,前三个步骤将会得到颠覆性想法与创意,但是需要将这种创意转变为一种商业方案还需要后面两个步骤。

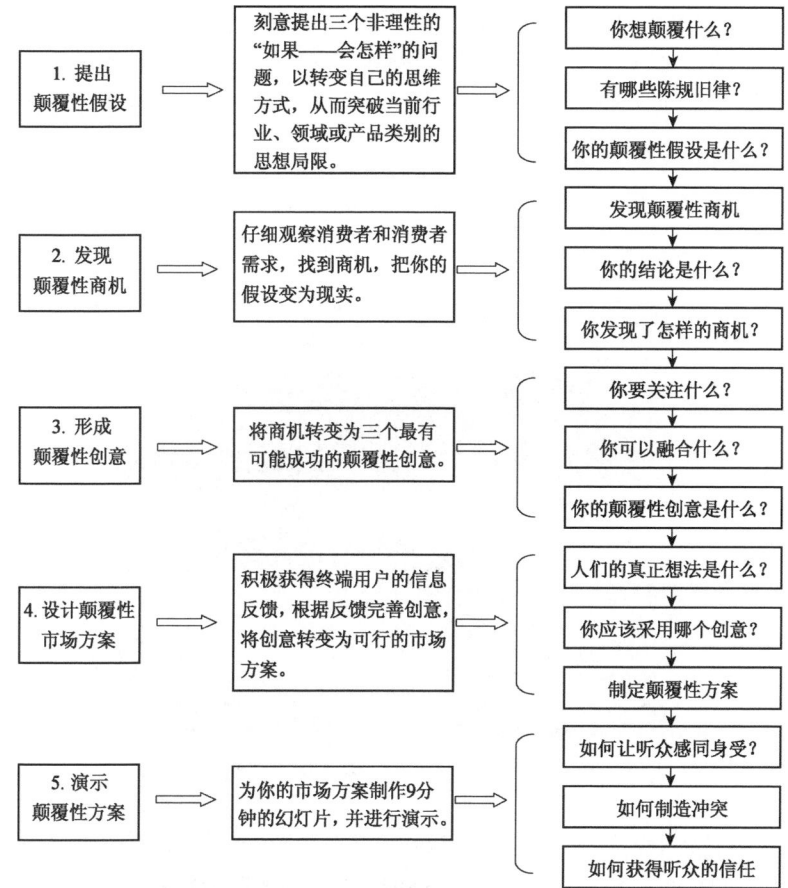

(卢克·威廉姆斯.颠覆性思维——想别人所未想,
做别人所未做[M].房小冉,译.北京:人民邮电出版社,2003.)

图4-4 颠覆性思维导图

二、颠覆性思维过程

1. 提出颠覆性假设

颠覆性假设是一种有意为之的毫无理性的想法,以此来打破让人感到舒适、习以为常的商业现状,从而改变思维方式。

颠覆性思维假设是通过刻意提出三个非理性的"如果——会怎么样"的问题,来转变自己的思维方式。如果把管道、电力设施和通气孔建在建筑物外面,则创造出了法国巴黎著名的蓬皮杜国家文化艺术中心(见图4-5)。该中心是一件属于20世纪的艺术杰作:由钢管和玻璃管构成的庞然大物，外墙布满五颜六色的管线和钢铁桁架，使整个建筑物像一个正在建设中的工地盘踞在巴黎典雅秀美的古建筑群中，显得突兀而怪异。和埃菲尔铁塔、卢浮宫前的玻璃金字塔一样，1969年蓬皮杜文化中心建成后巴黎一片哗然，但巴黎人最后还是接受了它和它所代表的现代工业文化。再如袜子，一般都是成双成对售卖，如果不成双成对售卖会怎样？电视如果没有遥控器会怎样？电脑没有键盘会怎样？

图4-5　巴黎蓬皮杜国家文化艺术中心

从什么地方入手来提出这种颠覆性假设呢？思维导图提示从三个方面：①你想颠覆什么？②有哪些陈规旧习？③你的颠覆性假设是什么？

首先需要明确你所颠覆的目标是一个行业或是一个领域或是针对一种产品，其当前的市场竞争环境是怎样的，并需要思考以下问题："行业中，所有人都处于同样尴尬的境地，这种情况在很长时间里都没有得到任何改善""这个领域的收益一般，但应该可以有更好的收益""这个类别的产品发展缓慢，而且同质化现象比比皆是"。

在此基础上，再找出行业根深蒂固的陈规旧习，包括与产品相关规则（产品特点、优势、广告宣传语、市场竞争集中区域等等）、与产品互动相关规则（与消费者互动体验状况、消费者购买频率等）、与价格相关规则（定价规则、产品与服务的捆绑定价方式、价格折扣方式等）。要敢于挑战，像玩魔方一样，将这些规则翻来覆去，由里及外、由上至下、前后左右地审视，试着找到一种重新组织这些方块的方法，从而发现考虑当前情况的新思维模式。

通过"逆向思考""关键处否定""调整"的方式界定自己的颠覆性假设。

"逆向思考"——反其道而行会出现什么情况；如果事情已经发生了，不妨试想：如果将时间倒退回去会发生什么情况；如果事物包含两方面且双方互相联系，那么不妨将双方的立场做180度的大调转，再看看会出现什么情况。红牛饮料就打破了常规的"饮料要口感好、价格不贵"的规则，它完全不重视饮料口感，价格也是可口可乐的两倍，也没有将渴望作为其广告的宣传点。红牛饮料提出的是当你需要能量时，红牛能够为你补充能量。

"关键处否定"，就是看看有什么地方可以否定。否定思考的方法要求思考者完全抛弃陈规旧习中的主要内容。汽车租赁行业中的一般规则：与顾客见面，需要填写大量文件，租车时间一般以天为单位。那么，如果不需要与顾客见面，不需要填写大量文件，租赁时间以小时为单位会发生什么情况？Zipcar公司通过网络实现了自助租车服务，其颠覆性在于：无需面对顾客，无需填写文件，租车时间以小时为单位，只需登录该公司网站即可实现租车服务。

"调整"就是对既定情形下的事物或者规则在某些方面稍作修改，或者让自己从另一个角度考虑问题，都可能引起人们重新关注。如什么能使稀有之物变得唾手可得？什么能使遍地都是的东西变得"洛阳纸贵"？什么又能让昂贵的东西变成可以免费使用？

经过上述这些步骤之后，能够创造出几个具有颠覆性的假设，它们将足够挑战当下某个行业中陈规旧习所影响的人们的思维定势，且通过发散性思维获得想象的新情境，提出新锐的问题，并且发现意想不到的优势。阿里巴巴集团CEO马云创立的支付宝就是互联网企业的一大创举，是电子商务发展的一个里程碑，突破了长期困扰中国电子商务发展的诚信、支付、物流三大瓶颈。

在提出颠覆性假设时应遵循的重要原则就是：假设越大胆，创意越新颖！

链接4-6 世界美食家们的朝圣地——西班牙El Bulli餐厅

1962年Ferran Adria先生在一处孤立的海湾边开设了El Bulli餐

厅,每晚只能接待五十人。El Bulli 餐厅的经营方式是独一无二的,餐厅仅在每年的四月到九月晚上营业,而且所有的位置都已经提前预订。每年都会有超过 80 万世界名流通过电话或邮件预定晚餐,全年仅能满足 8 000 人就餐。吃一餐要 5 个多小时,有 20 至 30 套小食,只是一口或是一汤匙,每人平均消费 250 欧元。El Bulli 所收取的仅仅是开发新菜品背后进行创新、对菜品进行改良所耗费的时间成本。尽管每道菜都可以卖出几千上万欧元,而且依然不会有空位,但 El Bulli 坚持要保持在一个连渔夫都能享用的价格上,更喜欢服务普通人。

冬天 El Bulli 餐厅关门谢绝接待顾客。工作转向试验。每做 5 000 次试验,才能发明并确定 25~50 道菜,5‰~1‰ 的成功比率!"创新就是绝不模仿!"

El Bulli 餐厅 2002 年、2006 年、2007 年、2008 年先后四次被评为世界上最好的餐厅。它已经变成了世界各地的美食爱好者们的朝圣地,它激起了人们令人眩晕的体验冲动。在此吃的不仅是美食,更是文化和优雅的情调,甚至幽默和顽皮。Ferran Adria 说:"我们将吃变成了一种超越吃本身的新的体验。"消费者用餐结束后会收到一份来自厨房的菜单,上面详细标明了刚刚所品尝的这 30 道菜品,菜单上还有大厨的签名,以留作消费者用餐的纪念。

(网易博客 LOGOS 的博客,http://blog.163.com/zribic@126/blog/static/67083326201382111625972/)

2. 发现颠覆性商机

有了颠覆性假设,如何才能发现颠覆性商机呢?这就需要通过仔细观察消费者和消费者需求,找到商机,把假设变为现实。市场调研方法是发现商机的最主要的方法。

仔细洞悉消费者需求并找出现有主流产品与之存在的差别,要从貌似正常的细微之处找出创新机会。如荷兰小子油漆公司(Dutchboy)发现,长期以来油漆桶在打开盖子的时候都很不方便,需要用螺丝刀撬开上面的盖子,该公司将油漆桶变成如茶壶一样的油漆壶,既方便打开盖子又可以控制倒出油漆的量,既解决了油漆滴洒问题又方便携带。这个案例说明:大家认为习以为常的事情,可能远不是最理想的方法,通过探索可以发现颠覆性商机。

《颠覆性思维》这本书特别提醒注意:在调研过程中,一定要目标明确,要设法规避一些认识上的误区,如只采取应付而非解决问题的权宜之计(例如因为全球气候变暖,只好采取给熊剃掉毛发的方式来解决天气变暖问题)、忽略消费者的现实需求而执拗于完美产品的设计(例如消费者对 MP3 音乐的需求,就格外注重快速便捷,而愿意容忍一定程度上的音质下降,如果只考虑数字音乐的音质,则很难成功)、延续消费者的惯性(消费者对某项产品或服务形成惯性,即使不满意,也不愿意更换,但这并不意味着"不满意"存在的合理性)、忽略消费者购物心理(消费者对希望马上拥有的东西,以及应该要的产品,存在价值判别的不同)。得出观察结果之后,要进行分类比对分析,从分析结论中找出商机。

要注意:仅仅考虑如何颠覆是不够的,对消费者而言,这种颠覆必须是有价值的。而要实现这个目标,就必须征得消费者的意见,根据消费者的反馈,将假设转变为商机。

链接 4-7　水对消除灰尘作用不大——无水清洁用品推出

宝洁公司的无水清洁产品的推出就是因"水对消除尘土不起作用"这一发现而推出的新产品。受宝洁公司委托,Continuum 咨询公司研究人员观察人们如何清洁地板,并动手体验。观察和试验结果很明显,人们都觉得拖地是一件很无趣的家务,但同时又发现了一个意外,那就是:水并不能有效地消除灰尘。然后他们问自己:"这是什么原因?"通过这个问题,他们发现人们的期望与现实是有差距的,即拖布的实际作用与人们想象中的不同:水对消除灰尘没有作用,反而经常会将灰尘溅得到处都是。由于静电作用,灰尘会有效吸附在干燥的拖布上。消费者需要的不是可以与水更好协作的拖布,而是希望能将地板擦干净。这个结论揭示了消费者需求与实际产品之间的差距,从而开发出无水清洁用品的商机。宝洁公司开发的无水清洁用品 Swiffer 品牌每年给保洁公司带来了超过 5 亿美元的收入。

(维普咨询)

3. 形成颠覆性创意

一旦发现商机,就需要将商机转变为三个最有可能成功的颠覆性创意。在商机转化为创意的过程中,人们可能遇到三只"拦路虎":第一,商机亮点太多,让团队或个人陷入不知所措、漫无目的、无法聚焦思考的困境;第二,将事物割裂成产品、服务和信息三部分;第三,对创意的讨论仅仅停留在口头层面。《颠覆性思维》给出的对应建议是，首先要对商机进行分解，找出各种问题，并试图提出尽可能多的答案，然后论证各项答案的可行性，在各种可能性中找到你的关注点，从中提炼出三个最有前途或者最与众不同、能为消费者带来利益的创意；其次对选定的创意进行精炼，使其更加完善、更具说服力。每一个创意都应作演练，并设问是否能让合作者、购买者和使用者三方受益，如果不能，就需要进行利益平衡（如果一项新产品或服务，严重破坏行业利益秩序，让企业的产业链合作伙伴也面临窘境，必然要因此承受较高的政策和市场风险）。在思考创意所带来的收益的同时，还需要考虑实现这些收益的方式和运作的结果、什么时候使用该创意及未来的优势变化；能够很好地概括描述创意及受益对象、具体好处、与其他创意的区别。

4. 设计颠覆性市场方案

有了颠覆性创意并不等于获得成功，残酷的商业环境所淘汰的颠覆性创意，要远远多于成功个例。举例来说，无烟香烟曾被视为绝佳的商业创意，问题在于真正深受二手烟毒害的人是站在吸烟者旁边的人，而吸烟者本身对无烟香烟却丝毫没有兴趣，不吸烟的人也不会去买香烟（无论这类"香烟"是不是打着"无烟"的旗号）。又如，美国福特公司推出埃德赛尔（Edsel）牌汽车，是著名的失败案例，其关键点是该款汽车中变速按钮设计在方向盘正中间（人们习惯的喇叭按钮处），这个漂亮创新的设计却造成了很多次车祸。

创意与解决方案之间的区别在于后者必须是实际可行的具有价值的。如果希望将颠覆性创意变为实用的市场方案，最好的办法就是求助于终端用户，让他们对创意进行测试和评价。需要了解消费者的真正想法是什么，终端消费者的反馈可以帮助了解创意设想的目标与现实完成的目标之间的差距，同时还需要了解消费者的思维模式，以判定创意的产品是否"背离"消费者的期望。如果两者是冲突的，说明创意是有问题的。与终端用户充分合作测试评价之前提出的创意，并建议通过样品制作来转化创意，展示颠覆性所在。

5. 演示颠覆性方案

这一阶段是针对能够将创意方案转为现实的投资者。为止，需要将市场方案制作成9分钟的幻灯片，并进行演示。首先必须在10秒钟内抓住听众的注意力，并且让听众在剩余的8分50秒仍要保持这种关注度。9分钟三步操作法:第一个3分钟,让听众对方案感同身受(描述现状、指出问题、解释原因、叙述案例);第二个3分钟,制造冲突(让听众感到惊讶,激发其好奇心,告诉他们所不知道的情况,即颠覆性结论,然后介绍如何利用这个结论制造颠覆性商机,最后通过听众熟悉的例子帮助其理解方案的潜在价值);第三个3分钟,获取听众的信任(介绍解决方案,诠释方案能带来的好处、可行性等)。

链接4-8 分众传媒董事长江南春: 创业者一定要有颠覆性思维

马云当时不知道怎么做淘宝,就参考eBay,花了两个月时间,他总结出了eBay十大最成功因素,然后根据这十点,反方向走。如果当时和eBay一样的思路,就不会有淘宝。

在创业过程中,大家一直追求创新,产品要创新,服务要创新,技术要创新,更重要的是人的思想要创新。那么,人的思想究竟如何创新?

结合分众传媒这么多年的发展,我认为思想创新具有三大特性:一是怀疑性,大家认为是正确的东西,当中往往有很多是经不起挑战的;二是组合性,我一直觉得所谓创新就是把原有存在的很多不同的元素,做一些全新的组合,可能带来创新。之前大家讲大众媒体,大家习惯的词语叫做大众媒体,后来我把这个词语改成分众媒体,如今成为关键词;三是颠覆性,市场从大众到分众,从分众到一对一的营销,凸显了较大的转变,如果一直相信媒体是大众,就不会有分众,不会有百度,这就是颠覆性的思维模式和发展思路。

如果想发现一个行业的商机,一看趋势,二看问题。拿媒体广告收入来说,传统媒体的广告收入增长趋于缓慢(虽然电视媒体的增长幅度有所上升,但报纸、杂志、广播的增幅均有不同程度的减少),而互联网的广告收入增幅很大。2003年,互联网的广告收入增长幅度高达75%。中国广告业面临的另一个趋势是高科技手段的运用,它为新媒体的诞生创造了非常好的土壤。所以,未来的媒体一定是从大众向分众转化。因此必须重新思考广告应该有的时间和空间,如果能让广告的收看有了强制性和不可选择性,即是一种创新。分众传媒的电梯口视频广告即是这种思维的产物。

商场如战场,不仅是广告,其他行业也需要创新,需要市场细分化,需要不断打破传统的规律和既成的事实。

现在分众传媒要进行第二次改革,叫建立垃圾分析法,通过对垃圾的分析来研究品牌定位。我们给小区卫生管理员配一把扫描枪,看见垃圾里的条形码就扫,这样就会知道这个小区业主主要喝什么水、用什么油,了解这个小区消费的品类偏好和品牌偏好,再针对这些品牌做定位。我们今天的变革,很大程度上是在做通过大数据库积累形成的变革。完全颠覆传统的信息收集方式。

在这个更大变革过程中,我们面对很多挑战与机会:比如说电梯口,我们很早就试过面部识别,但对于写字楼来说,电梯口没有办法识别,因为是一个群体。一个人的时候能够识别年龄,以确定给他放什么广告。但一个群体,判断起来比较复杂。未来很多新技术的引入,也许会使精准性更高。这些新技术的使用,让我们比今天的电视,有更加细分的能力。

在创业过程中,一定要学会颠覆性思考,要学会从反方向走。我有个老师叫朱大可,是著名的文艺批评家,他上课时曾把屈原自杀的故事解构成一个凶杀案,梁山伯与祝英台解构成断背山。后来做商业之后,我把老师的东西翻译了一下,他讲的其实是一个蓝海战略的问题。而蓝海战略三大必备要素即商业模式创新的三大要素:第一,专业背景之下的细节洞察。你要很懂这个行业,然后进行细节的洞察。第二,挑战主义和怀疑精神。我们为什么从来不会怀疑?因为从读书时,我们就被那样教育,就接受了既成的理念。文学批评史上那些重要的人物,其重要之处在于他们在对体制、价值观等问题提出了非常大的怀疑和挑战。所谓的原理一旦形成教条就很危险。挑战精神是创业过程当中对既有的秩序、原理的挑战。第三,颠覆性的思考。

(多篇文章整理. 创业家, 2013-01-08.)

链接4-9 从煎饼里吃出创业的产品精神和互联网思维

黄太吉煎饼的火爆,其成功不仅跳出了煎饼行业的所有规律,而且用互联网的精神重塑了自身的整个商业过程,用互联网思维颠覆了餐饮行业。

黄太吉创始人赫畅也没有把自己看成一个餐饮人。他的成功里,最吸引人的其实是营销服务的精神和互联网思维,小米也是依靠这种精神起家。不同的是,黄太吉在试验,这种思维要怎样渗透进传统行业之中?

前端:营销即服务,延长客户体验过程。

在互联网时代,赫畅经常在各种场合做微博营销的经验分享。他对微博营销的总结是:"Know who, Know what, Know how"。这其实是互联网圈再熟悉不过的一套产品经营思维模式——用户是谁、用户需要什么、如何满足用户的需求。黄太吉微博的最大特色是,用户的每一条评论都会得到回复。之所以这样做,赫畅认为一是让用户觉得自己受重视,二是及时了解用户是谁并随时随地体察用户需求。微博对黄太吉与其说是一个营销平台,更像是拉近与消费者距离的客服工具。

在移动互联网时代,消费体验已经延伸到由客户进店前到消费后的全过程。网上、微博上、陌陌上、微信上……黄太吉意识到:借力移动互联网,从不断线,随时随地与消费者连接,维护整个用户体验。反过来所有的用户体验又可以输出到网络上,成为黄太吉的微博营销良好的素材。赫畅认为:营销和服务之间的界限变得很模糊,营销既是卖产品,也是产品本身。黄太吉不需要总是说自己有多好,而是让用户自己说。因为现在的消费者不仅自己需要体验,更想把体验分享给大家。黄太吉不断创造这样的分享机会。此外,黄太吉在微博营销中有意识输出企业价值观,赫畅在其微博中经常有一些关于创业、关于人生、关于佛经,甚至关于外星人的内容。这些内容都来自其本人,他毫不掩饰地展示自己的个性和喜好,将自己放置于跟用户平等交流的位置,反而更容易吸引消费者。赫畅明白现在的传播已经不是1.0的单向输出,而是2.0的双向互动。如停车公约、吃煎饼思考人生、吃煎饼拍骑花木马照片,甚至门店选址也不需要太临街。赫畅说:"我们是在做传统行业,但同时,其实是在做全世界的生意,你在挣全世界的钱。"

黄太吉意识到互联网已经改变了消费者的消费模式,他们只需要指尖点点,就能够知道应该去哪里消费,赫畅说"现在的消费者是天底下最聪明的消费者"。他们也认为"消费者"这个称呼也不准确了,或者说,他们所消费的再也不仅仅是进店后吃的喝的,他们的需求更复杂,更合适的称呼应该是"用户"。黄太吉正是将他们当做一个个的用户来看待,了解他们、满足他们、引导他们,于是每一件不经意的小事都能被拿来营销。

后端:产品精神与互联网思维

除了"前端"的创新外,黄太吉在"后端"也与传统餐饮业很不同,它利用互联网思维解决之前无法解决的问题。

(1) 煎饼标准化与定制化的实现。传统餐饮连锁企业的标准化,大多采用二次加工:即先在中央厨房制作好,分发到各门店内,消费者点餐后再进行加热。赫畅则坚持:中餐的精髓是现吃现做。为此,赫畅和他的团队在开业之前花一个月时间"研发"出来黄太吉煎饼的配方,多少面和多少水,酱料怎么调配,每一样都有明确规定。黄太吉对每一位师傅有着明确的分工:摊煎饼不能去炸油条!这些90后师傅通过一套流程彼此合作,来提高效率,缩短一个订单的制作时间。如黄太吉发现由于人流量大且每个消费者的需求不同,如果师傅接到订单才开始制作,则需要花费70~90秒完成,消费者排队等待时间长。煎饼实际上只需在最后一步满足消费者需求就可以了,前面的工序都可以实现标准化,因此,黄太吉的师傅一直不停地制作标准双蛋煎饼,到了最后一步时,会被告知订单的具体定制细节,师傅就可以在煎饼完成了80%的情况下改成定制化的煎饼,这时候只需要5~6秒钟,大幅度提高了效率。

(2) 黄太吉的信息管理。黄太吉不仅有了一套有效的工作和管理方式,还在研发一套IT系统,希望借此来解决店铺的信息一体化问题。比如一个订单中有煎饼,也有猪蹄、豆腐脑、麻辣烫,每样食物的制作时间长短不一,这套系统能帮助分析出先做哪个再做哪个,最后保证用户能在规定时间内完成订单。赫畅还希望通过这套系统实现人员管理,比如在每个师傅面前都放一个屏幕,他们每做一个煎饼都在上面点一下,让这些师傅跟软件开发员一样,不仅计时付费,还计件付费。赫畅还畅想未来将这套系统建立起来并收集到足够的用户数据后,就能知道用户是谁,他们最喜欢什么,并且有可能知道每个常客的喜好,甚至不需要客人开口,就能知道你要什么。如下载黄太吉的客户端或关注黄太吉的微信公众号,在到店之前,直接在网络上下单付费,当手机进入店内500米范围内,师傅就会接到指令开始操作,等到达店里,只需要刷一下二维码就可以取餐。快餐店完全可以转化成一台类似于

ATM机的东西,不再需要前台和服务员,一个机器后面是一个厨房和一台服务器,然后就可以开张了。"将来只靠一套数据就能管理一个店,然后才有快速扩张的可能性。"在赫畅看来,将来黄太吉的核心资产就是人和数据。

这种由互联网带来的效率提升和与用户关系的变化,让黄太吉摆脱了传统餐饮业的固有限制,可以像互联网产品一样,将精力放到服务和销售上,想办法在一件事上创造反复获利的机会。这是黄太吉的价值所在,它在用另一套规则行事,如果它成功了,或许将改变整个行业的规则。

餐饮业是最难被互联网撬动的行业之一,之前互联网公司的做法都是从外部渗透,黄太吉则直接用互联网的方式进入,成为整个行业中的一支叛军。"颠覆一个行业的肯定是这个行业之外的人",这条互联网上屡屡被提及的信条,也是赫畅的信念。

(纪云.创业邦.2013-08-10.)

第三节 思考的整理与思考的提升

人类的头脑就像是仓库,从来到这个世界,我们就在不断接收外部信息,从小学、中学到大学,我们不断向大脑填充知识。既然是"仓库",当然是能装的东西越多越好。所以我们一直在努力积累,避免丢失,"不忘"变成了大家共同的目标。我们还时不时地要被检查一下,看看"仓库"里的存货是否丢了——这就是考试!假如一个仓库式的大脑遗忘得很少,那么拥有它的人就会以博学著称,但是电脑出现了,从存储功能看,电脑远胜于人脑!于是,人们开始关注如何培养有创意的、有创新思维能力的人。因此,需要学会整理我们的大脑,研究如何激发大脑中的创新因子。

一、思考的整理

人脑实际上是一个"工厂"而非"仓库",它必须成为一个可以产出新产品的"工厂"。如果要生产产品,光有保存和管理的功能还远远不够,需要加工创造新产品。如果在工厂里胡乱放东西,其作业效率就会很差。我们必须保证有一个宽敞的空间,清理掉多余的东西,就需要学会遗忘。但是什么都清理掉,工厂就不会工作了。所以,我们首先要学会整理,有选择性地清理东西的能力是很重要的。其次,要把工厂里不妨碍作业的东西按顺序摆放整齐,这样在生产时才能很快地找到它们。

1. 学会遗忘

中国的教育方式更喜欢将大脑当成仓库而非工厂,更加强调记忆功能而非思维功能,所以作文才会出现千篇一律的现象,培养出很多既不像仓库也不像工厂的大脑!人脑与电脑相比,电脑更适合做仓库,人脑则应该把重点放到如何做一个高效率的工厂上——加工产品创造新产品,这也必将是今后教育的发展方向!

为了让大脑做一个合格的工厂,首先需要学会遗忘,要改变对遗忘的偏见。当你尝试这么做的时候才会发现,遗忘竟然出乎意料的困难。"忙"字拆开来看是"心"和"亡"两个字,也就是心丢失了的意思(亡本意为丢失)。所以,要学会时常遗忘,不能在大脑里堆满破烂,更不能让它过于繁忙。其实,人类天生拥有整理头脑的能力,这种自然的整理就是睡眠。

人在入睡后不久,就会进入"快速眼动睡眠"阶段,大脑就在这时整理白天发生的事情。它会自动将要记住的东西放入仓库,需要遗忘的东西就丢掉,人脑会进行自动的区分和清理——自然整理。当我们早上睁开眼睛时感觉心情舒畅,因为大脑里没用的东西在夜间被整理干净了,心中一片敞亮。因此,清早是思考的黄金时间,也是因为夜间的整理清空了一些无用东西,可以让大脑最高速运行。如果有什么事情影响了我们睡眠,就会觉得脑袋昏昏沉沉的。

链接 4-10 你了解睡眠吗?

睡眠(sleep)即高等脊椎动物周期性出现的一种自发的和可逆的静息状态,表现为机体对外界刺激的反应性降低和意识的暂时中断。人的一生大约有1/3的时间是在睡眠中度过的。当人们处于睡眠状态时,可以使人们的大脑和身体得到休息、休整和恢复。睡眠好比健康银行,可以常存取,却不能透支。世界卫生组织调查显示,全球约有29%的人存在各种睡眠问题,中国居民睡眠障碍的患病率高达42.7%。

睡眠是一种无意识的愉快状态,通常发生在躺在床上和夜里我们允许自己休息的时候。与觉醒状态相比较,睡眠的时候人与周围的接触停止,自觉意识消失,不再能控制自己说什么或做什么。处在睡眠状态的人肌肉放松,神经反射减弱,体温下降,心跳减慢,血压轻度下降,新陈代谢的速度减慢,胃肠道的蠕动也明显减弱。这时候看上去睡着的人是静止的,被动的,实际不然,如果在一个人睡眠时给他作脑电图,我们会发现,人在睡眠时脑细胞发放的电脉冲并不比觉醒时减弱。这证明大脑并未休息。

睡眠由两个交替出现的不同时相所组成,一个是慢波相,又称非快速眼动睡眠;另一个是异相睡眠,又称快速眼动睡眠,此时相中出现眼球快速运动,并经常做梦。非快速眼动睡眠主要用于恢复体力,快速眼动睡眠主要用于恢复脑力。

慢波睡眠:根据人脑电波的特征,通常将此时相区分为4个不同时期,即相应于睡眠由浅入深的过程。第Ⅰ期、第Ⅱ期称为浅睡期,第Ⅲ期、第Ⅳ期称为深睡期,深睡期对恢复人的精神和体力具有重要价值。

异相睡眠:它是在睡眠过程中周期出现的一种激动状态。脑电图呈现快频低压电波,类似清醒时脑波。自主神经系统活动增强,如心率、呼吸加速,血压升高,脑血流及耗氧量均增加,在男性则有阴茎勃起。此外还有睡者时时翻身,面和指(趾)端肌肉不时抽动。动物实验时还记录到单个神经细胞的放电活动非但高于慢波相,有时还超过清醒状态下的活动水平。

正常成年人入睡后,首先进入慢波相,通常依次为1～2～3～4～3～2等期,历时70～120分钟不等,即转入异相睡眠,约5～15分钟,这样便结束第1个时相转换,接着又开始慢波相,并转入下一个异相睡眠,如此周而复始地进行下去。整个睡眠过程,一般有4～6次转换,慢波相时程逐次缩短,并以第2期为主,而异相时程则逐步延长。若以睡眠全时为100%,则慢波睡眠约占80%,而异相睡眠只占20%。将睡眠不同时相和觉醒态按出现先后的时间序列排列,可绘制成睡眠图,它能直观地反映睡眠各时相的动态变化。

(百度百科)

链接4-11 睡一觉,再想想

19世纪,英国有个小说家叫沃尔特·司各特(Walter Scott),他以创作极为出色的历史小说在文学史上享有盛誉。据说司各特喜欢在睡觉时进行"思考"。要是碰到了什么麻烦事，一时之间不知道怎么解决，他一定会说："算了，不要愁眉苦脸的啦。等到明天早上七点钟的时候肯定有办法解决的。"

或许他通过自己的亲身体会总结出这么一个道理：与其在当下愁眉不展，倒不如睡上一晚，等早上睁开眼睛时，事情的解决办法自然就会有着落了。像这样信赖清晨的头脑，期待早上能得到更好办法的似乎不只司各特一个人。

大数学家高斯曾在一张记录某个新发现的稿纸上写道："1853年1月23日，早上7点，起床前发现。"由此推测，他应该也是"睡一觉"，或是"睡了好几觉"，到了早上灵感才突然迸发出来的。大科学家赫尔姆霍茨（Hermann von Helmholtz）也说过："早上一睁开眼睛，就会有完美的主意浮现。"

宋代大文豪欧阳修有"三上"之说。他认为：最容易文思泉涌的地方有三个：马上、枕上和厕上。其中的"枕上"，通常人们会理解成晚上躺到床上之后的时间。但如果我们把它解释成从早上睁开眼睛到起床这段时间的话，那么司各特、高斯、赫尔姆霍茨和欧阳修，无疑都是曾经将"枕上"付诸实践且取得良好效果的人了。

（外山滋比古. 思考的整理术[M]. 北京：科学技术出版社，2010.）

过去信息量相对较少，所以古人仅利用睡眠机制就可以充分遗忘，彻底清理大脑工厂。可现在人们都生活在信息过剩的社会中，每天都接触到碎片化的海量信息，那些不必要的信息很容易积存在大脑里，光靠夜间睡眠根本无法全部清理干净。如果我们的遗忘速度跟不上信息进入的速度，大脑就会慢慢混乱起来，而且经常处于繁忙状态，神经衰弱等症状就是由这个原因引起的。

到目前为止，很多人从来都没想过遗忘的问题。有进就必须有出，只有进而没有出的脑子会爆炸。所以，我们必须意识到这个问题，需要慢慢学会遗忘。一方面我们要学习、掌握知识，另一方面要及时清理不需要的东西。如果不会区分什么是重要的，什么是不重要的，连旧报纸都整理不了，那就更不要说整理大脑了。所以，遗忘是建立在一定的价值观基础上的。价值观不正确的话，就会忘了真正重要的而记住了一些无聊的东西。遗忘什么，由自己决定！

2. 思考的整理就是有技巧的遗忘

(1) 未经时间考验的东西是没有价值的。许许多多的作品都是在历经多年后被人们重新再认知。研究文学史的学者也都深知"现代"最难以琢磨,因为"现代"更多会打上"流行"烙印,不仅文学音乐表现如此,企业经营模式也如此。正如这两年,网络零售对实体零售造成的巨大冲击,O2O 模式似乎成为拯救实体零售的"灵丹妙药",大家纷纷触网。一旦人们带上"流行"这一有色眼镜后,就很难判断自己的看法是否存在问题。透过这副眼镜去看新事物,就无法看清事情的本来面目,所以更难判断出它们真正的价值。另外,太过新鲜的事物本身就很难呈现出它原本的面貌。木匠不用新木头做家具、盖房子,就是这个道理。木头看起来虽然很好,但是不能做原材料,因为一旦干燥,它们就会弯曲变形。所以说,干燥之前的木头表现出来的只是一种"虚假的形态",只有等它们经历了时间的"考验",呈现了自己本来的面貌后,才能被用来制作我们想要的东西。

(2) 事物的价值不会立刻浮现。那些刚刚从作者笔下新鲜出炉的作品就属于新木头,这样一块"木头"想成为建造文学史这座"房子"的木料,显然是不可能的。它只有经历了时间的检验,自然干燥后,才能被判断出是不是盖"房子"的材料。古今中外,大概没有任何一部经典作品,其最终意义与刚刚完成时完全相同。因为一部作品在经过一定的时间磨砺后,多多少少会被风化,于是该脱落的部分——脱落,凸显出本来面貌和性质——这就是经典化的过程。

(3) 遗忘是去芜存菁的好方法。所谓"时间的检验",就是指历经时间的"风化作用",时间的"风化作用"换句话说就是遗忘。能够不被读者一次又一次遗忘所抛弃的,必定是经典之作。有些想法刚刚冒出来时我们会觉得它美妙异常,但它们还是"新木头",不除去水分是不行的。每一部作品的问世,都躲不过世人遗忘之筛的过滤。这样的过程很漫长,有时甚至一生也无法完成。为了让这种"自然风化"短一些时间完成,就需要不断遗忘。

(4) 遗忘是经典化过程的里程碑。我们会把刚刚冒出来的想法(或者灵感)记在记事本上,等它自然"干燥"。过一段时间后再翻开记事本,我们可能发现这个想法已经"腐烂"了。这时连我们自己都不懂,为什么当初要小题大做地把这种东西写下来。其实,正是时间"风化作用"的结果。所以,想法能够从记事本上转移到笔记本上,说明它经受住了第一次考验。过一段时间后再对它进行审视,也许又会发现一些无意义的东西,这是第二次考验。要是它能闯过这一关,就把它挪到"超笔记本"上去。

记事本上的灵感经过一段时间沉淀,保留下有意义的东西移植到笔记本上,这种移植不是简单照抄,而是随时间不同环境不同,原有的想法可能会有不同的理解,有用的记录下来,无用的剔除。过一段时间,再翻看笔记本,一些内容又会"沉沉睡去",而有生命力的再移植到"超笔记本"。在这一系列的考验过程中,我们的头脑一直在遗忘。始终在头脑里保留着的是那些不变的有意义的部分,忘掉的是那些易变的没意义的部分。所以说,每一次遗忘都是一座通往经典化过程中的里程碑。之所以说应该尽早学会遗忘,也是因为如果想在头脑中尽快创造出稳定的、经典的东西,遗忘比什么都重要。

对思考的整理,遗忘是很重要的。但是,如果把一切都交给自然力,那么这一生可能会花费很多的时间也得不到多少结果。所以我们一定要尽快掌握主动遗忘的本领。一旦我掌握了遗忘的诀窍,就能源源不断地忘却应该忘却的事情,就能以几倍于自然忘却的速度去遗忘。自然遗忘需要花三十年、四十年,我们也许只要花上五年或十年就能完成。大量收集资料,然后有选择地迅速遗忘——这就是在头脑中创造经典的方法。

链接4-12 学会从生活中归纳书本上没有的知识

外山滋比古举过这样的例子:说他有一个旅行箱,由于很喜爱就常年使用,结果磨损得很厉害。他自己对此一向不介意,反而倍加珍惜,可是周围的人却经常对他说:"也太不像样子了!扔了它,买新的吧!"但是外山滋比古怎么也不忍心把它当垃圾扔掉,于是想:难道就没什么补救的办法吗?后来他突然想到,同样是皮革制品,皮鞋经常打油,而箱子用到现在一次也没擦过,这怎么行呢?于是,他就试着用一种叫去污清洁剂的东西擦了擦箱子,果然箱子立刻焕然一新了。后来,连平时老说让他扔掉箱子的同伴都说:"早知道是这样的当初绝对不会劝你扔掉。"

生活中有很多知识,并非都是从书本、从学校学习得来的,而是需要人们善于去观察总结,然后将这种经验与大家分享。

如用香蕉皮擦皮革效果也很好,因为香蕉皮里含有单酸,鞣制皮革的时候用的就是这种物质,所以香蕉皮在清洁皮革时起到了强化鞣制的作用。据说用香蕉皮擦咖啡色皮革效果最理想。还有家里每天做饭使用的菜刀很容易生锈,用完之后不管多么认真地把水分擦干净,过两三天还是多多少少会出现些锈迹,这不利于菜刀长期使用。其实,有一种很简单的方法可以避免菜刀生锈的现象发生。那就是:用完菜刀之后,将它放在热水里浸泡一会儿,然后再用干抹布擦干净。为什么这么简单的方法却不为大多数人所知呢?最主要的原因还是大多数人都没有注意在生活中收集这样已经整理好的知识。

美国人通过研究发现,日本人因为常年食用富含纤维素的食物比如炒牛蒡丝,所以肠胃功能好,衰老得缓慢。听到这一研究成果的人纷纷效仿,竟然掀起了一场食用纤维素食物的风潮。有位美国社会学家研究人的死亡规律,发现了这样一个现象:一般在生日之前的很长一段时间里,人的死亡率都会明显下降,但生日过后又会急剧上升。为什么生日前后人的死亡率会有如此显著的变化?这位学者的调查结果显示,这是因为人们会期待别人来给自己庆祝生日,并可能会突然收到礼物。心里有了期待,人就变得有精神,即使生病,病情也会暂时稳定下来,甚至会出现好转。而一旦过了生日,没有了可以作为生活目标的东西,疾病就会乘虚而入或者卷土重来。

(外山滋比古.思考的整理术[M].北京:科学技术出版社,2010.)

二、思考的提升

1. 思考来自现实世界

我们直接接触的世界是现实的,具有物理性质,我们可以在其中进行各种理性活动,这是一个现实世界;而我们的头脑里还有另一个世界,几乎所有感性活动都是在那里进行。这是一个虚拟世界,也是人类思考的世界。

大脑的虚拟世界是根据现实世界的各种信息和大脑的感性信息主观创造出的。尽管是一个虚拟的现实,但却带有强烈的现实感,有时甚至比现实世界更加现实。我们大部分人只生活在现实世界中。但是哲学家却认为,人类的一切活动都是为了大脑世界的思考构建在做各种各样的准备,也就是说为了清楚地认识物理的现实世界,人类需要依赖大脑思考的经验和观点。

以前,文字是获得大脑虚拟世界信息的主要渠道,"书中自有黄金屋""读万卷书,行万里路",但是最近几十年间,电视、互联网的出现,它们带来的信息如此生动逼真,有时甚至比现实世界的信息更加丰富多彩。我们在起居室里就能环游世界。在不知不觉中,网络已经成为了我们获得各种信息的主要渠道。但是在思考问题时,我们必须意识到思考是发生在大脑中的,我们通过阅读等方式获得前人的经验和成果,并在头脑中与他们对话,由此产生新的思考。简单地说就是:思考产生的根源是真实生活。很多人认为只有所谓的"知识分子"才会思考,而体力劳动者用不着思考和创造知识。在这种观念的影响下,"看"和"读"一直受到尊敬,而"做"和"感受"的价值很少得到认可。

其实,思考和创造知识并非"看者"和"读者"的专利,汗流浃背的劳动者也无时无刻不在产生独特的思考,创造全新的知识,这一点不容忽视。另外,无论多么高深的理论思考,都不可能与现实世界毫无瓜葛,牛顿的万有引力源于树上掉下来的苹果;无论多么特别的知识,都有现实生活的投影。

思考不能与真实生活脱节!中国古代的很多发明创造均来自生活。

链接4-13 锯的发明

我们还依稀记得小学课本中就有关于鲁班发明锯的文章。传说,有一年鲁班接受了一项很大的任务——建筑一座大官殿。这需要很多木料,但是工程限期很紧。鲁班的徒弟们每天都上山砍伐木材,但是当时还没有锯子,只有用斧子砍,效率实在太低了,而且徒弟们每天累得精疲力竭,可是木料还是远远不够,耽误了工程的进度。那个年代,完成不了奴隶主的任务是要受重罚的,鲁班心里非常着急,就亲自上山查看。上山的时候,他偶尔拉了一把长在山上的一种野草,一下子手就被划破了。鲁班很奇怪,小小的一根草为什么这样锋利?他把草折下来细心观察,发现草的两边都长有许多小细齿,他的手就是被这些小齿划破的。既然小草的齿可以划破我的手,那带有很多小齿的铁条应该可以锯断大树吧。于是,在他的想法加上金属工匠的帮助下,鲁班做出了世界上的第一把锯——一把带有许多小齿的铁条。他用这个简陋的锯去锯树,果然又快又省力,锯就这样被发明了。不管这个故事是真是假,从这个故事都可以得到这样的一个启发:实践出真知,钻研出智慧。每个人的成功都是在现实世界和大脑的思考基础上形成的。

(瞧这网)

链接4-14 中国古代的一些发明

秦朝制作的弩,每把弩的各种零件都是标准化制作的,能够相互替换,战场上有所损坏和消耗马上补上,所以秦朝军队成为我国封建社会中最强大的军队。

汉朝的园林给排水系统,不论是上林苑还是南越王国的园林已经具备了非常完善的园林给排水系统,从而汉代的园林建设水平在当时的国际范围内拥有重要地位。

汉代的华佗,早在一千七百多年前就发明了中药全向麻醉剂——麻沸散,并且施行外科手术。

三国时两大发明,一个是军事上的投石车,《三国志·魏志·袁绍传》:"太祖(曹操)乃为发石车,击(袁)绍楼,皆破。绍众号曰霹雳车"。即官渡之战,袁绍军使用了大型攻城器械高橹,后来刘晔给曹操献计用投石车破高橹。因此有刘晔造投石车一说。在冷兵器时代,投石车的出现,是攻城战上的一项重要革命;另外是农业水利上翻车的发明,《后汉书》记有毕岚作翻车,三国马钧加以完善。毕岚创造的"翻车",据考证就是我国乡村中一直至现代还使用的龙骨水车的前身(见王桢《农书》),为农田灌溉解决了农业生产取水难的问题。

两晋南北朝时期最重要的发明是割圆术,对计算圆周率起了很大的启示作用,这时期还出现了冶金工业上重要发明灌钢法。

隋代最大的发明便是影响了我国几千年的人才选拔制度——科举制。

唐朝最伟大的发明是雕版印刷与火药。雕版印刷是在一定厚度的平滑的木板上,粘贴上抄写工整的书稿,薄而近乎透明的稿纸正面和木板相贴,字就成了反体,笔画清晰可辨。雕刻工人用刻刀把版面没有字迹的部分削去,就成了字体凸出的阳文,和字体凹入的碑石阴文截然不同。印刷的时候,在凸起的字体上涂上墨汁,然后把纸覆在它的上面,轻轻拂拭纸背,字迹就留在纸上了。火药,发明于隋唐时期,距今已有一千多年了。火药的研究开始于古代道家炼丹术,古人为求长生不老而炼制丹药,在不断实验中发现硫、硝、碳三种物质可以构成一种极易燃烧的药,这种药被称为"着火的药",火药就这样出现了。

(编者根据多个网站资料的整理)

2. 学会高层次阅读

一情况下,可以有三种阅读方式:①通过阅读,重新认识自己已接触过的事物,简称 A 式阅读;②通过阅读,认识自己尚未接触的事物,简称 B 式阅读;③通过阅读,发现一个全新的陌生领域,简称 C 式阅读。

如果文章内容是自己所熟知的、经历过的,那么这种阅读无疑是 A 式阅读。这样的阅读者很多,例如:阅读描述自己熟悉的风土人情的文章、阅读几天前看过的体育比赛的报道、阅读一家自己经常去的商店的介绍等等。通过 A 式阅读,我们会对事物产生进一步的了解和认识。如果一个人总是采用 A 式阅读,那么他的认知层次就永远只能停留在较低的水平上。因为他读到的总是自己已经了解的,即使再怎么深入地阅读,脑子里也不过是些属于最基本认知形式的情景再现。若想提高认知层次,就必须培养 B 式阅读。在 B 式阅读中,阅读者需要面对大量的未知事物,还有很多自己不理解的内容。要跨域这些障碍,只有借助于我们的思考力和想象力。所以,只有掌握了 B 式阅读方法,才是学会创造性思考的前提条件。在 B 式阅读中,光"了解"是远远不够的,还必须做出"解释",即能够用文字描述出阅读后的想法与理解,逐渐把未知变成已知,从而找到未知世界的大门。

还有一类书不能用 A 式阅读,也不能用 B 式阅读,而要用到最高、难度最大的 C 式阅读。因为这种书的内容是全新的,没有一丁点儿阅读者熟悉的内容,完全是一个陌生的领域,使得很多人望而却步。那么,面对这种书时,我们该怎么做才能将其读懂呢?办法只有一个——需要毅力来反复阅读,不管读多少遍都不厌烦、不放弃。只要我们坚持读下去,慢慢地就会发现,那个原本模糊的陌生领域正逐渐在我们面前变得清晰起来。

从前的私塾都会开设"素读课"。所谓"素读",就是不求理解文章含义,只按照文字发音进行朗读。对于年幼的小孩子来说,这样的阅读就是C式阅读,因为他们完全不可能理解文章的意思。

所谓"书读百遍,其义自见",说的就是C式阅读。这种阅读有一个很有趣的特点,每个人都会根据自己的理解作出个性鲜明的内容诠释。也就是说,这种思考式的阅读需要阅读者全方位动用自己的想象力、直觉,冲破知识的极限,最终得到一个"自我的解释"。而这个特点也正是C式阅读的魅力和价值所在。

目前学校的阅读教育是从A式阅读开始教起的——孩子在阅读自己熟知的词语。要想认识生字、增加词汇,当然离不开最基本的A式阅读,而且这一阶段的训练需要比较长的时间。但是,我们不能因此就停留在A式阅读上,而完全忘记了B式阅读和C式阅读。在教育过程中如何适当引入这两种阅读,且尽量缩短A式阅读占用的时间,这是迫切需要教育者们思考的一个问题。人类在出生时本身大脑空间就可能会容纳大量未知信息,古人就曾经推行让小孩一开始就去阅读含有海量未知内容的书籍,换句话说,A式阅读、B式阅读、C式阅读并不一定需要按照顺序进行。

但是现代社会,人们的阅读量越来越少。网络发展,让人们每天都在接触各类碎片化信息,缺少独立的思考空间。

链接4-15 中国人的阅读现状

历史上的中国人信奉"腹有诗书气自华",如今的中国却被国民的低阅读现状所困扰。

各种比较让"不阅读"成为中国人今年的又一个定语。先是有数据称,犹太人平均每人一年读书64本,中国人扣除教科书平均每人一年读书连1本都不到。接着有新数据指出,北欧国家人均年阅读量达到24本,而我国年人均阅读量仅为6本。再接着,一名旅居上海的印度工程师孟莎美的文章《令人忧虑:不阅读的中国人》,在网上引起热议。

其实,差距没有这么大。中国新闻出版研究院院长郝振省介绍,严谨的国际阅读率比较研究显示,韩国国民人均阅读量约为每年11本,法国约为8.4本,日本在8.4~8.5本,美国8.7本,但他们也有大概四成以上的人不读书。

不过，这些数据仍然明显高于我国的国民人均阅读量，也的确是事实。

2012 年 4 月，由中国新闻出版研究院发布的第十次全国国民阅读调查结果显示，2012 年，我国 18～70 周岁国民人均纸质图书的阅读量为 4.39 本，与 2011 年的 4.35 本相比基本持平。2012 年，18～70 周岁国民人均纸质图书和电子书合计阅读量为 6.74 本，比 2011 年的 5.77 本增加了将近 1 本。

通过这次调研，全国国民阅读调查课题组总结了 2012 年国民阅读的十大趋势：

报纸阅读率下降，国民各媒介综合阅读率略有下滑，但报纸阅读率仍居各媒介之首；国民纸质图书阅读率与阅读量较 2011 年均有提升；传统纸质图书购买率略有增长，国民对纸质图书价格承受能力稳步提升；国民每天接触传统纸质媒介时长有所增加，手机阅读的接触时长呈增长趋势，上网时长和电子阅读器接触时长均有所下降；数字化阅读方式接触率持续增长，电子书阅读率有所提升，电子报和电子期刊的阅读率略有下降；超四成数字化阅读方式接触者能够接受付费下载阅读，超六成数字阅读接触者因获取便利选择数字阅读；国民上网率较 2011 年略有上升，通过手机上网的比例增幅明显，上网阅读率略有增加；2012 年手机阅读人均花费较 2011 年有所增长，平均每天手机阅读时长增长明显，博客或微博相关阅读内容增势强劲；超五成的国民认为自己的阅读数量较少，接近七成国民希望当地有关部门举办阅读活动；未成年人图书阅读率和阅读量较 2011 年均有所降低，父母陪读时长比 2011 年有所增加。

（徐战方. 东方今报，http://www.jinbw.com.cn/）

人们应该转变阅读方式，文学作品才是最好的桥梁。

一个一直在进行 A 式阅读的人，不可能突然之间就变得能够进行 B 式阅读，这中间必须有一座过渡的桥梁，这就是文学作品。

初看，散文、小说等文学作品总是让人觉得采用 A 式阅读就可以了，可事实并不是这样。作者在创作时的所思所想，有些并不是读者一下子就能够体会的，这时读者就要借助于自己熟悉的东西，通过思考力和想象力的延长线模模糊糊地捕捉未知的信息。因此，阅读文学作品时可能用到 A 式阅读，也可能用到 B 式阅读。这种双重的阅读体验，能够让文学作品带给人们一种独特的享受。

不会 B 式阅读,将对我们的理性思考和活动产生重大影响。因为人们爱读有着简单故事情节的文章和书籍,结果纯消遣性的文学作品在社会上泛滥成灾。这种现象的出现与人们抽象理解力的普遍贫弱密不可分。

因此,阅读中外经典作品对有意识地培养高层次阅读能力是有帮助的。如果我们不满足于只在情感的层面上理解所阅读的东西,而是把探求未知的阅读方法当成创造理性思维的前提,那么培养"阅读未知"的能力就是一种素质训练和人格塑造。在这种训练中,我们有很多问题需要思考:通过"解释",我们能在"已知"的延长线上理解多少未知?借助想象力和直觉捕捉到的新信息,真的都是有意义的发现吗?

3. 思维的发散与聚合

我们的思维同时具备两种能力:一种是从一个目标出发,沿着不同的途径思考,探求多种答案的能力;另一种是把各种信息聚合起来,得出一个正确答案或最好解决办法的能力。

假设有十个人进行了三分钟的谈话,过后每个人都写了一份谈话概要,把这些概要拿过来看时你会发现很有趣,有的人写得干巴巴的没有意思,还有的人行文非常严谨,总之是十人十样,没有哪两份概要是相同的。为何不会出现"标准答案"呢?因为撰写概要需要的思维方式是发散性思维,而发散性思维的结果就是所有人都不可能给出同样的答案,那么"标准答案"自然无从谈起。

人类天生具有很强的发散性思维能力,为了不让这种思维带来麻烦,古代的军队经常会进行"传令"训练。在通信手段不发达的时代,行进中的队伍传递信息都是口口相传的。传令人会在队伍的中间找两个士兵,把要传递的信息告诉他们,然后让他们分别往前和往后传。很多时候,一条信息往往不能准确无误地到达终点,它总会在传递过程中被人们的发散性思维做出一些改动。其实,参与传递信息的士兵都想着一定要准确无误,但强大的发散性思维还是悄无声息地就使信息变了形,被扭曲的信息到了下一个"中转站"又会发生变化,渐渐地就越来越走样了。这种变形方式再夸张一点儿的话,就是所谓的"添油加醋"。流言、谣言等的形成,都和思维的发散作用密不可分。所谓谣言,有时候并非有意篡改，只是因为每个人对问题的看法不同，赋予了信息新的内容后又说出去才造成的。因此，我们每个人都有可能成为谣言的传播者。

通过发散性思维产生的东西不像一条线那样脉络清晰，而是像点一样四处散落。与发散性思维的多个点相对的，是由聚合性思维形成的一个点。人们围绕这个点将信息聚合，如果点不明确，就无法进行整理和归纳。

一直以来学校的教育主要都是在进行聚合性思维的训练，这样的训练总会有一个标准答案。接受这样的教育，学生就会产生"所有事情都有标准答案"的错觉。这样的头脑一旦面对没有标准答案的问题时马上就会变得手足无措。不过，这样的学生虽然不会提出自己独特的想法，但是能根据需要巧妙地整理老师教授的知识，所以这类学生几乎都是学校里的优等生。

当然，聚合性思维并不是一无是处，因为知识通过这种思维的整理可以形成清晰的脉络和系统，有助于我们思考。所以，在思考中善于正确选择和利用这两种思维是很重要的。整理知识时，需要使用聚合性思维，但要创造性地解决问题时必须依靠发散性思维。

如果在阅读时先确定一个"标准答案"，而想得到这个标准答案，就必须把作者的写作意图和读者的阅读意图绝对化，这是"聚合式阅读"。与之相对的，阅读后能作出只属于自己的解释的就是"发散式阅读"。虽然这样的解释可能与作者的写作意图冲突，甚至可能遭到来自"聚合式阅读"的非难，但是我们仍不能退缩，因为我们正在"创造经典"。

阅读中永远记住：发散性思维是使作品保持持久生命力的先决条件。所有经典之作都是被读者的发散性思维成就的，原因就是没有哪一部经典作品得到的解读是与作者原本的意图分毫不差的。

4. 创造性思考

长期以来，学习活动的重心就在于记忆与重现，一个人只要记忆力高超，就会被当做"优秀人才"来对待。但是，计算机的出现，开始部分取代了人类大脑的功能。尤其是在记忆方面，计算机已经获得了无人能撼的地位。自古以来一直被认为只有人类才能做到的事情，计算机轻而易举就做到了。几十、几百，甚至几千个人的记忆工作，现在只需要一台计算机就可以轻松搞定。逐渐地，人们开始反省：所谓人类，到底是什么呢？难道我们学习，就是为了成为一台记忆的机器吗？而且，不管我们多努力，在记忆方面永远都是不可能比得过计算机的。

计算机不仅在记忆上取代人类，很多工作也被机器抢走。

到目前为止最明显的例子是工业革命。那些一直以来依靠人力进行作业的工厂里，主角已经从人变成了机器。在那里，越来越多的人被机器夺走了"饭碗"，而留下的人也不过是每天伺候机器而已。因为人类发明了机器，所以认为机器是仆人，自己可以随心所欲地加以利用。但人类没想到的是，机器反过来成为主人，越来越多的人开始被机器操纵。机器取代人力是社会发展的必然，但我们人类应该改变什么呢？

电脑普及后，更应该重视人的思考能力！

一场工业革命把大批工人从车间里赶了出来。人们开始寻求新的适合自己的工作，一些人最终在机器无法涉足的办公室里找到了自己的立足之地，因为机器不会处理文件。但是计算机的出现，其超强的文件处理能力使得机器和人类之间的竞争进入了白热化阶段。

计算机让我们知道，即使自己的头脑真的很"计算机"，和真正的计算机比起来，能力也不及"人家"的千分之一。到头来，只会机械记忆的人们不得不接受社会中的自然淘汰法则，乖乖将位子让给计算机。

我们要做电脑做不到的事！那就是发散思维的能力。

关于思考能力的培养，不仅仅是学校需要考虑，全社会、全人类都应该认真考虑。我们每个人也都应该想一想：我的思考能力在哪里？

不想被计算机替代的人必须会从事创造性的工作，那么什么是创造性的工作呢？让孩子学得懂事，是最高难度的创造；培养运动员，使其取得好成绩，是创造性的；艺术创作和学术研究也是创造性的；做生意更是离不开创造性。总之，只要是计算机不能做的，都是具有创造性的工作。

为了努力使自己成为独一无二的个体，我们必须在机器不能染指，或者说很难染指的领域充分挖掘自身的潜力——而创造性思考正是这种潜力中的关键。今后，一个人创造性思考能力的大小，必将决定其在社会上的价值。

其实，人类本身是具有创造本能的，只是长期以来有些东西把我们的思维禁锢了。只要打破这种禁锢，人们就会发现自己无时无刻不在进行着创造性的思考，而且生活本身就是最具有创造性的。

链接4-16 人 生 百 态

把照片倒过来看看吧！有时候把事情倒过来想就不一样了！

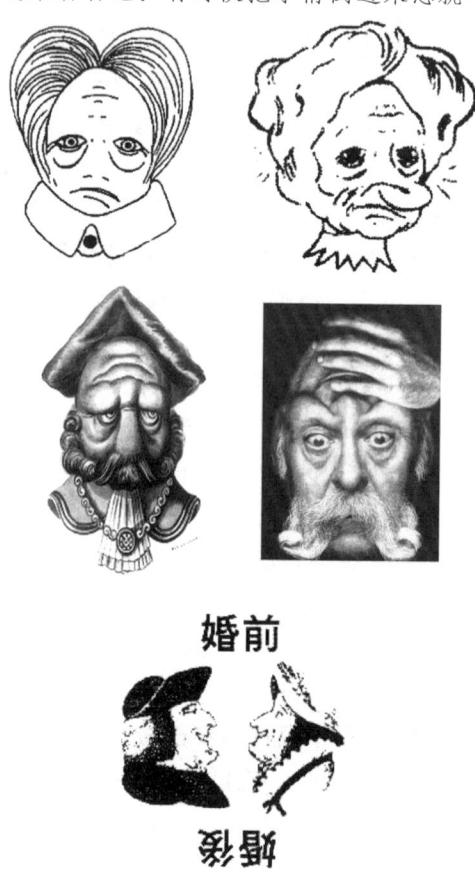

本 章 小 结

1. 批判性思维是对思想的质疑,对自己的思想与他人的思想要始终持有一种怀疑的态度和一种对证据的渴望,通过重新深度思考,来检视事实。不断提问,对很多问题的反思都是在运用批判性思维。培养自己具有批判性思维的习惯和提高运用批判性思维的技能都会让人变得更聪明。

2. 批判性思维具有三个基本要素:断言(claims)、论题(issues)、论证(arguments)。而识别、分析和评估这些要素则构成了批判性思维的关键。

3. 在运用批判性思维时,每个人都会遇到一些思维的障碍,而这些障碍有的就是思维定势导致的,甚至有些是情感因素的作用。

4. 批判性思维需要关注细节,需要知道最为关键的问题,需要了解各种信息的合理组织与判断,也就是要在自己的大脑中构建一种良好的思维模式。

5. 颠覆就是彻底改变！颠覆性思维就是要彻底改变你固有的思维方式,培养一种全新的思维,从而设计出激动人心、打破常规的颠覆性方案与企业的经营策略,极大冲击市场,形成一种潮流,让消费者拼命追赶,彻底改变消费模式。

6. 颠覆性思维提出五步创意法则:第一步:提出颠覆性假设;第二步:找到具有颠覆性的市场商机;第三步:想出一些具有颠覆性的解决方案;第四步:将上述创意整合成颠覆性的解决方案;第五步:以颠覆性方式演示你的方案,说服内部或外部股东为你的方案投资或接纳你的方案。

7. 颠覆性思维是综合运用了多种思维方式,结合企业面临的环境状况,重新提出设想而形成新的具有不同以往的思维。

8. 人类的头脑就像是仓库,从出生开始,每天都在不断填充各种知识与信息。不成系统的各类知识与信息,会妨碍大脑的创新思维。因此,需要学会整理我们的大脑,研究如何激发大脑中的创新因子。

9. 思考的整理就是有选择的遗忘。大量收集资料,然后有选择地迅速遗忘——这就是用头脑创造经典的方法。

10. 人类思考能力可以通过阅读方式来提升。不同的阅读方式带来的思考效果不同,我们需要通过高层次阅读的训练,提升思考能力。

本章讨论题

1. 大学教育中需不需要培养学生的批判性思维能力？请说明原因。

2. 赵本山与范伟的系列小品播出后,使得一个词汇被人们经常挂在嘴边,那就是"忽悠"。企业营销活动中也经常存在"忽悠"。你怎样理解这个词？你被"忽悠"过吗？如何判断是被"忽悠"了？

3. 你如何理解颠覆性思维？在企业营销活动中最为重要的是不是需要颠覆性创意与营销方案？在你所了解的营销案例中,你觉得最具有颠覆性营销方案的是什么？

4. 你认为睡梦中会有思维产生吗？你是否有过一觉醒来头脑特别清晰,有新想法产生的时候？

5. 你对本章提出的阅读方式怎么理解？你觉得你是用哪一种方式进行阅读？怎么改变自己错误的阅读方式？

本章训练题

1. 对你所感兴趣的某个问题、论断或名言警句中某项不确切的问题进行质疑并提出新的想法和见解,然后尝试证明它是错的,并写出小论文。

2. 有这样一则故事：在战争时期，一个士兵牵着驴去牧场吃草，此时，敌人突然进犯，使他惊慌，他试图用各种方法让驴子快跑，但是枉然。"敌人朝我们来"，他说。"敌人干什么?"驴子问，"他们要在我背上放一对篮子，而不是像你这样放一个?""不"，士兵回答说，"这并不可怕。""为什么?"驴子问。

将这故事整理成三个可供选择的结局：一个悲伤的，一个幽默的，一个富有道德教育的。

3. 在荒无人迹的河边停着一只小船，这只小船只能容纳一个人。有两个人同时来到河边，两个人都乘这只船过了河。请问：他们是怎样过河的？

第五章 创新技法应用

法国著名的生理学家贝尔纳曾说过:"良好方法能使我们更好地发挥天赋的才能,而笨拙的方法则可能阻碍才能的发挥。"德国近代客观哲学家的代表黑格尔说:"方法是任何事物所不能抗拒的、最高的、无限的力量。"笛卡儿认为:"最有用的知识是关于方法的知识。"无论从事什么工作,都需要有恰当的方法,从事创新活动更不例外。进入21世纪,人们对创新与创造的关注程度超过了史上任何时期,创新已然成为当今时代的主旋律。

创新技法不仅能指导我们怎样去创新,还能为我们的创新找到一条成功的捷径;只有掌握了它,并能自觉地运用它,才会使我们的创新成为自觉的创新,促使我们不断地迸发出创新的火花。

至今,世界上已开发出300多种创新技法,本章主要探讨头脑风暴法、组合创新技法、列举创新技法、设问创新技法、类比创新技法、创造需求技法。

第一节 创新技法概述

一、什么是创新技法

所谓创新技法,是指人们收集大量成功创新的实例后,研究其获得成功的思路和过程,经过归纳、分析、总结,找出的规律和方法。简而言之,创新技法就是人们根据创新思维的发展规律总结出来的一些原理、技巧和方法。

创新技法作为一种指导人们进行创新的方法,既不是某些天才凭空想出来的,也不是创造学家有意杜撰出来的。

创新技法的产生,既有社会的历史原因,也有科学发展的必然,是随着社会的发展,人类的进步而产生的。

二、创新技法的基本原则

目前,世界上的创新技法达 300 多种,主要是一些非程式化的方法。但从整体看,每种创新技法都离不开这些基本原则。

(一) 自由畅想原则

创新技法没有边界,没有禁区,没有权威,没有止境,创新没有任何框框。想象力是创造性思维能力的核心,想象也是没有任何框框的。因而,使用创新技法也必须破除一切框框,鼓励自由畅想,促进思维的流动,让思维自由驰骋。

链接5-1 出售贫穷

在日本一个偏僻的山区里,有一个小山村因山路崎岖,几乎与世隔绝,几十户人家仅靠少量贫瘠的山地过日子,十分落后,生活极为贫苦。全村人虽然也想脱贫致富,却一直苦于无计可施。

一天,村里来了一位精明的商人,他立即感到这种落后的本身就是一种可贵的商业资源,便向村里的长者献了一条致富的计策。于是,长者马上召集全村人,对村民们说:"如今,都是什么年代了,咱村的人还过着和原始人差不多的生活,我们深感内疚和痛心!不过,大都市里的人过着现代化生活的时间长了,一定会感觉乏味。咱不妨走回头路,干脆过原始人的生活,利用咱的'落后'出卖这'落后',定会招来许多城里人。咱们呢,也可借此机会来做生意赚钱。"

从此,全村人便开始模仿原始人的生活方式,在树上搭房,披兽皮,穿树叶做成的衣服……不久,那位商人便向日本新闻界透露了他发现这个"原始人"小部落的秘密,立即引起了社会各界的轰动。

从此,成千上万的人都慕名而至,参观者络绎不绝,众多的游客为部落带来了可观的财富。有经营头脑的人来了,他们来这里修公路,造宾馆,开商店,将这里开辟为旅游点。

小山村的人趁机做各种生意,终于富裕起来了。过了若干年,这里的居民白天上树已成为一种职业,晚上回到地面,脱掉兽皮做的衣服,穿上现代时髦的服装,住进建造在景点外围的豪华住宅里,过上了现代生活。

这小山村之所以能够在短时间内脱贫致富,过上现代化生活,关键在于他们能够利用本来不成为条件的条件——落后。"落后"也能卖钱!他们卖的是打破常规的思维和金点子。

(池丽华,朱文敏.市场营销学[M].上海:立信会计出版社,2011.)

很多企业在做营销创新时,往往找不到自身的卖点,其实,任何企业和产品都有自己的卖点,关键是如何去挖掘和有效利用。

(二) 信息刺激原则

创新不能脱离社会实践,闭门造车。脱离社会实践既不能发现问题,也难于解决问题,不利于创造,信息是打开新思路的钥匙,信息越多,则越有利于想象和联想;有许多不同领域的信息,更可以启发我们破除习惯性思维而开拓新思路;许多潜意识也只能在信息的刺激下涌现。因而,创新技法必须为充分调动各种信息而创造条件。在前面几章节中所涉及的链接基本都在这样的前提下进行的。人们如果没有充分接触社会,也不可能有如此之多的发明创造。

链接5-2 结束厕所耗水历史的"生态厕所"

一种既节能又节水的智能环保厕所已出现在一些城市的街头。与传统厕所相比,这种新型厕所不但拆装简易,没有臭味污染,而且还无需水源,每个蹲位年节约水可达200吨。这种"生态厕所"采取的是一项收集小便冲洗大便的免水但可冲洗的新型技术,它用特殊的环保液将尿液精处理后转化为无异味、无污染的再循环水,可直接用于再次冲厕,粪便也将被降解成无味的浆状物,既可避免散发异味,又达到了节省源耗的功能。同时,新型厕所无需上下水管道,易于拆装和移动,便于推广。

当然,生活中需要不断思考如何更好节省能源,如使用风能、太阳能等,创新就会不断产生。当然,可以考虑使用寻找更轻便、更方便、更耐用的材料或部件来取代原有物品的某一部分,这是新产品产生的一条很重要的途径。

(罗玲玲.创意思维训练[M].2版.北京:首都经贸大学出版社,2012.)

(三) 集思广益原则

"三个臭皮匠,抵个诸葛亮",集体智慧是创造力的源泉,大力开展集体创造,是创新技法的重要原则。

(四) 量中求质原则

习惯性思维思路很狭窄,要搞创新必须拓宽思路。各种创新技法都应利用发散思维和聚合思维的形式,先求数量,然后从数量中寻求最佳思路。

(五) 同中异与异中同相结合原则

世界上的事物千差万别,隔行如隔山,又都殊途同归,隔行不隔理。对于其中既有联系,又有区别的情况,从事创造时必须善于从相同中找差异,从不同中找规律,则可发现处处都是创造的天地。

(六) 需要导向原则

环境虽是外因,但良好的环境对创新有很大的促进作用,良好的思维环境可以促进创新活动的系统工程取得更好的成功。

链接5-3 京东的诞生

京东是中国B2C市场较大的3C网购专业平台,是中国电子商务领域较受消费者欢迎和较具影响力的电子商务网站之一。2010年,京东商城跃升为中国首家规模超过百亿的网络零售企业。2003年之前,京东商城从事的是实体零售,卖过刻录机等电子产品,也开过连锁店。2003年,"非典"造成了对传统零售业的重大冲击,因为非典,消费者都不敢到实体店购买产品,愿意到互联网上购买产品。刘强东果断放弃了在全国扩张连锁店的计划。2004年1月,刘强东带领公司进入了电子商务领域,正式创办了"京东多媒体网"。也就是京东的前身。

(赖丹丹.中国经营者:京东商城刘强东.2009-06-28.)

(七) 尊重科学原则

任何创新都不能违背科学,否则将一事无成。故敢于创新绝不是乱造,尊重科学规律才能取得丰硕成果。

(八) 综合创新原则

不同而相关联的事物或现象综合起来,可以组成无穷的创新演变,综合是创新的重要渠道。

链接5-4 各种小发明

1. 编码杆秤

杆秤这种传统的计量工具,使用时间不下千年了。但由于它的秤杆和秤砣是分开的两个部件,所以携带很不方便,特别是有些人还利用换秤砣的方式坑人,使消费者深受其害。于是,四川的张鹏程同学对传统的杆秤作了改进,他在杆秤上开槽,把秤砣做成条形,并把两者通过活节铆在一起,使两者不能分开,再刻上编码。不用时,可以把秤砣镶在杆秤的槽里,既携带方便,又可防止弄虚作假,有利于维护消费者的利益。

这项名为"编码杆秤"的小发明荣获了第五届全国青少年发明创造比赛一等奖。其成功之处就在于他巧妙地将秤杆和秤砣这两件"形影不离"的部件综合在一起,把传统的杆秤来了一番革命性的变革,是成功地运用近缘组合的范例。

2. 饭菜盒

许多同学喜欢用铝制饭盒买饭或带饭,但这种饭盒盛菜时很不方便。能不能把盒盖与盒体组合在一起制成"饭菜盒"呢?首先可以将普通饭盒的盒盖加深些,使之可盛菜。其次将盒盖与盒体用合页连接起来,买饭时,打开盒盖,盒体盛饭,盒盖盛菜,用一只手即可端住,特别是在无桌放饭盒时尤其方便。

3. 无尘扫帚

能否将洒水与扫地两个步骤合成一个步骤,发明一种无尘的扫帚?如在扫把上安一个带微孔盛水的塑料袋,边扫地边洒水灭尘。同时引申出边喷射木质地板精油,边使用拖把拖地,这样,既节省精油,还节省人力。

4. 自动报警的证件夹

福州的陈云同学听爸爸说,现在出门办事身份证不能不带,可就是怕丢失,一旦落入坏人手里,还不知会产生什么后果呢!爸爸的话引起了陈云的思考。他利用平时学到的无线电知识,并从各种音乐贺卡中得到启示,经过无数次改进,终于制成了自动报警的证件夹。他的这项小发明实际上是把一个微型电子报警器装置组合到证件夹上,只要有人从使用者的身上或包内拿出证件夹,它就会自动响起警声,从而有效地保护各类证件的使用安全。他的这项小发明参加第六届全国发明展览,引起人们的极大兴趣。

5. 水开报警

江苏的刘中同学一边烧水,一边学习,好几次丢下书本看水开了没有。为了不影响学习,让水开时能提醒他,他就将一只金属哨子照着哨嘴的大小,在木塞上开槽,把哨嘴插入槽里,再换下水壶盖顶上的顶钮。这样,水开后的蒸汽就使哨子"嘟嘟嘟"地叫起来。瞧!"素不相识"的哨子与水壶组合在一起后,就使水壶增加了新的功能,更受用户的欢迎了。

组合式小发明很多很多,如带橡皮的铅笔是由橡皮和铅笔组合而成;电水壶是由电热器与炊壶组合而成;带日历的手表,带温度计的台历架,带有圆珠笔的钢笔等,都是由两种东西组合而成的一种新东西。

(小发明创造技法之组合法)

三、创新技法的种类

国内外创新学家通过对大量成功创造创新案例的深入分析、归纳,总结出具有规律性的方法和程序。日本出版的《创新技法大全》总结了300多种创新技法。各种方法都有各自的特点、局限性和适应范围。为了便于学习使用,人们对创新技法进行了分类。

特别需要指出的是:分类的主要目的是有利于初学者入门学习,便于教学、交流和传承。在创新实践中,不可能也无法做到一定要用什么技法来创新;所有的分类都是相对的。每种分类方法仅基于研究者本人的认识和经验,只代表作者本人的观点;即使是初学者,也可以有自己的分类方法并给自己的创新技法命名。这与创新发明的本质是一致的。本文所列分类方法都是国内外教材和学术交流通常采用的方法。按思维方式相近的原则进行分类,是国内相关学者主要采用的方法。

(一)三分法

日本创新学会会长高桥诚先生,把创新技法分成扩散发现技法、综合集中技法和创新意识培养技法。

1. 扩散发现技法

该方法主要是先寻求问题所在,再提出设想。具体表现为:①自由联想技法,通过类比、相似和相反这三种联想方法来提出设想;②强制联想技法,把课题和提示强制性地联系起来思索设想;③类比发现技法,把本质上相似的因素当做提示来考虑设想;④特殊发现技法,通过催眠或睡眠,用印象暗示进行设想;⑤问题发现技法,分析问题并寻求解决问题的关键;⑥面洽技法,通过面洽发现问题并寻求设想;⑦收集情报工具技法,收集数据并加以整理的工具和系统。

2. 综合集中技法

该方法主要是收集情报,或者用于按照顺序来解决问题。具体表现为:①一般综合技法,收集情报的技法,可用于各领域;②卡片式综合技法,在一般综合技法中利用卡片收集情报;③技术开发技法,主要用于产品开发和设计;④销售技法,主要用于销售及广告等领域;⑤预测技法,主要用于未来预测及技术预测等方面;⑥计划技法,考虑有效地执行解决问题策略和程序。

3. 创新意识培养技法

该方法为解决各种问题而培养创新意识的方法。具体表现为:①集中精神技法,为提出设想而控制大脑集中思维的方法;②协商技法,为解决人际关系的问题和烦恼以维持情绪的稳定状态;③心理剧技法,通过表演戏剧产生心理上的自由感以及创新性行为;④思维变革技法,训练思考活动并灵活变化的技法。

(二)基于人数的创新技法分类

1. 个人创新技法

该方法顾名思义是指单独的创新者即可实施的创新技法。如缺点列举法、自由联想法、卡片法等。

2. 集体创新技法

与个人创新方法相对应,是由若干创新者共同实施的创新技法。如头脑风暴法、综摄法等。

应该说明的是个人创新技法和集体创新技法之间并无绝对界限。许多个人创新技法也可采用集体形式(如小组)来开展创新,而在实施集体创新技法的过程中,每个参与的个体又可运用个人创新技法以充分发挥自身的作用。

(三)基于创新发明过程分类

创新发明过程一般包括三个阶段:选题、寻找解决方法、完成三个阶段。不同阶段有不同的创新技法。

第一阶段:选择发明课题。主要解决问题:如何产生尽可能多的课题;如何从众多的课题中选定有价值的和较易解决的课题。例如:塑料袋新用途的发明;交流电的发明。主要创新技法有:缺点发现法、程序设问法、希望点列举法、组合法、信息交融法等,如穿绳器的发明、防触电插座的发明。

第二阶段:寻找解决课题的设想。这一阶段是发明过程的核心,是最富有创新性的阶段。这一阶段的实质是提出解决课题的原理、方法和设想。这一阶段的进行,主要靠发明者的信息占有量、创造性思维方法和个性品质。现有大量的创新技法主要集中应用在这个阶段。根据思维的控制特点,可将这些技法大致分为四类。

(1) 试误法。即通过不断选择各种解决方案来解决课题。例如,爱迪生在发明灯泡解决灯丝材料的课题时,用的就是试误法。这类技法的最主要特点是思维上的各种猜测,并通过不断实践来排除错误的猜测,找出需要的解决方案。但是这种方法对那些需要从几千甚至几十万种方案中才能筛选出需要的解决方案的高水平课题来说,并非是一种行之有效的方法,过去的很多发明创新的成功主要取决于发明家的机遇与个性品质。例如:电磁感应现象。

(2) 联想、想象、发散法。这类技法的最主要特点是:让思维无拘无束的处于高度自由状态,以产生大量新颖的解决问题的设想。NM法、综摄法、仿生法、戈登法、逆向思考法等属于这类技法。例如:人工牛黄的发明和汽化器的发明。

(3) 分析逻辑推理法。这类技法也是目前最盛行的创新方法之一。如:ZK法、7x7法、卡片法等。这类技法的主要特点是通过对收集来的信息进行严密的分析、整理和再加工,达到发现问题、解决问题的目的。例如:加拿大火山爆发问题、大庆油田问题、智力测定问题、狗吃纸问题。从信息论的角度看,创新发明的过程实质就是对获得的信息进行分割、剪裁、重组的过程。因此,在当今的信息时代里,这类技法有着特殊的作用。

(4) 程控法。所谓程控法就是控制创新发明者的思维方向,让思维按着严格的程序或步骤去解决课题。这类技法的最主要特点是:发明者可以避免大量的无效的思维过程,而快速地获得答案。因此,程控法是一种行之有效的创新发明方法体系。但需要说明的是,程控法是一种解决发明课题的程序,它并不能代替具体的思考。同时,在执行程序的过程中,还可以对程序进行改造,以适应其他各类创新。程控法有着坚实的实践和理论基础。

第三阶段:完成发明的设想。经过如下环节:利用专业知识精心设计;修正完善方案;物化为产品(需要懂得生产方面的知识,如设备、材料、生产工艺流程等)。应用这一阶段的技法主要有:计划评审法,关联树法等。对创新发明者个人来说,不一定要完全走完这三个阶段,而主要的是完成第二阶段,至于第一阶段和第三阶段可以通过与别人合作来完成。

(四)基于思维方式相近的原则分类

本章主要介绍按照思维方式相近原则的分类,主要包括:头脑风暴技法、组合创新技法、列举创新技法、设问创新技法、类比创新技法及创造需求技法,详见图5-1。

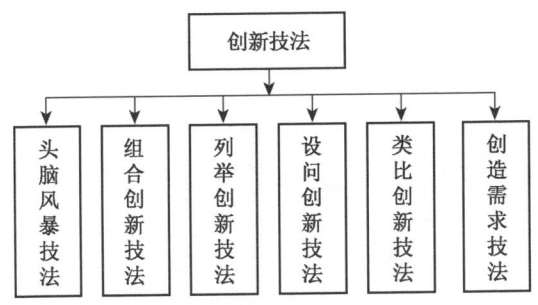

图5-1　创新技法分类

第二节　头脑风暴法应用

英国大文豪萧伯纳崇尚思想交流,他说:"倘若你有一个苹果,我也有一个苹果,而我们彼此交换这些苹果,那么,你和我仍然是只有一个苹果。但是,倘若你有一种思想,我也有一种思想,而我们彼此交流这种思想,那么,我们每个人将各有两种思想。"品味萧伯纳的名言,创新者有何感想?与萧氏思维同出一辙的创造学家亚历克斯·奥斯本,则直接向发明创造者大声疾呼:"让头脑卷起风暴,在智力激励中开展创造!"智慧的碰撞好比播种,它能萌发新的智慧,智慧的碰撞好比催化剂,它会引发大脑思维的连锁反应。

一、什么是头脑风暴法

头脑风暴法(Brain Storming)是典型的集体创新技法。当一个人冥思苦想不得其解的时候,大家挤在一起相互讨论、相互激励、相互补充,会引发思维的"共振",更容易打破思维定势,激荡出不同凡响的创意。

亚历克斯·奥斯本是美国创新技法和创新过程之父。1941年提出了"头脑风暴法"。

头脑风暴法又称智力激励法。头脑风暴法就是为了产生较多较好的新设想、新方案,通过一定的互动形式,创设能够相互启发、引起联想、发生"共振"的条件和机会,以激励人们智力的一种方法。

链接 5-5　头脑风暴法的产生

亚历克斯·奥斯本文化程度不高,没有上过大学。奥斯本21岁那年,不幸失业。有一天,他到一家报社去应征,主考人问他:"你从事写作已有多少年的经验?"奥斯本回答说:"只有3个月,但是请你先看一看我写的文章吧!"主考人看完后对他说:"从你写的文章看,你既无写作经验,又缺乏写作技巧,文句也不够通顺,但是内容富有创造性,录用你试一试。"奥斯本受此激励,由此领悟到"创造性"的可贵。工作以后,他"日行一创",积极主动地开发自己的创造力,尽力地在工作中发挥出来。创造使他获得了成功,最后由一名小职员而成为一名大企业家,并且还撰写了著名的《创造性想象》一书,创立了世界上第一种创新技法——头脑风暴法,他也因此成为当代创新工程的权威。

社会需要创新,如果不是这样,主考人也不会选上奥斯本这个文句不通、自称才搞了3个月写作的人。也正是社会的需要,促使奥斯本认识到了创造性的重要,从而去发明创新技法,以指导更多的人进行创造发明。

奥斯本的"智力激励法"创立不久,美国通用电气公司就用来对职工进行创造力开发的培训,使职工的创造力平均提高了3倍,公司的效益也成倍增长。还有许多濒临倒闭的公司、企业从创新技法中获得了新生。许多不起眼的"小人物"运用创新技法,做出了惊人的创造。

（360个人图书馆）

头脑风暴法的核心是"集智"和"激智"。"集智"就是把众人的智慧集中起来，其基础是相信人人都有创造力。"激智"就是把众人潜在智慧激发出来。国外有人曾对38次智力激励会议提出的4 356条设想进行分析，有1 400条设想是在别人的启发下获得的。一些科学测试也证实，在集体联想时，成年人的自由联想可以提高65%～93%，而且在集体竞争时，人的心理活动效应可以增强50%以上。由于头脑风暴法的种种非同寻常的特殊规定和方法技巧，能形成一种有益于激励而不会压抑创造力的气氛，使与会者能够自由思考、任意遐想，并在相互启发中引出更多、更新颖的创造性设想。

链接5-6　直升机扇雪

有一年，美国北方格外严寒，大雪纷飞，电线上积满冰雪，大跨度的电线常被积雪压断，严重影响通信。过去，许多人试图解决这一问题，但都未能如愿以偿。后来，电信公司经理应用奥斯本发明的头脑风暴法，尝试解决这一难题。他召开了一种能让头脑卷起风暴的座谈会，参加会议的是不同专业的技术人员，要求他们必须遵守以下原则：自由思考、延迟评判、以量求质、结合改善。

按照这种会议规则，大家七嘴八舌地议论开来。有人提出设计一种专用的电线清雪机；有人想到用电热来化解冰雪；也有人建议用振荡技术来清除积雪；还有人提出能否带上几把大扫帚，乘坐直升机去扫电线上的积雪。对于这种"坐飞机扫雪"的设想，大家心里尽管觉得滑稽可笑，但在会上也无人提出批评。相反，有一工程师在百思不得其解时，听到用飞机扫雪的想法后，大脑突然受到冲击，一种简单可行且高效率的清雪方法冒了出来。他想，每当大雪过后，出动直升机沿积雪严重的电线飞行，依靠高速旋转的螺旋桨即可将电线上的积雪迅速扇落。他马上提出"用直升机扇雪"的新设想，顿时又引起其他与会者的联想，有关用飞机除雪的主意一下子又多了七八条。不到一小时，与会的10名技术人员共提出90多条新设想。

会后，公司组织专家对设想进行分类论证。专家们认为设计专用清雪机，采用电热或电磁振荡等方法清除电线上的积雪，在技术上虽然可行,但研制费用大,周期长,一时难以见效。那种因"坐飞机扫雪"激发出来的几种设想,倒是一种大胆的新方案,如果可行,将是一种既简单又高效的好办法。经过现场试验,发现用"直升机扇雪"真能奏效,一个久悬未决的难题,终于在头脑风暴会中得到了巧妙的解决。

(全刊杂志赏析网)

二、激发机理

头脑风暴法为什么能激发创新思维?其基本原理如下所述。

1. 激发联想反应

联想是产生新观念的基本过程。头脑风暴的实施是基于集体讨论,在讨论问题的过程中,每提出一个新的观念,都能引发他人的联想。相继产生一连串的新观念,产生连锁反应,形成新观念堆,为创造性地解决问题提供了更多的可能性。

2. 热情感染

在不受任何限制的情况下,集体讨论问题能激发人的热情。人人自由发言、相互影响、相互感染,能形成热潮,突破固有观念的束缚,最大限度地发挥创造性的思维能力。

3. 竞争意识

心理学的研究表明,人类有争强好胜心理,在有竞争意识的情况下,人的心理活动效率可增加50%或更多。参与头脑风暴的成员,争先恐后,竞相发言,不断地开动思维机器,力求有独到见解、真知灼见。

4. 自由表达

在集体讨论解决问题过程中,个人的欲望自由,不受任何干扰和控制。

三、头脑风暴的会议原则

为提高头脑风暴法的实施效果,为使参与者畅所欲言,互相启发和激励,必须严格遵守头脑风暴法的实施原则。

1. 自由畅想原则

头脑风暴法的关键是欢迎与会者各抒己见,自由鸣放,创造一种自由、活跃的气氛,激发与会者提出各种荒诞的想法,使与会者思想放松。这一原则要求与会者不受任何传统思维和常规逻辑的束缚,克服心理惯性和思维惰性的影响,使思想处于自由驰骋状态,充分运用创新性思维,从广阔的学科领域寻找创新设想。

2. 会后评判原则

这一原则限制讨论问题时过早地进行评判,即对所提各种设想会中不做任何评论。坚持这一原则是为了克服评判对创新性思维的抑制作用,保证自由畅想原则的贯彻执行,形成良好的激励气氛。美国心理学家梅多和教育学家帕内斯在做了大量试验和调查之后指出:"推迟判断在集体解决问题时可多产生70%的设想,在个人解决问题时可多产生90%的设想。"日本学者丰泽丰雄也说:"过早地判断是创造力的克星。"

3. 量变是质变的基础

量变是质变的基础,也就是以量求质原则。以创新性观点的数量保证创新性观点的质量。奥斯本认为,理想结论的获得常常是一个渐近的过程。在创造性解决问题时,最初的设想往往并非最佳。据统计,一批设想的后半部分的价值比前半部分高78%,一个在相同时间内比别人多提出2倍设想的人,最后产生有实用价值设想的可能性比别人高10倍。因此,该原则强调与会者在有限时间内,加快思维的灵活性和创造性,尽可能多而广地提出新设想。在追求数量的活跃而积极的气氛中,有利于引导与会者集中精力构思新设想。只有提出大量方案,才能选出最优方案。

4. 优势互补原则

这一原则是鼓励与会者积极参与知识互补、智力互激的信息增值活动。在头脑风暴会上,任何一个人提出的新设想都能构成对其他人的信息刺激,且有知识互补和互相诱发激励的作用。因此,与会者要仔细倾听他人的发言,注意在他人启发下及时修正自己不完善的设想,或把自己的想法与他人的想法加以综合,取长补短,提出更完善的创意和方案。

5. 与会人员一律平等,各种设想全部记录下来

与会人员,不论是该方面的专家、员工,还是其他领域的学者,以及该领域的外行,一律平等;各种设想,不论大小,甚至是最荒诞的设想,记录人员也要认真地将其完整地记录下来。

四、头脑风暴法的实施步骤

头脑风暴法的实施步骤分为 3 个阶段,分别是:准备、开会、筛选。

(一) 准备

头脑风暴会议准备工作主要涉及确定主持人、确定会议主题、确定参会人员。

(1) 确定会议主持人。会议主持人事关头脑风暴法的效果。会议主持人既应熟悉头脑风暴法的基本原理、原则、程序与方法,又应对会议所要解决的问题有比较明确的理解,还应灵活地处理会议中出现的各种情况,使会议自始至终遵照相关规则在愉快热烈的气氛中进行。

(2) 确定会议主题。由主持者和问题提出者一起分析研究,明确会议所议论的主题,主题应具体单一,对涉及面广或包含因素过多的复杂问题应进行分解,明确会议主题目标。

(3) 确定参会人员。参加会议的人数一般以 5~10 人为宜。与会人员的专业构成要合理,大多数人应对课题有较丰富的专业知识,同时也要有少数外行参加。与会者应关系和谐、相互尊重、平等议事、无等级之分,以利于消除各自的心理障碍。

(4) 提前下达会议通知。提前几天将议题的有关内容及背景通知与会者,利于提前酝酿解决问题的设想。

(二) 开会

会议阶段是头脑风暴法的主体,开会大致可分为 3 阶段:热身、阐述议题、畅谈。

1. 热身

头脑风暴法安排与会者"热身",其目的和作用与体育竞赛类似,使与会者尽快进入"角色"。"热身"活动所需要的时间,可由主持人灵活确定。热身活动有多种方式,如看一段有关发明创造的录像,讲一个发明创造的故事,出几道大脑急转弯之类的问题让与会者回答,使会场尽快形成热烈轻松的气氛,使大家尽快进入创造的"临战状态"。

2. 阐述议题

这个阶段由主持人阐述议题。阐述议题时应注意坚持简明扼要原则和启发性原则。简明扼要原则要求主持人只向与会者提供有关问题的最低数量信息,切忌将背景材料介绍过多,尤其不要将自己的初步设想和盘托出。因为介绍的材料过多或主持人说出个人初步想法,容易束缚与会者的思路。因此,主持人所要给出的只是对问题实质深入浅出、抛砖引玉的简要解释。启发性原则是指阐述议题时要选择有利于激发大家兴趣、开拓大家思路的方式陈述。

3. 畅谈

这是头脑风暴会议的最重要环节,是决定智力激励成功与否的关键阶段。其要点是想方设法营造一种高度激励的气氛,使与会者能突破种种思维障碍和心理约束,让思维自由驰骋,借助与会者之间的知识互补、信息互补和情绪鼓励,提出大量有价值的设想。

畅谈阶段除了遵守前述原则外,还要遵守下述规定:不许私下沟通,始终保持围绕会议主题;不许以权威或集体意见的方式妨碍他人提出个人的设想;设想表述力求简明、扼要,每次只谈一个设想,以保证此设想能获得充分扩散和激发的机会。畅谈阶段的时间由主持人灵活掌握,一般不超过1个小时。

链接5-7 "破核桃机"的构思

德国一家公司要设计一台破核桃机,要求破出的核桃仁是较完整的两半,为此召开头脑风暴会议进行讨论。

主持人:如何从核桃中获得的核桃仁是较完整的两半,要求又多、又快、又好。

甲:平常在家里用牙嗑、用手瓣、用门掩、用榔头砸、用钳子夹。

乙:应该把核桃按大小分类,各类桃核分别放到压力机上砸。

丙:可以把核桃蘸上某些物质、粉末,使它们变成同样大小的圆球,放在压力机上砸,可以不分类(发展了一种设想)。

主持人:大家再想一想,用什么样的力才能把核桃砸开,用什么办法才能得到这些力?

甲:需要加一个集中挤压力,用某些东西去冲击核桃,或者用核桃去冲击某些东西,就能产生这种力。

乙:可以用气动机枪射核桃,比如说可以用装泡沫塑料弹的儿童气枪射。

丙:当核桃落地时,可以利用重力。

丁：核桃壳很硬，应该先用溶剂加工，使它们软化、溶解，或者使它们变得较脆，要使核桃变脆，可以冷冻。

戊：可以把核桃放在液体容器里，借助电、水力冲击它们破开。

主持人：如果我们用逆向思维来解决问题又会怎么样？

甲：要是核桃中有个小东西随着核桃长大，当核桃成熟时把其撑开，则最理想了。

乙：不应该从外面，应该从里面把核桃破开，把核桃钻个小孔，往里面加压打气。

丙：可以把核桃放在空气室里，往空气室里加高压打气，然后使空气室里压力锐减。

因为核桃的内部压力不能立即降低，这时内部压力使核桃破裂，或者使空气室里的压力剧增剧减，交替进行、核桃壳处于变动负荷状态，使之破裂。

在这次智力激励会议的进行中，只用10分钟就得到40多个设想，其中一个方案（在空气室压力超过大气压并随之降到大气压力以下，核桃壳破裂，核桃仁保持完好）获发明专利。另一方案是将核桃用夹子固定，再用空心钻头从顶部钻孔，通入高压空气破开核桃壳，得到较完整的核桃仁，整个工艺过程可在传送带上进行，实现了破核桃自动化。

（古真. http://www.doc88.com/p-6933979957955.html）

（三）筛选

畅谈结束后，会议主持者应组织专人对设想进行分类整理，并进行去粗取精的提炼工作。如果已经获得解决问题的满意答案，头脑风暴会就完成了预期的目的。倘若还有悬而未决的问题，还可以召开下一轮智力激励会议。

会议结束后的一二天内，主持人应向与会者了解大家会后的新想法和新思路，以此补充会议记录。然后将大家的想法整理成若干方案，再根据方案设计的一般标准，诸如创新性、可实施性等标准进行筛选。经过多次反复比较和优中择优，最后确定1~3个最佳方案。这些最佳方案往往是多种创意的优势组合，是大家的集体智慧综合作用的结果。

第三节　组合创新技法应用

20世纪50年代后,创新开始由单项突破走向多项组合,独立的创新逐渐让位于"组合型"创新。由组合求发展,由综合而创新,已成为当代技术发展的一种基本方法。索尼半导体的研制者菊池诚博士曾指出:"我认为搞发明有两条路:第一条是全新的发现;第二条是把已知其原理的事实进行组合。"

一、组合创新的定义

组合创新技法是指将两种或两种以上的学说、技术或产品的一部分进行适当的叠加和组合,以形成新学说、新技术或新产品的创新方法。组合创新就是运用创新思维把已知的若干事物的组合成一种新事物的过程,最基本的思维基础是联想思维。

组合创新中的含意并不是一种简单的相加,而是依据事物之间所固有的内在联系进行的有目的的综合。组合创新需满足两个条件,一是由不同的因素构成的具有统一结构与功能的整体;二是组合物应具有新颖性、独特性和价值性。所以这里的组合并不是一般意义上的叠加、排列、堆积,而是包含有联系和衔接及其他整体性因素的有目的的综合。

链接5-8　裙裤的起源

裙裤保留了裤子的优点,又具有裙子的飘逸浪漫和宽松舒适。一般均是指田径运动员或球类运动员所穿的短裤,大多在裤腰处装缝松紧带,裤脚口呈圆弧形,裤的侧缝下端开衩或嵌缝富有弹性的针编螺纹。裤料色调鲜艳多彩。有时还缝有镶色的滚条等作装饰。现已成为男女青年在盛夏季节穿着的便装,属于生活服装的组成部分。

第一次世界大战前的欧洲,女人只能穿裙子。如果妇女也敢于穿裤子,就会被惩罚。法国王后卡塔琳娜·冯梅迪齐喜欢骑马,骑马不穿马裤不方便,但又不敢违背时俗,她灵机一动,来了个组合——马裤外面套长裙。马裤外面套长裙毕竟不是一种服装,也得不到社会的认可,但是,有了组合的原因,随后就有了组合的创造。1910年和1911年,巴黎的三位服装设计师帕坎、德雷科和贝肖夫·达维德,把裙子和裤子组合起来,发明了裙裤。

(百度百科)

组合创新的方法有很多,这里主要介绍:主体附加法、异类组合法、同类组合法、分解组合法。

二、主体附加法

主体附加法,顾名思义就是在主体上附加一个东西,产生一个新的发明。也就是说在原有的物品或技术思想上,增加新的物品或技术思想,从而获得功能更强、性能更好的新的产品。

这类方法常常用于产品的创新,让产品不断增加功能,不断完善。最为常见的就是铅笔一端加上橡皮、电水壶加上哨子、从收音机到录音机、洗衣机从单纯搓洗增加甩干烘干功能等等。人们只要稍微动动脑筋就会产生很多新的产品,因此这一创新方法是一种创新性较弱的组合。

链接5-9 车载收音机

以通讯业务著称的摩托罗拉,最初是靠经营汽车收音机业务起家的。20世纪20年代,汽车风靡之际,收音机开始大行其道,这两种新型产品的结合,成了不可避免的趋势。由于安装过程复杂、音质不良且价格不菲,最要命的是如果要收听广播,司机必须把引擎停下来,很多人为此拒绝在汽车上安装收音机。

摩托罗拉的前身高尔文公司敏锐地捕捉到了背后的商机。经过不断研发,1930年6月,高尔文制造公司生产出一台样机。在收音机制造商协会组织的产品展上,高尔文公司虽然没钱在会场租一个展位,但它将汽车停在会场外,然后把样机安装在车内,以便参观者入场前就能看到它们的收音机。

高尔文公司还编制了《汽车收音机安装服务指南》小册子,对收音机安装方法和步骤作了详细说明,同时宣称"高尔文汽车收音机的购买者,无疑是尊贵的",以唤起用户的成就感。为满足大众需求,高尔文汽车收音机定价只需50美元,约为普通工人一周的薪酬。随着安装问题的逐步解决,公司业绩很快看好。1930年年底,公司销售额近30万美元。

为了强调是行进中的收音广播,高尔文公司将已颇有名气的收音机取名为"摩托罗拉"——"摩托"是汽车的引擎,"罗拉"形容汽车收音机里传送出的欢快悦耳的声音。这个名字朗朗上口且有趣,就像"可口可乐"一样,很快便叫开了。

(人民网)

三、异类组合法

异类组合法是指将两种或两种以上的不同种类的事物组合,产生新事物的技法。这种技法是将研究对象的各个部分、各个方面和各种要素联系起来加以考虑,从而在整体上把握事物的本质和规律,体现了综合就是创新的原理。

异类组合法和主体添加法在形式上很相近,但又有区别,主体添加法是一种简单要素的补充,而异类组合法是若干基本要素的有机组合。

异类组合法先要确定组成元素,其个体元素一般并无主次之分,但思考时应该有先后主次之分,有基本点也有扩展点。可以从多角度考虑组合,如元件组合、功能组合、材料组合、方法组合、技术原理与技术手段组合、现象与现象的组合等。将这些不同元件、不同功能、不同材料、不同物体的组合,以建立全新的结构方案,这是个难题,也是异类组合的关键。所以,组合技术方案更需要体现创造的机理,需要更多灵活的创造性思维作先导。

依靠联想和想象可以将许多异物组合在一起,将不同的物体"同化"为一个新的整体,而且要变成一个为市场欢迎的新产品,更需要各方面人员通力合作,作科学的组合与协调。

链接 5-10　应用组合法创新产品

1. 神奇的 CT

英国一位科学家赫斯菲尔德,将 X 光技术与电脑技术进行组合而发明出电脑断层扫描技术(CT 技术)。由于 X 光技术诸多缺陷,赫斯菲尔德设想,如果利用射线将认同拍成一张张断层"照片",然后把这些射线"照片"输入计算机,由计算机对这些由数据组成的信息进行处理和转化,就可以得到人体内部组织的完整图像,还可以显示出 X 光照不到的柔软组织。这项发明就是组合了 X 光机与电脑,使赫斯菲尔德获得了 1979 年诺贝尔医学奖。

2. 多用童车的产生

有位儿童产品生产商,偶然看见一个家长一手抱住孩子,一手吃力地拿着一辆小三轮车。这个生产商想如果有一种多用途童车,家长就不会这么受累了。他首先想象出将坐式推车和三轮车组合起来,在小三轮童车的后面加上一个手推把手。后来,他又想到加一个连接装置,把童车挂在自行车上做母子车用;接着他又想到,再加一个摇动部分,便可以当安乐椅;而要是前面再装一个把手,还能让孩子当木马骑。经过这些不断的组合想象,他设计出了与众不同的"多用童车"。

3. 坦克的诞生

第一次世界大战时,英国和德国军队在索姆河上进行着大规模的战斗,双方都坚守着自己的阵地,谁也没有突破对方阵地。英国记者斯文顿随军去前线采访。建议用"铁皮"把福斯特公司生产的履带式拖拉机"包"起来,留出适当的枪眼让士兵射击,然后让士兵乘坐它冲向敌军,这样就可以突破对方防线了。1915 年,英国政府采纳了斯文顿的建议,利用汽车、拖拉机、枪炮制造和冶金技术,试制了坦克的样车,并于 1916 年生产了"马克"Ⅰ型坦克。

4. 多用途瑞士军刀

据瑞士军刀现任首席执行官小卡尔·埃尔森纳介绍,1884 年,他的曾祖父卡尔·埃尔森纳在伊巴赫开办了制作刀具的家庭作坊。当时瑞士军队的单兵佩带的刀具都是德国造的。出于爱国心,埃尔森纳开始研制军刀。1891 年,他制作的军刀首次列装瑞士军队,瑞士军刀也从此走向世界。

一把小刀究竟可有多少功能,即使用过瑞士军刀的人都说不清楚。最早的瑞士军刀手柄为木制,附加工具只有螺丝刀和罐头刀两种。1897 年,埃尔森纳发明了新的刀片弹簧,瑞士军刀的附加工具随之增多。时至今日,简约、方便、耐用的军刀已经同钟表、巧克力一样,成为瑞士的象征。

功能最全的军刀"瑞士冠军"有大小刀片、酒瓶钻、罐头刀、螺丝刀、钻孔锥、钥匙圈、镊子、牙签、剪刀、多用途钩、木锯、指甲锉、钢锉、钢锯、钳子、钢丝钳、电线钳、放大镜、圆珠笔、大头针等 33 种功能。这一长

9.1厘米、宽2.6厘米、厚3.3厘米、重185克的"迷你工具箱"因而作为"世界设计经典",被纽约现代艺术博物馆、慕尼黑应用艺术博物馆收藏。

从某种意义上讲,瑞士军刀已经不再是刀了,而是以刀为主的多功能实用工具,这是从瑞士军刀的诞生就具有的形态。1879的瑞士军刀原形具有6种功能而今天的一把刀上可达30余种功能。

多功能性成为瑞士军刀的又一大特色。在一把小型刀具上赋予了许多的实用小工具,解决了人们在日常工作及生活中的种种难题。而且不论在何种环境下,瑞士军刀都表现出它非凡的实用价值及相应的质量品质。

5. 电子黑板的产生

日本电器工业株式会社的员工,他们发现"在讲习所或其他会议上,听讲者总要一个字一个字对着黑板抄笔记,真麻烦。如果把黑板和复印机组合在一起就好了……"于是,他们将两者组合起来,发明了"电子黑板"。这种黑板上写的内容,只要按一下右方的电钮,便全部复印成一页页,发给听讲者作为笔记,方便极了,电子黑板很快便风靡日本。

(维基百科)

四、同类组合

同类组合,就是若干相同元素的组合。同类组合的目的是,在保持事物原有功能或原有意义的前提下,通过数量的增加,来弥补功能的不足,或获取新的功能、产生新的意义。而这种新功能或新意义,是原有事物单独存在时所缺乏的。

同类组合的特点为:①组合的对象是两个或两个以上的同一事物,或者是同一类事物;②组合的过程中,各个参与组合的对象在组合前后其基本原理、基本结构一般没有实质性的变化;③同类组合的产物,往往具有组合的对称性或一致性。

最简单的同类组合,如:装在一只精巧礼品盒中的两支钢笔,两块手表,便成了象征友谊与爱情的"对笔""对表"。类似地有子母灯、双拉链、鸳鸯宝剑、双插座等。据说,赫赫有名的日本松下电气公司就是靠发明了双插座发财起家的。

链接5-11　松下幸之助——双插座

少年时代的松下幸之助只受过4年小学教育,因父亲生意失败,曾离开家到大阪去当学徒,开始做自行车的生意,然后对电器感兴趣。1918年,23岁的松下在大阪建立了"松下电气器具制作所",当时环境很艰苦,但松下幸之助带领制作所员工一同努力、创新,推出了双插座。松下幸之助发现一般插座都只能插入一个电源插头,只能做一件事。能不能将两个单体插座组合在一起呢?经过努力研究,推出了可以插入两个电源插头的双插座。双插座就是同类组合成功的案例。后来,松下幸之助又连续推出了先进的配线器具、炮弹形电池灯、电熨斗、无故障收音机、电子管、真空管等一个又一个成功的产品,7年之后,松下幸之助成了日本收入最高的人。

(胡雪飞. 创新思维训练与方法[M]. 北京:机械工业出版社,2013.)

鸡尾酒的发明也是同类组合的成功案例。

链接5-12　鸡尾酒的发明

鸡尾酒(Cocktails)在1776年,Betsy Flanagan发明了美国式的"鸡尾酒"。鸡尾酒起源于1776年纽约州埃尔姆斯福一家用鸡尾羽毛作装饰的酒馆。一天当这家酒馆各种酒都快卖完的时候,一些军官走进来要买酒喝。一位叫贝特西·弗拉纳根的女侍者,便把所有剩酒统统倒在一个大容器里,并随手从一只大公鸡身上拔了一根毛把酒搅匀端出来奉客。军官们看看这酒的成色,品不出是什么酒的味道,就问贝特西,贝特西随口就答:"这是鸡尾酒哇!"一位军官听了这个词,高兴地举杯祝酒,还喊了一声:"鸡尾酒万岁!"从此便有了"鸡尾酒"之名。

(碧云天. http://www.wine-world.com/qa/20130614160601681)

五、分解组合法

分解组合法,是将某种产品分解为几项构成要素,使之独立化,然后进行组合而产生新产品的一种方法。

分解组合法的步骤:首先确定将改进的产品(越具体越好),及对产品的初步改进设想,并确定新功能;接着,按结构与功能将物品分解,并将每一部分独立化;然后按新的设想应具有的功能寻找组合方式,并选择合适的连接机构;最后,按上述思路将原产品的各部分进行组合,并对原方案进行修订。如:真空吸尘器,由马达、贮尘箱、吸尘器三部分组成,现将它们做各种可能的组合,如马达与贮尘箱并列结构、垂直结构、内藏结构、分离结构等方式,再加上与吸尘器的不同连接便可组合出多达 15 种形式。

链接 5-13 你能想象自行车有多少变化吗?

一种新型自行车,只要凭一把扳手,不用任何附件,就能变换出 108 种各不相同的车型。据称这是目前世界上可变换最多的自行车,可广泛应用于代步、康复、娱乐、载货、车技训练等方面,甚至可以骑车踢足球、打篮球、打曲棍球、打马球等。

(张志胜.创新思维的培养与实践[M].长沙:东南大学出版社,2012.)

第四节　列举创新技法应用

列举创新技法就是将某一事物某一特定对象,如问题、特点、优点或缺点等,全面列举出来,再针对列出的这些项目提出改进意见的方法。列举创新技法基本上有三种类型:属性列举法、希望点列举法和缺点列举法。

一、属性列举法

20 世纪 50 年代,美国布拉斯加大学新闻学的克劳福德教授提出了属性列举法。克劳福德教授认为:创造并不单凭灵感,很大程度上依靠改造和实验,这种改造并不是指机械地将不同产品结合起来,而是应对它有用的特点进行改造,改进时应尽量地吸收其他物体的特点,要尽量地列举研究对象的特征,这种改造是十分有益的。

概括地说,属性列举法是一种通过列举,分析特征,应用类比、移植、替代、抽象的方法变换特征获得发明目标的方法。图 5-2 为属性列举法的基本步骤:首先要将研究对象的属性列出,如该事物的名词属性特征、动词属性特征、形容词属性特征等,对所列这些属性逐一进行分析,在分析基础上提出变换改进等,并论证这种变化的结果,最后得到新的创新与新的构想。

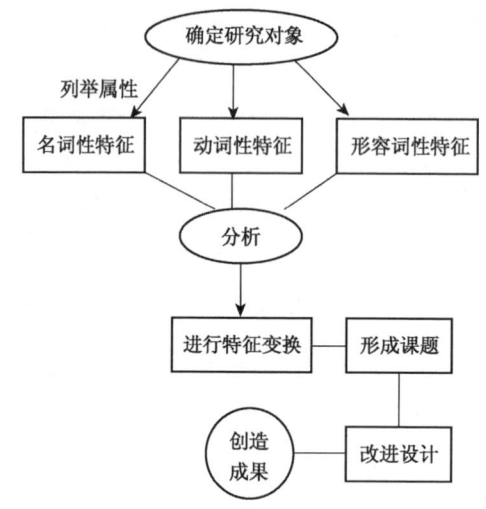

图 5-2　属性列举法步骤

链接 5-14　属性列举法应用——雨伞

我们确定的研究对象是尼龙绸折叠花伞,分析其名词性特征、动词性特征、形容词性特征。

首先,进行产品特征分析。

名词性特征:伞把、伞架、伞尖、伞面,弹簧、开关机构、伞套、尼龙绸面、铝杆、铁架;

动词性特征:折叠、手举、打开、闭合、握、提、挂、放、按、防晒、遮雨;

形容性特征:圆柱形的(伞把)、曲形的(伞把)、直的(伞架)、硬的(伞架)、尖的(伞尖)、花形的(伞面)、圆的(伞面)、不发光的。

其次,进行特征变换。

将直的、硬的、铁的伞架变换为软的充气管式伞架以便于携带。将同种材料,不透明的伞面变换为应用两种不同材料的,带透明伞边的伞面,以扩大视线。将用手举的伞变换为用肩固定的伞,用头固定的伞,以方便骑车者、提物者、抱婴儿者。将无声响的伞变换为带音乐的、带收音的、带电筒的伞,以方便人们的使用。还可增加一些新特征,如带香味、能发光、能代替太阳灶、透风不透雨等。

再次,提出新产品设想。

依变换后的新特征与其他特征组合可得到以下新产品:硬塑伞把、

铝杆、充气式伞架组成的花面折伞。普通型带透明伞边的伞及充气型带透明伞边的伞。带在头上的无杆普通支架、小伞面伞；带在头上的充气型小伞面伞；能背在肩上的伞。伞把与伞中内藏收音机、电筒的花面金属架的伞。旅游用太阳能多用伞。

（孙家胜.创造发明技法[M].天津：天津人民出版社，1998.）

二、希望点列举法

希望点列举法也是克劳福德教授首先提出的。这是一种通过不断提出"希望""怎么样才会更好"等理想和愿望，使原本的问题能聚合成焦点，再提出达成这些理想和愿望的一种创新方法。这里"希望点"，是指创新性强、又科学可行的希望。"希望"人人都有，我们需要激发人们这种"希望"与"愿望"，搜集这些"希望"与"愿望"可借用头脑风暴法召开希望点列举会议。

希望点列举法的步骤是先决定主题，然后列举主题的希望点，再根据选出的希望点来考虑实现方法。希望点列举法的步骤如图5-3所示。

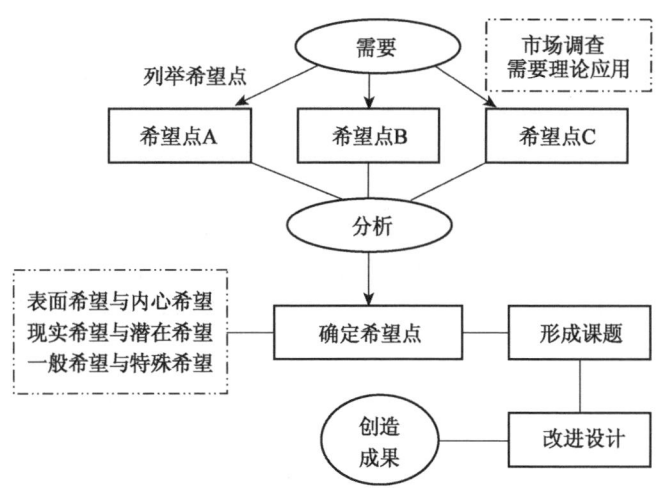

图 5-3 希望点列举法步骤

链接 5-15 不用笔套的钢笔

有一家钢笔公司，用希望点列举法生产了一批改革钢笔的希望：希望钢笔出水顺利;希望绝对不漏水;希望一支笔可以写出两种以上颜色的字;希望不玷污纸面;希望书写流利;希望能粗能细;希望小型化;希望笔尖不开裂;希望不用灌墨水;希望省去笔套;希望落地时不损坏笔尖等等。这家制笔公司从中选出"希望省去笔套"这一条,研制出一种像圆珠笔一样可以伸缩的钢笔,从而省去了笔套。

(百度文库)

三、缺点列举法

"金无足赤、人无完人"说明世界上任何事物都不可能十全十美,总存在这样或那样的缺点。爱因斯坦说:"提出一个问题比解决一个问题更重要,因为后者是方法和实验的过程,而提出问题则是找到问题的关键。"如果有意识地列举分析现有事物的缺点,并提出改进方案,显得更加简便易行。因此,寻找缺点就是提出问题的关键。世界上任何事物,即便是很完美的事物,经过仔细分析后,也能发现它的不足和缺陷。

缺点列举法主要是围绕着原事物的缺陷加以改进,一般不改变原事物的本质与主体,是一种被动型的创新方法。它一方面可用于对老产品的改进上,也可用在对不成熟的新设想、新产品做完善工作,另外还可用于企业的经营管理方面。缺点列举法的步骤如图 5-4 所示。

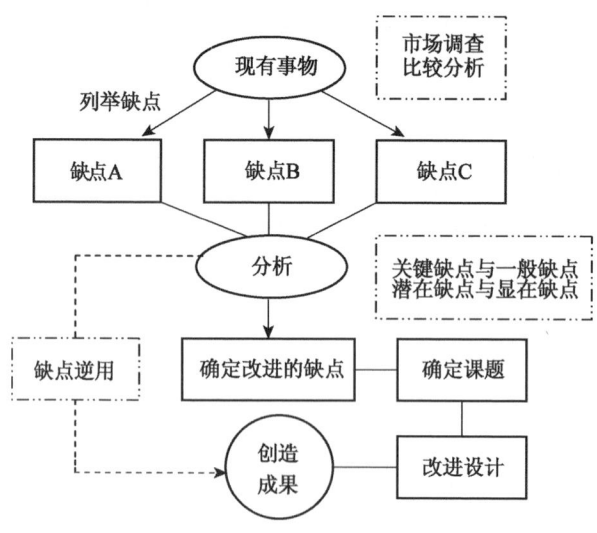

图 5-4 缺点列举法步骤

链接 5-16　缺点列举法新产品的开发

(1) 新型电话机的发明。自贝尔 1875 年发明第一部磁石电话机，一百多年来，随着社会的发展和科学技术的进步，世界各国竞相研制出各种新型电话机。从创新的观点看，这些新型电话机的开发，与人们对已有电话机的"吹毛求疵"有关，在不断地列举已有电话机的缺点的过程中，激发科技人员的创意。也就是说，新型电话机的开发是以现有电话机的缺点作为创造背景的。

如移动电话机，克服了固定电话机不能移动的缺点；可视电话机，克服一般电话无法看见通话者形象和活动的缺点。

(2) 录像机的改良。录像机技术最先是日本索尼公司发明的，索尼公司推出的 Betamax 录像机曾在市场上取得领先地位。而日本松下公司，在经过市场调研之后，了解到消费者最需要的录像机功能项目，于是，在索尼公司急于把录像机推向市场的时候，松下公司用半年时间潜心研究索尼的录像机存在哪些问题和缺陷及怎样更好地改变录像机功能，在追求卓越的信念支撑下，松下公司的录像机投放市场后反而更受到消费者的欢迎。

(3) 新型网球拍的发明。日本美津浓有限公司原是生产体育用品的小工厂，为了产品畅销世界各国，厂里的开发人员到市场上去调查。在调查中他们发现，初学网球者在打球时不是打不到球，就是打一个"触框球"，把球碰偏了，十分头疼。很多人都想，要是球拍大一点，兴许不会出现上述毛病。国际网联规定，球拍面积必须在 710 平方厘米之下。美津浓有限公司就专门做了一些比标准大 30% 的初学者球拍。这种球拍一上市，果然畅销极了。后来他们又了解到初学者打网球时手腕容易受到损伤从而致病，这种病被人们称为"网球腕"，发生的原因是腕力弱的人在打球时发生腕震造成的。于是，该公司又发明了减震球拍。他们用发泡聚氨酯为材料，但是经过试验，发现打起球来软塌塌的，很容易疲劳。又重新进行了试验，终于制成著名的"减震球拍"。

(4) 世界上最小的百万富翁。玛丽亚出生在美国萨尔瓦多一个印第安人家庭。在她 6 岁的一天，随父亲到著名玩具商唐纳德·斯帕克特家里擦洗玻璃窗，正好碰见斯帕克特在摆弄玩具。斯帕克特问她："你喜欢这些玩具吗？"玛丽亚说："你这些玩具我都不喜欢。"斯帕克特很是惊讶,忙问她原因。玛丽亚便一一数落起这些玩具的缺点来。斯帕克特深受启发,于是拿出更多的玩具让她评判。玛丽亚的意见都说得非常有道理且切中要害。斯帕克特领悟到所有的玩具设计师都有一个通病,就是早已成为成年人,失去直接反应儿童感觉的能力,眼光陈旧,缺乏激情。于是,斯帕克特聘请玛丽亚担任公司的小设计顾问,并签订了一份长期合同。事实证明,玛丽亚的鉴别评判给公司带来了丰厚的利润。玛丽亚也作为最小的百万富翁被载入了《吉尼斯世界大全》。

(5) 狮王牙刷的改进。日本狮王牙刷公司有一名职员叫加藤信三。他每次刷牙时,牙龈都会出血,由此他想能不能改进一下牙刷呢。他对公司现有的牙刷进行了研究,仔细分析现有牙刷存在哪些缺点。经过研究,他列出了牙刷的几个缺点:刷毛顶端呈锐利的直角、质地太硬、刷毛排列不科学、造型不美观。他据此进一步确定改进目标:把牙刷毛顶端改成圆角,寻找刷毛替代材料,要刷得干净、舒服、方便,同时还使牙刷的外形更合理、美观。在此基础上,加藤信三对牙刷进行了全面的改进。改进后的牙刷受到顾客的欢迎。加藤信三也因此成为公司的董事长。

(6) 出口玻璃杯的改进。20世纪80年代,日本的一家玻璃制品公司出口美国的玻璃杯大量积压在仓库里,企业员工忧虑重重,都为自己和企业的前景担忧。在这种情况下,作为该公司负责人的木村认为,进一步改进产品才有出路。于是,他组织产品设计人员召开专门会议,针对以往的产品开始挑毛病。很快,以往产品被挑出许多毛病,经过筛选后,最终确定了有改进价值的两个缺点:一是玻璃杯口太小,不适合美国人的大鼻子;二是杯子的外壁过于光滑,容易从手中滑脱。对此,他们立即进行了改进。首先,他们将玻璃杯的上方改成前低后高的斜口,以适应美国人的高鼻子;其次,他们在玻璃杯的手指捏处做了两个凹位,以确保杯子在手中能够被紧紧握住,不易滑落。这种经过改进的玻璃杯被取名为"酒窝杯",改进后的玻璃杯再次进入美国市场后大受欢迎。

其他还有许许多多这样的实例。如手表常常忘记上弦——发明了全自动机械表和电子表;老花眼镜看远处东西不方便——发明了双层眼镜,上层是平光,下层是老花;自行车胎容易漏气——发明了实心胎

(美国退休工程师莫雷发明);普通药瓶不能提醒病人服药——发明了在瓶盖上安装定时发光发声装置。

(作者采编)

由于人们的思维存有定势,很多看惯的和用惯的东西很难发现它们的缺点,或者很少去寻找它们的缺点,存有"凑合""将就"的心理,使人们失去了创造的欲望和发明的机会。

缺点列举法就是鼓励人们积极寻找并抓住事物不方便、不合理、不美观、不实用、不安全、不省力等缺点或不足,把它们一一列举出来,并有针对性地加以改进和解决,不断完善,才会有更多更优秀的创造。缺点列举法基本要求是敢于质疑,运用创新思维发现问题与缺陷,并分析缺陷,不仅需要改进缺陷产生新的创意还需要善于利用缺陷,甚至是变废为宝。

链接5-17 牛粪变宝

美国加州中部的一家名叫Vintage的奶牛场经营者戴维·阿尔伯斯(David Albers)表示:"大部分人并没有从牛粪中发现什么,但是我们却从中发现了给农场主们乃至整个加州提供的机会。"牛粪等动物粪便在自然界中受热分解之后会产生甲烷,这是一种比二氧化碳影响更大的温室气体。一些科学家称,控制动物粪便所散发出来的甲烷已经成为应对气候变暖的重要步骤。不过甲烷同样可以转化成可再生气体,这些气体可以代替煤被用来发电。有数据显示,一头牛的排泄物可以产生大约100瓦特的电能。

阿尔伯斯发明的制造可再生气体的工程十分浩大,工作人员首先将牛粪用水冲入一个面积较大的八边形的大坑中,然后再利用泵将其抽入一个被盖住的池塘中,池塘面积足有5个足球场大小,深度为10米左右。经由屏障进行过滤后,固体残渣最终可以用来做牛圈的草垫,可再生气体则经由太平洋煤气与电力公司(PG&E)的管道被输送至位于加州北部的发电厂。

这家牛粪发电厂每小时燃烧40吨牛粪,可发出1.6万千瓦的电力。每年可获得800万美元,5年多就能回收4 600万美元的投资。用牛粪发电,每千瓦小时的成本才7美分。除生产电力外,每天排出的约160吨灰渣,可卖给公路建设部门用于铺设路基,有的用作农田的肥料,有的还可作污水吸附剂。用牛粪作燃料发电,每年相当于节省了约30万桶石油。牛粪发电厂的工人们先把收集来的牛粪堆积自然风干达到脱水标准后,直接送到炉膛内燃烧。炉膛内有多层炉床干燥器和搅拌器,以利于牛粪完全燃烧。为了消除牛粪燃烧时产生的臭味,在燃烧炉内有一个处理残存挥发物和臭气的"后燃器"。后燃器中放有石灰石来吸收二氧化硫等有害气体,使排出的废气净化,不致严重污染空气。牛粪电厂每天用牛粪800吨,输送带每天不停地开动,把牛粪送到焚烧炉内燃烧,它产生的热能使锅炉内的水每小时产生68吨蒸汽,推动一部涡轮发电机发电。其电力足够供应2万户家庭使用。

(罗玲玲.创意思维训练[M].北京:首都经济贸易大学出版社,经作者改编.)

第五节　设问创新技法应用

创新发明最大的敌人是思维的惰性。大部分人思维总是自觉和不自觉沿着长期形成的思维模式来看待事物,对问题不敏感,即使看出了事物的缺陷和毛病,也懒于去进一步思索,不爱动脑筋,不进行积极的思维,因而难以有所创新。

链接5-18　紫外线的发现

夏日的一天,丹麦科学家芬森在阳台乘凉,看见家里的猫躺在地上晒太阳,每当身上晒不到太阳的时候,它就挪到有阳光的地方接着晒。芬森不由发出了一个疑问:这么热的天,猫为什么还要晒太阳呢?这中间有什么问题?好奇心驱使他上前观察,原来猫身上有一处正在化脓的伤口。他又提出一个问题:"猫是不是利用阳光在治疗它的伤口呢?难道阳光里有什么我们没有发现的东西?"于是,他开始对阳光进行研究和实验,终于从中发现了一种肉眼看不到的光线——紫外线,就是它有杀菌和治疗体外创伤的功效。后来,紫外线被广泛地应用于医疗领域。芬森也因此在1930年获得了诺贝尔医学奖。

(360个人图书馆)

正所谓:发明千千万,起点是一问。提出疑问是突破思维定式的开始,也迈出了创新活动的第一步。芬森的疑问源于一次偶然的观察和注意,事实上很多创新的开端都缘起于这种偶然。瓦特从问"蒸汽为什么会将壶盖顶起"而进行研究,他发明了蒸汽机;牛顿从问"苹果为什么会从树上掉下来"而进行研究,他发现了万有引力定律。但是多数人对这些平常的现象却熟视无睹,永远想不到要去问个为什么。那么,有没有什么办法,帮助人们主动发问,有技巧地发问,并把人们引向创新之路呢?针对这个问题,现代创造学的奠基人奥斯本设计了检核表法。后人又据此发展出 5W2H 法、和田 12 动词法,以引导人们发问,进而提出创新设想。

一、检核表法

亚历克斯·奥斯本是美国创新技法和创新过程之父。不仅提出了头脑风暴法,也提出了奥斯本检核表法。奥斯本检核表法引导主体在创造过程中对照 9 个方面的问题进行思考,以便启迪思路、开拓思维想象的空间、促进人们产生新设想、新方案的方法。表 5-1 列举了奥斯本检核表法引导主体思考的 9 个问题及含义。

表 5-1 奥斯本检核表法

检核项目	含 义
1. 能否他用	现有的事物有无其他的用途、保持不变能否扩大用途;稍加改变有无其他用途。
2. 能否借用	能否引入其他的创造性设想;能否模仿别的东西;能否从其他领域、产品、方案中引入新的元素、材料、造型、原理、工艺、思路。
3. 能否改变	现有事物能否做些改变(如:颜色 声音、味道、式样、花色、音响、品种、意义、制造方法);改变后效果如何。
4. 能否扩大	现有事物可否扩大适用范围;能否增加使用功能;能否添加零部件;延长它的使用寿命,增加长度、厚度、强度、频率、速度、数量、价值。
5. 能否缩小	现有事物能否体积变小、长度变短、重量变轻、厚度变薄以及拆分或省略某些部分(简单化);能否浓缩化、省力化、方便化、短路化。
6. 能否替代	现有事物能否用其他材料、元件、结构、力、设备力、方法、符号、声音等代替。

(续表)

检核项目	含义
7. 能否调整	现有事物能否变换排列顺序、位置、时间、速度、计划、型号；内部元件可否交换。
8. 能否颠倒	现有的事物能否从里外、上下、左右、前后、横竖、主次、正负、因果等相反的角度颠倒过来用。
9. 能否组合	能否进行原理组合、材料组合、部件组合、形状组合、功能组合、目的组合。

1. 能否他用

能否他用，即现有事物的原理、方法、功能、材料等是否有其他的用途？保持原状不变，能否扩大用途？或者稍加改变，有无别的用途？总之，是想方设法广泛开发它的用途。

链接5-19 "能否他用"的创新

方便面是日本安藤百福发明的快餐食品，用开水一冲就能食用，非常方便。用他自己的话说，方便面的发明是"被饥饿催生的灵感"。正是这一创新，让他的企业一跃成为食品行业的明星。"方便食品"的思路、原理能否他用呢？很多企业触类旁通，沿着这一思路，开发出以"方便"为特点的方便米粉、方便米饭、方便蔬菜、方便啤酒、方便饮料等新食品。其中，我国农民发明家张炳林，研制出了快餐米粉及其加工机械等10项科研成果，其中4项获得国家专利和首届中国食品博览会银奖。

夜光粉是一种发光材料，过去多用于钟表和仪器。后来人们扩大了它的用途，设计出了夜光玩具、夜光壁画、夜光项链、夜光钥匙扣、夜光棒等。还有人研制了夜光纸，将其裁剪成各种形状，贴在夜间或停电后需要指示其位置的地方，如电器开关处、公路转弯处、楼梯扶手上、火柴盒上。这是材料的他用。

面粉经发酵产生小气泡使馒头松软可口。据此，人们发明了发泡橡胶、发包塑料、发泡水泥，它们不仅轻巧省料，而且有更好的隔音、隔热性能。如果生肥皂中加些气泡，还可制成浮在水面的浴皂。这是原理的他用。

激光技术发明后，其应用扩展迅速，几乎遍及各个领域，比如在精密测量和探测、通信与信息处理、医疗、军事、工业、农业等各方面,并在许多领域;引起了革命性的突破。这是技术的他用。

再如枪,作为武器就有很多品种,如手枪、步枪、机枪、冲锋枪、信号枪等。枪由军用转为民用更是开发出了多种新功能。比如,救生枪是一种潜水员用的援救工具,可修补船体或给失事潜艇供气;注射枪,用来给猛兽打针;种植枪,在塑料子弹里装入营养土和种子,种子成活率也很高。这是功能的扩展。

(创新技法之设问检查型技法.瞧这网.)

2. 能否借用

能否借用,是指能否借用别处的经验和发明,能否从别处得到启发,或过去有无类似的东西可供模仿。

链接5-20　手电筒的发明

手电筒是100多年前由美国的康拉德·休伯特发明的。有一天,休伯特的一位朋友自豪地向他展示一个闪光的花盆。原来,他在花盆里装了一节电池和一个小灯泡。电门一开,灯泡照亮花朵,光彩夺目。休伯特看得入了迷。他想起每当自己去漆黑的地下室找东西时,不得不提着笨重的油灯,非常不方便。朋友的做法启发了他。休伯特沿着朋友的思路,把电池和灯泡放在一根管子里,于是第一个手电筒问世了。

(百度百科)

在建筑物中安装水暖设备,最早的做法是在水泥板上打洞,耗时耗力。山西的一位建筑工人想到电弧机可以烧穿钢板,是不是也可以烧穿水泥板呢?经过改造,他发明了水泥电弧切割器,在水泥板上打洞又快又好。

3. 能否改变

能否改变,是指现有事物的形状、结构、色彩、声音、气味、味道、运动形式等性质能否加以改变。

儿童经常由于误吃药物而发生意外。澳大利亚的阿弗莱克改变了以往药瓶的结构,只有在同时完成边拉边转等几个动作的情况下,才能打开,由此发明了儿童安全药瓶。这是结构上的改变带来的发明。

我国河南的小朋友王岩观察到漏斗下端是圆的,瓶口也是圆的,往瓶口里灌装液体时,由于瓶内空气的阻碍,液体不易往下流。于是,他把漏斗的下端改成方形,插入瓶口时便会有空隙,灌装液体时瓶内的空气能顺利溢出,从而保证灌液流畅。这是形状上的改变带来的发明。

日本著名的化妆品企业资生堂公司经过多年研究,提出一门全新的学科——芳香学。他们认为,香味对人体生理有积极影响,比如熏衣草和玫瑰花有镇静作用,柠檬能振奋精神,茉莉花能消除疲劳,薄荷能减少睡意等等。对计算机操作人员的试验表明,茉莉花香可使他们的键盘操作差错减少30%,柠檬味则可减少差错50%。据此,香味电话、香味闹钟、香味领带等应运而生,有人甚至还创造了香味管理法,在不同时间通过空调散发不同香味以提高工作效率。这些都是气味的改变带来的发明。

4. 能否扩增

能否扩增,是指现有事物能不能扩大或增加一些东西,包括长度、高度、厚度、时间、寿命、价值、强度、速度、数量等。

日本的石桥正二郎把袜式胶鞋鞋帮的上胶高度加高,可以防止泥水弄湿鞋面,他因此获得专利,并在7年内销出这种胶鞋2亿双。另外,在两层玻璃中间加入某些材料,可制成防碎、防震、防弹的新型玻璃。在牙膏中加入一些药物,可制成止血、脱敏、防酸、防龋齿的保健牙膏。在水泥中加入钢筋,可承受压力并抗击拉力;加入气泡,可减轻重量,且隔音、隔热。将暖水瓶的瓶口加大,便成了冰棒瓶。这些都是通过扩增而带来的发明。

5. 能否缩减

能否缩减,是考虑缩小或取消某些东西,使之变小、变轻、变短、变低、变薄、浓缩、简化、袖珍化等。

链接5-21 主题公园的出现

1950年,荷兰的马都洛夫妇为纪念他们死于纳粹集中营的儿子,投资将荷兰典型城镇以1/25的比例缩小建成世界上第一个小人国"马都洛丹",从而开创了世界主题公园的先河。中国深圳的"世界之窗""锦绣中华",北京的"世界公园"都采用这种微缩形式。这种微缩形式为旅游业带来了巨大的收益。此外,微型电视机、袖珍收音机、迷你复印机、微型小汽车、微型摩托车等运用的都是袖珍化理念。

（胡雪飞.创新思维训练与方法［M］.北京：机械工业出版社，2013.）

日本的丰田汽车企业，注重减去那些可有可无的环节，使生产过程简化。比如实行"准时化"管理，使前一道工序的产品，正好是下一道工序所需的量，因而减少了车间储存的管理环节。这种"简化"大大降低了生产成本。

缩小的另一种途径是通过折叠、弯曲、排放气体或液体、拆卸等方法，让产品在非使用状态下变小。比如，折叠床、折叠伞、折叠船、折叠式救生垫、卷尺、伸缩式钓鱼竿、充气筏、便携式轮椅等。

6. 能否替代

能否替代，是考虑有没有其他东西来代替这件东西，有没有其他成分、材料、方法、工艺、过程、能源、地点等来代替。

材料代用是以一般材料代替高级材料、以非金属材料代替金属材料、以人造材料代替天然材料等。比如以纸代布，制成衬衣、领带、纸帽、结婚礼服等一次性产品，色彩艳丽、造型别致、价格低廉；以纸代木，制造家具、铅笔的外围材料，大大节约了木料，保护了生态环境。新型陶瓷具有耐高温、耐磨损、耐腐蚀、耐冲击等特点，可代替金属，制造锅炉、发动机、蓄电池等的构件，不仅性能优良，而且成本大大降低。塑料工业的发展改变了许多产品的面貌，比如我国的唐锦生用塑料代替金属，制造了世界上第一辆全塑汽车，这种车的车体轻、故障少、耗油低、噪声小、强度大、耐腐蚀、造价低、结实耐用，已在我国及美、俄、日等7国申请了专利。

能源问题始终是社会热点问题。人类已经在开发利用太阳能、风能、地热能以及海洋能，希望能替代目前正在日益枯竭的能源。德国北威州的农业科学家甚至提出"用粮食作燃料，代替燃油来取暖"的方法，用燕麦、荞麦、小麦、玉米、薯类等的陈化粮来替代取暖用的燃油，经实践效果不错。

7. 能否调整

能否调整，是考虑能否重新调整程序、模式，改变布局等。

我国古代有名的故事"田忌赛马"，就是通过重新调整安排了比赛顺序而出奇制胜。在现代，企业和机关人员同时上下班给交通带来很大压力,如果采用错开上下班时间和轮休的办法,交通压力就会有所缓解。又如,商店柜台的重新安排、营业时间的合理调整、车间机器设备的布局调整等,都可能会带来意想不到的效果。

8. 能否颠倒

能否颠倒,是考虑能否上下、正反、前后、左右、里外、主次、位置、作用颠倒过来。这个问题是用来引导逆向思维的。

比如火箭,把人类的触角伸出了地球之外。火箭是探空用的,而有人却颠倒过来,发明了探地火箭,它可以钻入很深的地下,探索地球深处的奥秘。

9. 能否组合

能否组合,是考虑能否对现有事物加以适当组合,比如原理组合、方案组合、材料组合、部件组合、形状组合、功能组合、目的组合等。晶体管发明者肖克莱曾大发感慨:"所谓创新,就是把以前独立的发明组合起来。"

运用奥斯本检核表法进行创新活动的实施步骤是:根据创新对象明确需要解决的问题;根据需要解决的问题,参照表中列出的问题,运用丰富想象力,强制性地一个个核对讨论,写出新设想。对新设想进行筛选,将最有价值和创新性的设想筛选出来。

检核表法的实施过程需应注意:要联系实际核检9个问题,不要有遗漏;多次核查,效果会更好,或许会更准确地选择出所需创新、发明的方面。在检核每项内容时,要尽可能地发挥自己的想象力和联想力,产生更多的创造性设想。进行检索思考时,可以将每大类问题作为一种单独的创新方法来运用。

二、5W2H 分析法

5W2H 法是由美国陆军首创的创新技法,通过连续提出 7 个问题,构成设想方案的制约条件,并设法满足这些条件,便可获得创新方案。目前,5W2H 法已广泛应用于改进工作、改善管理、技术开发、价值分析等方面。

5W2H 法的实施步骤如下所述。

1. 确定对象

根据创新对象明确需要解决的问题。

2. 提出问题

针对已确定的对象,从以下 7 个方面设问:

(1) 为什么(why)。比如,为什么做这项工作?为什么是这样的形状、大小、颜色?为什么有这种性质?为什么使用这种材料?为什么应用这个原理?为什么采用这一方法?

(2) 什么(what)。比如,任务是什么?目的是什么?条件是什么?方法是什么?规范是什么?重点是什么?功能是什么?与什么有关?

(3) 何人(who)。比如,谁会做?谁来做?谁不能做?与谁有关?谁来决策?谁会赞成?谁会反对?

(4) 何时(when)。比如,何时开始?何时完成?何时最适宜?何时最不适宜?

(5) 何处(where)。比如,何处可做?在何处做?何处最适宜?何处最不适宜?

(6) 怎样(how)。比如,怎样去做?怎样做效果好?怎样做效果不好?怎样得到?怎样改进?怎样发展?怎样避免失败?

(7) 多少(how much)。比如,需要多少人力、物力、财力?成本多少?产量多少?有多少功能?多少利润?多大效益?

3. 选择重点

如果 7 个问题中有一个答复不能令人满意,则表示这方面有改进余地,需要重点关注。

4. 研究解决

确定了重点问题后,研究如何克服原产品的缺点,扩大原产品独特优点的效用。

三、和田 12 动词法

和田 12 动词法是我国创造学者许立言、张福奎在对奥斯本检核表法深入研究的基础上,结合上海和田小学创造教学的实际情况,与和田小学一起提出来的。和田 12 动词法的关键是 12 个动词,即要求人们根据 12 个动词提供的方向去设问,以开发创新思维。这 12 个动词是:加、减、扩、缩、变、改、联、学、代、搬、反、定。

1. 加一加

现有事物能否增加什么(如大小,高矮,薄厚)能否与别的事物叠加？比如，收音机与录音机叠加形成收录机，橡皮和铅笔加在一起组合成带橡皮头的铅笔。

2. 减一减

现有事物能否减去什么（如厚度、重量、尺寸）？能否省略取消什么？比如繁体汉字简化为简体汉字。

3. 扩一扩

现有事物能否放大或扩展？比如幻灯、电影、投影电视等。

4. 缩一缩

现有事物能不能缩小或压缩？比如袖珍书、压缩饼干。

5. 变一变

现有事物能不能改变其固有的属性（如颜色、形状、气味、声音、味道或次序）。比如，由黑白电影变为彩色电影，黑白电视变为彩色电视。

6. 改一改

现有事物是否存在需要改进之处？可以结合缺点列举法来考虑。

7. 联一联

现有事物与其他事物之间是否存在联系，能否利用这种联系进行创新？比如，根据空气温度和湿度之间的联系开发出干湿球温度表。

8. 学一学

能否学习、模仿现有的事物从事新的发明创造？比如，模仿野草边沿的齿状结构发明锯子，模仿树叶结构而发明伞。

9. 代一代

现有事物或它的某一部分能否用其他事物来替代？替代的结果必须保证不改变事物的原有功能。比如，用新型陶瓷材料、工业塑料来代替某些金属材料。

10. 搬一搬

现有事物能否搬到别的条件下去应用？或者能否把现有事物的原理、技术、方法等搬到别的场合去应用？比如，用嘴吹气就会发声的哨子，搬到水壶口上，就成了能自动报告水烧开的新产品；搬到鸽子身上便成为鸽哨。

11. 反一反

现有事物的原理、方法、结构、用途等能否颠倒过来？比如，通过把吹尘方式反过来变为吸尘方式，发明了吸尘器。

12. 定一定

对现有事物的数量或程度变化,是否能作一些规定? 即对其进行定量。比较典型的例子有尺、秤、天平、温度计等。

第六节　类比创新技法应用

事物间的联系是普遍存在的。基于这种联系,我们的思维得以从已知引向未知,变陌生为熟悉。期间,我们脑内发生的联想和类比过程可以看做是事物普遍联系在思维中的一种体现。创新所追求的是新颖未知的事物。为此,需要借助于现有的知识与经验或其他已经熟悉的事物作桥梁,获得借鉴启迪。这就是联想类比在创新中的非凡作用。广泛的兴趣、宽厚的知识、灵活的思维是有效运用类比技法进行创新的必要条件。

美国创造学家戈登对创新过程中常用的类比进行了分析研究,总结了最基本的四种类比方式,对创新的发展产生了很大的影响。

类比创新技法的基本原理是移植原理。

一、拟人类比

拟人类比是指把自己设想为创造对象的某个因素,并由此出发,设身处地进行想象。例如,当我是这个因素时,在所要求的条件下会有什么感觉,或会采取什么行动。比如挖土机、榨汁机的发明。挖土机可以用模拟人体手臂的动作来进行设计,它的主臂如同人的上下臂,可以左右上下弯曲,挖斗似人的手掌,可以插入土中,将土抓起。很多机器人的设计也主要是从模拟人体动作入手的。

链接5-22　榨汁机的发明

在设计榨汁机以前,创新人员把自己想象成水果的果汁。然后问道:"我怎样才能从橘子里出来呢?"显然要冲破水果皮的包围。"怎么冲呢?"回答是:通过压榨,给我加大压力,让我有力气挤破果皮;通过加热或降温使果皮强度减弱,以便容易挤出;用旋转的办法,通过离心力增加我的力量冲出果皮;以及其他办法,就这样一步一步提出问题进行思考,通过拟人化的方式制造出榨汁机。

(胡雪飞.创新思维训练与方法[M].北京:机械工业出版社,2013.)

二、直接类比

从自然界或已有的成果中寻找与创造对象相类似的东西作比较为直接类比。如古代巧匠鲁班发明锯子就是从草割破手指而得到的启发。汽车上的车灯、喇叭、制动器等控制方式皆可适当改革后用于汽艇;武器设计师通过分析鱼鳃启闭的动作,设计成枪的自动机构;而农机师看了机枪连射发明了机枪式播种机;美国飞机发明家莱特兄弟以他的"谁要飞行,谁就仿鸟"作为名言。

直接类比的创新技法分为两个阶段:第一阶段是对两个事物进行比较;第二阶段是在比较的基础上进行推理,即把其中某个对象有关的知识或结论推移到另一对象中去。

科学史上,有不少科学家应用类比方法提出重要的假说,有力地促进了科学的发展,也有的科学家应用类比方法获得了科学发现和技术发明。运用直接类比法,主要通过描述与创造发明对象相类似的事物和现象去形成富有启发的创造性设想。直接类比是事物之间的类比,在技术发明中经常采用的思路就是将需要创造的对象与其他事物进行类比。人类从动植物获得灵感的类比又叫仿生法。雷达、飞机、电子警犬、潜水艇等科技产品都是模仿生物发明的。

链接 5-23 北京吉普节能环保主题的招贴设计

如图 5-5 所示,北京吉普节能环保主题的招贴,设计者利用置换(尾气)的组合方法,将越野到山顶的汽车与白云的"偶然"组合,直接类比北京吉普"零排放、零污染"的概念。这里巧妙就在于汽车的排放气

图 5-5 北京吉普广告

体和白云直接类比,不仅突出了汽车的环保性能,更把那种越野"天高云淡"的感受描绘得淋漓尽致。这种类比方法使得视觉语言的语意一目了然。

(视觉全案设计,http://www.admoudao.com/view/297.html)

随着互联网发展,催生了很多新生事物,同样也出现了很多具有创新性的新事物。2014年微信红包的出现就是利用一个典型的借用直接类比法获得的创新。

链接 5-24　微信红包来了

2014年,马年春节最快乐的事之一莫过于"抢"微信红包,少到几分钱,多也不过几十块钱,微信搭建的抢红包平台,不费一枪一弹,却让全国微信用户为之"疯狂",实在有些令人始料不及。微信红包的创意来源于传统红包,微信红包作为一种新兴的媒体手段,具有互动性、游戏性、趣味性、随机性等特点,符合当前潮流大势,显示出移动支付和互联网金融的庞大市场。

腾讯数据显示,从除夕开始,至大年初一16时,参与抢微信红包的用户超过500万,总计抢红包7 500万次以上。领取到的红包总计超过2 000万个,平均每分钟领取的红包达到9 412个。

腾讯借助微信红包在移动支付领域着实火了一把,在所有TMT从业人员看来,微信红包是腾讯进入移动支付领域以来打得最漂亮的一仗,腾讯用近乎于0的推广成本,迅速抢到了个人移动支付市场的制高点,给了支付宝狠狠一击。被马云称为宛如"珍珠港偷袭"。

(根据百度百科改编)

三、象征类比

象征类比,这是一种借助事物形象或象征符号,表示某种抽象概念或情感的类比。有时也称符号类比。这种类比,可使抽象问题形象化、立体化,为创意问题的解决开辟途径。戈登说过:"在象征类比中利用客体和非人格化的形象来描述问题。根据富有想象的问题来有效地利用这种类比。""这种形象虽然在技术上是不精确的,但在美学上却是令人满意的。""象征类比是直觉感知的,在无意中的联想一旦作出这种类比，它就是一个完整的形象。"

　　针对待解决的问题，用具体形象的东西作类比描述，使问题形象化、立体化，为创新开拓思路。千百年的发展人们约定俗成了许多特有的符号形式，将抽象的概念视觉化、直观化。例如：鸽子象征和平、铅笔象征设计、圆形象征圆满等等，可以说这些符号是独立于文字语言以外人们共同认可的、带有一定通用性的视觉语言。它们不仅在发明创造的领域上，更在绘画、雕塑、电影、建筑等领域的创新上起到至关重要的作用。

　　象征类比在建筑设计中应用甚广。如，设计桥梁要赋予"虹"的象征格调；设计纪念碑、纪念馆要赋予"宏伟""庄严"的象征格调；而设计展览馆、音乐厅、歌舞厅则要赋予"艺术""幽雅"的象征格调。

链接5-25　禁止酒后驾驶的公益性广告设计

　　如何能够更好地让受众体验到广告中的寓意？如图5-6是禁止酒后驾驶的公益性广告，设计者把这一老主题概念运用同质异化的思维形式，以饮酒、驾驶和车祸为联想起点寻找新颖和巧妙的创意表现。利用瓶盖是否开启象征无酒和酒后的概念，把酒瓶盖开启后的变形象征酒后驾驶的肇事事件。设计者正是通过对小的生活细节的挖掘，才使得这幅作品充满了巧妙性和含义的深刻性。受众在观看这一陌生创意

图5-6　禁止酒后驾驶的公益性广告

形象时，自然地将熟悉的酒瓶盖和汽车从广告中解构出来，寻找出酒与驾驶的内部关联，实现主题的理解。正是因为这种结构的巧妙才使得受众在陌生中的探索形成了记忆的张力。这里的巧妙是指陌生的创意形态中不仅有视觉表象的合理性，更有深藏于内的合理属性关系，简单地说就是形和意达到了完美的结合。

（视觉全案设计，http://www.admoudao.com/view/298.html）

四、幻想类比

幻想类比亦称空想类比或狂想类比，它是变已知为未知的主要机制，但无明确定义。戈顿认为，为了摆脱自我和超越自我的束缚，发掘潜意识的"本我"的优势，最好的办法是"有意识的自我欺骗"，而幻想类比就能发挥"有意识的自我欺骗"作用。简言之，就是利用幻想来启迪思路，古代神话、童话、故事中的许多幻想，在技术逐步发展之后很多已变为现实。

链接5-26　牛肉味的西红柿

西方社会有个"愚人节"，在这一天里，人们可以信口开河，任意取乐。某年，有人开心地说把牛体内的基因移植到番茄上，结果咬一口通红的番茄，竟有香喷喷的牛肉味。猎奇的记者把这一"戏言"作为取悦人们的新闻报道出来。说者无意，听者有心。谁也没想到一些科学家却认为，这在理论上说得通，而且认真地进行了研究。加拿大生物学家丹莱弗·伯夫博士经过两年努力，成功地把哺乳动物体内的基因移植到植物上，跨越了动植物之间基因移植的鸿沟。

（搜狗百科）

在上述四种类比中，直接类比是基础，其他三种类比是由此发展而成的。这四种类比各有特点与侧重，它们在创造创新活动中相互补充、渗透、转化，都有着不可或缺的作用。

第七节　创造需求技法应用

优秀企业与伟大企业之间的区别在哪里？我国著名企业家柳传志

讲"前者满足需求,后者创造需求"。无论是 21 世纪初乔布斯推出的一系列苹果产品,还是 20 世纪初福特向家庭推广汽车,都有一个共同特点:其产品创造了消费者的需求。创造需求引发商业创新,是重要的创新技法。

一、什么是创造需求

创造需求就是把人们潜意识的、模糊的、不清晰的需求有意识化、清晰化、明朗化和现实化,并通过市场营销满足消费者,如:把梳子卖给和尚,把音响推销给聋子,把灯具卖给瞎子,把冰卖给爱斯基摩人。这些例子都是创造需求成功的经典案例。莎碧娜航空公司的航线是由北美到比利时首都布鲁塞尔,该公司把乘客潜意识的、模糊的、不清晰的需求有意识化、清晰化、明朗化和现实化,通过把比利时打造为旅游胜地而创造了消费者的需求。

链接5-27 莎碧娜航空公司创造航线需求

莎碧娜航空公司的航线是由北美到比利时首都布鲁塞尔。虽然它做了很多广告来宣传其飞机好,餐品丰美等优点,但是乘客不饱和的状况一直存在。通过更换广告公司重新调研,发现了问题所在:虽然航空公司在满足消费者的运输需求、安全需求、舒适需求,但是它忽略了一个问题,当时的比利时不是一个旅游胜地。航空公司有一个好的"开端",但却没有让顾客达到一个好的"目的"。于是他们绞尽脑汁,终于在"世界旅游指南"上发现比利时有 5 个"三星级城市",而当时的国际旅游胜地阿姆斯特丹也是个"三星级城市"。这样一比较,莎碧娜航空毅然选择为比利时"打广告",并且推出了一个极为震撼的创意:"比利时有 5 个阿姆斯特丹",终于改善了经营局面。

(http://www.emke.com.cn/artide1367136778-2.html)

二、创造需求的步骤

创造需求并不是一种盲目的创造,而是在市场调研的基础上,以目标顾客的需求为基础的创新。创造需求既是企业向消费者学习,又是教育和培训消费者的过程。在这个过程中,企业应当树立一种积极的、互动的观念;既主动了解消费者的需求,又帮助他们发现自己的需求,影响顾客对产品的体验和选择,与客户进行互动地教和学。创造需求理念认为"以顾客为中心"并不一定能使顾客满意和忠诚,比如在"求潮求新"的消费心理的支配下围着顾客转,企业可能自我迷失,因为顾客往往是缺乏远见的。

(一) 企业研究消费者的过程

消费者的需求具有多变性,它会随着社会的发展而不断变化。为了满足消费者多变的需求,企业不断推出新产品,各类新产品层出不穷,尤其是高科技产业,产品的生命周期更是越来越短。面对变幻莫测的市场需求状况,通过传统的市场调查手段已经无法准确地掌握这类市场需求。若要顾客有效地推断出新产品的市场需求,则要求受访者能精确地了解该产品技术上的发展趋势,并充分了解自己对该产品的未来需求程度。但近年来,即使是那些最有经验的消费者,在对未来的预测上也屡犯错误,更何况一般的消费者,这就是我们常说的"消费者通常是没有远见的"。企业根据市场调查设计、生产出来的产品并不能真正满足消费者的需求,或者仅仅能够满足消费者眼前的需求。因此,对企业来说,只有在深入挖掘消费者潜在需求的基础上把握市场需求发展趋势,不断开发出新产品,通过营销努力,诱导、创造顾客需求,才能走在市场前面,在激烈的竞争中保持优势。

1. 以市场调研为基础挖掘消费者潜在需求和未来需求

俗话说:"没有调查就没有发言权。"消费者潜在需求连消费者自己也不清楚,更不能由企业凭空臆想,必须进行市场调查,在分析消费者过去和现在需求的基础上深入挖掘其未来和潜在的需求。因为,潜在需求绝大多数是由现实需求发展而来。这就要求企业不但要掌握传统的市场调查技术,而且要具备正确地分析问题的能力,要善于透过表象看到问题的实质,透过个别看到一般,透过现在看到未来。要做到这几点,就要求企业具有创新的思维。因为企业在对市场调查的结果进行分析、研究时,往往会受到各种惯例、惰性、思维定势和制度习性等问题的束缚,企业历史越悠久、知识存量越多,受到的影响更大。因此,企业在做市场调研时,调查范围要恰当,研究一定要深入,这样才能透过消费者的现实需求发现其潜在需求,也才能摆脱传统思维的桎梏。

2. 挖掘消费者潜在需求

消费者潜在需求是消费者还没有意识到或表达出来的需求,它代表的是一种未来市场需求。而消费者的未来需求或潜在需求是由现实需求衍生而来,具有一定的规律性,需要企业去深入挖掘和发现。

(二) 企业教育消费者的过程

在多变的市场环境下,受自身认识能力、生活环境、生活方式、文化及工作背景、价值观念的影响,顾客并非总能认识到自身的需要和欲望。而且人的需求和他所拥有的知识存在着很大的相关性,随着买方市场的形成,市场上的服务和产品越来越多样化,顾客发现他们置身于各式各样的产品和信息海洋中,由于知识和信息的不充分和不对称,大部分顾客不能清楚自身的需要,或者对他们的需要进行解释。这个时候,企业就应当承担起教育消费者的责任,为了帮助顾客全面认识各种需要,企业主要可以从两个方面入手。

1. 教育消费者

教育消费者,就是企业针对其目标顾客所进行的一种有目的、有计划、有组织的传授有关消费知识和技能,培养科学的消费观念,提高消费者素质的系列活动。对企业来说,消费者教育是一项十分重要的工作,而且随着消费科技的进步,新产品的不断涌现、产品更新率的不断加快,以及市场竞争的日趋激烈,消费者教育的重要性更加日益突出地表现出来。

2. 消费文化的创新

消费者的购买行为主要受经济、社会、文化和心理等因素的影响,其中,文化因素对消费者的行为具有最广泛和最深远的影响,是造成不同区域、不同阶层消费者需求差异的重要因素。来自不同文化背景下的消费者具有相同或类似的风俗习惯、价值观、思维方式和消费观念,而且这种价值观、消费观念是相对稳定的。企业在向市场推出新产品时,可能会受到来自传统消费文化的阻力。但是,事物的变化是绝对的,不变是相对的,消费者的风俗习惯、价值观和消费观念等等也不是凝固不变的。因此,企业除了需要适应当地的文化之外,也可以在一定限度内,进行消费文化的创新,即创造一种新的文化,在一定程度上改变和影响消费者已形成的生活方式、价值观念和消费习惯,使消费者接受企业的产品和服务。

链接 5-28 诺基亚、苹果,发现需求还是创造需求?

诺基亚,这个来自芬兰的手机制造商一向以品质过硬出名,但在移动互联网加速普及的今天，它的过硬品质并不能成为消费者买单的理由。网上有一个段子是这样形容诺基亚的：有一天"爱疯"（iPhone）认识了诺基亚，"爱疯"说我音质好，诺基亚说我抗摔；"爱疯"说我游戏好玩、画面好，诺基亚还是说我抗摔；"爱疯"说我上网爽，诺基亚仍说我抗摔；"爱疯"说我触屏效果好，诺基亚还是那句话：我抗摔；"爱疯"终于生气了，把自己摔在了地上，坏了，诺基亚开心地说：坏了吧？我抗摔！

移动互联网让手机变成了一个可以扩展无限应用程序的终端，语音品质是否完美，电池是否耐用，在消费者眼中变得不那么重要，丰富的APP应用就像魔盒一样，牢牢地吸引了他们好奇的目光。在"爱疯"上，用户可以像电脑一样浏览网页，可以玩微博，可以上开心网，甚至能用手机购物。

更为关键的是，苹果的开放性平台激活了软件开发者的激情，软件开发者能在这个平台上自由创造应用软件，上传APP store供用户下载，一旦用户付费，苹果将和开发者分成。这样一来，整个商业模式发生了根本性的转变，过去是以卖硬件赚钱，现在是硬件、软件都赚钱，而且软件不用苹果自己开发。

相比销售硬件的一次性收入，软件带来的收入是源源不断的，而且几乎是零成本。这一模式既照顾了消费者需求，又能让软件开发者受益，而且让利润得到了无限延展，堪称为完美的"三赢模式"。在这样的模式面前，老旧的以"卖硬件"为核心的诺基亚模式自然不堪一击。

《消费社会》的作者鲍德里亚说：消费主义指的是，消费的目的不是为了满足"实际需求"，而是不断追求被制作出来的、被刺激起来的欲望。一切以消费者短期需求为核心的创新和科技会加速发展。我们能看到，诺基亚与苹果，在产品的开发设计理念方面几乎是截然对立的两家企业。

在诺基亚的设计理念中，"以人为本"体现得最为淋漓尽致，诺基亚在人类学、群体调查或者市场细分策略上投入巨大。它拥有一支超过5 000人的创新团队，其中设计师超过500人，成员来自34个不同的国家，工作地点也遍及全球，他们无处不在，设身处地观察不同人群的需求，窥视陌生人的生活方式，然后据此进行研发。

但这一切在苹果则被看做是效率低下的，不具革命性创新意义的。在苹果产品设计开发思路中，更加关注的是创造需求，而不是迎合需求。苹果认为,对于革命性的产品而言,用户观点无从谈起。它始终坚信,如果你有名牌的革命性产品,就足以对现有的用户起到引导的作用。

这就是"发现需求"与"创造需求"的差别。

(南京报业网-江苏商报,2011-08-19.)

本 章 小 结

1. 创新技法,是指人们收集大量成功创新的实例后,研究其获得成功的思路和过程,经过归纳、分析、总结,找出规律和方法。创新技法的基本原则:自由畅想原则、信息刺激原则、集思广益原则、量中求质原则、同中求异与异中求同原则、需要导向原则、尊重科学原则、综合创造原则。

2. 头脑风暴法就是为了产生较多较好的新设想、新方案,通过一定的会议形式,创新设计能够相互启发、引起联想、发生"共振"的条件和机会,以激励人们智力的一种方法。头脑风暴法的核心是"集智"和"激智"。

3. 组合创新法是指将两种或两种以上的学说、技术或产品的一部分进行适当的叠加和组合,以形成新学说、新技术或新产品的创新方法。组合创新的思维基础是联想思维。组合创新并不是一种简单的相加,而是依据事物之间所固有的内在联系进行的有目的的综合。本书这里主要介绍:主体附加法、异类组合法、同类组合法、分解组合法。

4. 列举法是一种借助对一具体事物的特定对象(如特点、优缺点等)从逻辑上进行分析并将其本质内容全面地罗列出来的手段,再针对列出的项目一一提出改进意见的方法。列举法基本上有三种:属性列举法、希望点列举法和缺点列举法。

5. 设问法包括奥斯本检核表法和5W2H法。奥斯本检核表法是引导主体在创造过程中对照9个方面的问题进行思考,以便启迪思路、开拓思维想象的空间、促进人们产生新设想、新方案的方法。

6. 广泛的兴趣、宽厚的知识、灵活的思维是有效运用类比技法进行创新的必要条件。最基本的四种类比创新技法:拟人类比、直接类比、象征类比、幻想类比。

7. 创造需求就是把人们潜意识的、模糊的、不清晰的需求有意识化、清晰化、明朗化和现实化,并通过市场营销满足消费者。

本章讨论题

1. 除书上所说的创新技法,您还可以列举出哪些创新技法?
2. 如何提高头脑风暴法的实施效果?
3. O2O能够创造需求吗?请阅读下面短文进行思考。

O2O(online to offline)的核心：对顾客的态度

2014年4月11日，上海市商务委召集京东商城、百联集团、1号店、全家便利等企业以及上海商学院和上海财经大学的教授，召开了一个小型的"O2O发展专题研讨会"。京东拥抱区域连锁公司延伸了自己的触角；1号店则在居民小区设立服务站，把中老年顾客也纳入了目标客户群；全家便利与亚马逊合作虽然目前仍无利可图甚至做着赔本买卖，但也信心十足。

大家都像打过鸡血针那样热衷于O2O！到底是为什么？是为了弥补自己的不足？是为了扩大自己的势力范围？是为了更好地服务顾客？不管是出于什么目的，大家似乎都已经意识到："单线"运作的零售业恐怕是没有未来的！

1. 为什么要做O2O？因为消费者已经O2O了。类似O2O的交易方式，早已有之，如出租车预订，酒店预订，筵席预订等。但如今的O2O以三网（互联网、社交网、移动网）为基础，可以实现"行随心动"的购物体验。"普华永道"最近公布的一项调查也显示，"大多数消费者期待能够在线上设备之间选购、支付和预订，又能在最方便的时间和地点在线下提取商品；能够通过网络查询店铺库存；线上线下具有一致的促销以及方便在线下实体店中对网上购买商品进行退货。"由于信息技术的进步与生活方式的变革，O2O已经不是一种可供选择的模式，而是社会发展到特定时期的主流生活方式。这正如从前用算盘计数，后来用计算器计数；从前用大类码识别商品，后来用EAN码识别，如今则是用二维码识别。线上线下的界限越来越模糊，这是必然趋势。

2. O2O的核心是什么？2010年8月，TrialPay创始人Alex Rampell在techcrunch上首次提出O2O概念。他指出O2O商务的关键是"在网上寻找消费者，然后将他们带到现实的商店中。它是支付模式和为店主创造客流量的一种结合（对消费者来说，也是一种'发现'机制），实现了线下的购买。它本质上是可计量的，因为每一笔交易（或者是预约）都发生在网上"。这一定义有三个要点：第一，O2O是网上引流与支付模式的结合，这就需要线下比线上做得更人性、更温馨；第二，购买行为可以跟踪分析，以消费者需求为导向，实施个性化服务；第三，市场信息越来越透明，信息反馈也越来越快捷，这将使买方在决定购买时处于更有利的地位。这三点的核心是：O2O能提供贴身服务！其实，传统的线下零售，因为商品没有做好，服务更没有做好，所以才有今天网商的机会；如今的网商，将品类扩展，价格回归，即使服务不怎么样，消费者也乐意接受。但从我国消费者的现实需求与潜在需求来分析，未满足的需求还有一大堆，生活中的不便利、不快乐也မ积如山，压得消费者喘不过气来。

3. 怎么做O2O？让顾客的购物体验更简单、更有趣、更周到！这是O2O的终极目标。以下几点思考供大家参考：

（1）屠夫商家与土豪商家做不好O2O,他们把顾客当肥猪来斩,毫无诚意可言,靠坑蒙拐骗发家致富的时代终有一天会过去。但是,要改变这一点目前还很难,所以,在当下消费者仍然未能真正享受到"技术红利",他们常常仍被蒙在鼓里。

（2）同质同价是趋势。这一点目前也做不到！其实,无论是超市、家电专业店、百货公司,不同店铺的价格差异非常普遍,同一店铺不同顾客的价格差异也非常正常。之所以要树立"同质同价"的理念,这是基于对顾客感觉的"感知",而不是基于成本的考虑。既然两线融合为一线,为什么价格仍然有差异,这使人很难接受。

（3）做一个开放的经营者。网络是开放的,O2O的落地也不能是独占的。例如一家便利店可以与多家网商签约,这样,便利店的服务平台就发展成为一个面向网商的公共服务平台。同样的道理,社区站点也应该平台化,让各家网商共享,否则,各家网商都在社区设立站点的做法,肯定是不经济的。

（4）要制定更人性的服务规则。当前的很多商家所制定的服务规则,推行的是"强盗逻辑",如购物满88元只能用10元赠券。有公司今天介绍说,他们已经演化出11种不同的融合方式。我问他,线上买能不能线下退？线下买能不能线上退？A店买能不能B店退？线上买能不能线下试？实际上,这一切目前都做不到！至少是大部分商家都做不到！连这些都做不到,还来谈论O2O,那就是在说大话,在吹牛！不过,说总比不说要强！说着说着就会做到,做好！到最后,商家席地而行,顾客天马行空,想怎么样就怎么样,这才是真正的O2O！

（5）要追求共同配送效应。大约在2001年前,台湾的7-11、全家、莱尔福等便利公司就联合建立了一种目前在大陆被称为"店送、店取"的两线融合模式。其背景是：不少网购消费者担心网上支付不安全,店取也包括到店支付；另一个原因是便利店负责最后一公里的配送,比网商依靠快递公司配送的成本大大节约,据说能节省一半的成本。但前提是：网商与店商必须做到物流对物流。目前我国有两种形式：没有自己物流的网商,或与快递公司合作,如天猫、淘宝、顺丰快递直接到店；有自己物流的网商,如亚马逊、京东、当当等,可以物流与物流对接,再由店商物流合流后送达门店。发展趋势应该是物流对物流,这样的配送效率更高,通过共同配送能够大大节约物流成本。

（6）不要忘记从前做不到的"服务"。调查数据与经营实践显示：越来越多的顾客既使用网络购物,又会到实体店购物,这两种渠道之间的互动具有非常强大的效用。我们的调查也显示：我国消费者网购与店购之间并不存在明显的替代关系,即网购消费者并不排斥店购,网购确实改变了消费者的购物行为,但并没有完全替代店购行为。关键是要让顾客感受了"好的"服务,给顾客更多的便利,而不是尽量给企业自己便利或容易管控。如梅西百货,在线下向顾客提供：搜索与递送服务(Search & Send),即将后台库存系统整合进店铺前端的零售收银系统中;美容小站(Beauty Spot):安装在实体店里的自助服务机,且配有"美容小站专职礼宾助理"在现场提供使用帮助和专家型咨询服务,并协助处理信用卡交易;真试衣(True Fit);macys.com 上的一个应用工具,帮助女顾客精选服饰;客户响应设备:将商店付款设备改装,使之支持像谷歌钱包等新支付技术;移动端,开通店内WIFI,开设 APP、Twitter、facebook 账户等。

O2O 不是一种模式,而是一种生活取向。所以,不是要不要 O2O 的问题,而是怎么 O2O 的问题。为使 O2O 给各方都带来效益,最关键的不是技术,更不是商品,也不是服务,而是对顾客的态度。

(周勇.2014-04-11.)

 本章训练题

1. 请用属性列举法分析椅子,并选择出你认为最优的方案。

首先,把可以看做是椅子属性的东西分别列出名词、形容词及动词三类,并以脑力激荡法的形式一一列举出来。

如果列举的属性已达到一定的数量,可从下列两个方面进行整理:

(1) 内容重复者归为一类。

(2) 相互矛盾的构想统一为其中的一种。

请将列出的事项按名词属性、形容词属性及动词属性进行整理,并考虑有没有遗漏的,如有新的要素须补充。

按各个类别利用项目中列举的性质或者把它们改变成其他的性质,以便寻求是否有更好的有关椅子的构想。

如果针对各种属性来进行考虑后,更进一步去构想,就可以设计出实用的新型的椅子了。

2. 请选择你感兴趣的创新技法和情景,根据情景,设计解决方案。

3. 请针对自己使用的手机,采用缺点列举法,把你认为的缺点列出来,并提出改进意见。

4. 请将下列事物进行任意组合是否会产生新的发明?

电脑、自行车、眼镜、电磁炉、水性笔、手机、耳环、运动鞋、橱柜、床、飞机、书包

5. 请以门为主体,增加新的附件,提出尽可能多的新设想。

第六章　创新思维训练

创新思维能够训练吗？不要以为只有发明家、科学家、画家、钢琴家才会有创新能力，事实上人人具有想象能力、创新能力与创造力。小时候，我们本能地通过自己的想象和好奇去探索周围复杂的世界，身边出现的一切东西都想要亲自去验证：我们会把物品抛出去看它能落多远；瓶罐敲得砰砰响来听听它们会发出什么样的声音；到手的东西也要亲自捏捏、闻闻是否有气味，甚至还会用牙齿咬咬感受一下；还会把厨房里的各色佐料混在一起尝一尝；和朋友们一起讲各种"鬼"故事，玩各样游戏；幻想着生活在其他星球又会是什么样子。那时候，我们有着丰富的想象力。但是长大后工作了，压力越来越大，我们在努力按规则做事，逐渐把与生俱来的好奇与创新思维丢掉了。

好在我们人类的大脑结构天生就有利于创新思维能力的发挥。开发大脑中潜在的创新思维并不是一件难事。人类的大脑，结构尽管复杂，但在功能上最适宜创新，它会随时关注周围环境的变化并在第一时间作出最恰当的反应，表现在我们的每一句话、每一次互动、每一个决定等。事实上，在处理问题时我们总能找到不同的办法，这恰恰证明我们生来就有用之不竭的创新思维。

因此，创新思维是可以训练的，只要我们坚持不懈！

第一节　创新思维是可以训练的

链接 6-1　机长的果断

据报道在许多年前，一架满载乘客的 DC-10 型飞机正在檀香山的一个简易机场上滑行,沿着跑道准备起飞。突然一声巨响——飞机的左侧轮胎爆了。机长迅速把机头压低,然后左转,飞机在跑道上掘出一道1 000英尺的痕迹,在快要掉进海里之前恰好停住了。每位乘客都松了一口气。机长平静地宣布:"好了,各位,看来我们的轮胎爆了。"

在那种紧张压力之下,那位机长怎么能如此稳定和冷静——仍然出色地完成任务。是侥幸吗?是他天生就会吗?当然不是。那是他的习惯,是无数次训练之后在头脑中所形成的固定化的应急思维习惯。

头脑的思维是一种习惯,要想让它创新,就必须进行长期而艰苦的训练!

(梁良良. 倒立看世界:创新思维训练[M]. 长春:吉林出版集团,吉林文化出版社,2013.)

我们每个人来到这个世界上,都有许许多多的东西需要学习、理解和掌握。但是,每一样东西都能够"教"吗?比方说绘画,其中的线条、比例、色彩、透视等技术性的内容是能够"教"的,学生只要画得和老师教的一模一样,就算"学"会了。但是,绘画中的"创作"能"教"吗?老师"创作"了一幅画,你"学"着画得惟妙惟肖,但是你并没有学会创作。因为所谓"创作"就是前无古人。文学也是如此,老师能够"教"的只是字义、语法和修辞之类的东西,而文学"创作"是无法教的,勉强教出来的也算不上是真正意义上的"创作"。

一、创新思维需要独立思考

创新思维正是这种情况。严格地说,"创新"思维是无法"教"的,"教"和"学"的方法与某些技术性东西的"教"和"学"有很大的差别。

在西方语言中,"教育"这个词是从拉丁文(educare)转化而来的,其原意是"引来""导出",也就是充分开发一个人的潜力。这种原意的"教育"很适用于创新思维。所谓"创新思维训练",也就是对"创新思维"的启发和引导。教师提出并解决某个问题,使学生从中得到启发,以后在遇到其他类似的问题时,就多了一种解决问题的思路。世界上没有两个完全相同的问题,因而世界上也没有两种完全一样的解决问题的方法。

从学生的角度来说,学习"创新思维"和学习别的技术性课程也不能用同一种学习方法。技术性课程需要死记硬背,"理解的要背,不理解的也要背,在背的过程中加深理解";而学习创新思维主要靠自己的独立思索,多想多练,形成一种习惯性的行为。如果只是记住几条创新规则,而没有改进自己的思维习惯,那就等于什么都没学到。

二、头脑助产术

从历史上看,创新思维训练具有悠久的传统。在西方,最早采用系统的方法进行思维训练的人,也许可以追溯到古希腊时代的苏格拉底。

链接6-2 苏格拉底"头脑助产术"

据历史记载,苏格拉底相貌丑陋,不修边幅,整日在市场上闲逛。古希腊的市场上不仅卖物品,也卖思想——经常有人站在市场上面对大众发表演讲。有一天,苏格拉底遇到一位年轻人,正在宣讲"美德"。

苏格拉底装作无知者的模样,向年轻人请教说:"请问,什么是美德呢?"那位年轻人不屑地答道:"这么简单的问题你都不懂?告诉你吧:不偷盗、不欺骗之类的品行都是美德。"苏格拉底仍然装着不解地问:"不偷盗就是美德吗?"年轻人肯定地答道:"那当然啦!偷盗肯定是一种恶德。"苏格拉底又说:"我在军队当兵的时候,记得有一次,接受指挥官的命令,我深夜潜入敌人的营地,把他们的兵力部署图偷出来了。请问,我的这种行为是美德呢,还是恶德?"那位年轻人犹豫了一下,辩解道:"偷盗敌人的东西当然是美德。我刚才说的'不偷盗',是指'不偷盗朋友的东西';偷盗朋友的东西,那肯定是恶德!"

苏格拉底依然不紧不慢地说:"还有一次,我的一位好朋友遭到了天灾人祸的双重打击,他对生活绝望了,于是买来一把尖刀,藏在枕头下边,准备夜深人静的时候用它结束自己的生命。我得到了这个消息,便在傍晚时分溜进他的卧室,把那把尖刀偷了出来,使他免去一死。请问,我的这种行为究竟是美德呢,还是恶德?"那位年轻人终于惶惶然,承认自己无知,拱手向苏格拉底请教什么是美德。

(梁良良.创新思维训练[M].北京:新世界出版社,2009.)

苏格拉底把自己的这种思维训练方法称为"头脑助产术",意思是说,创意观念本来就存在于你自己的头脑中,但是你在挖掘创意的时候不得要领。苏格拉底不过采取了一些科学的方法,使你的创意得以顺利地"分娩"。"教育"一词的拉丁文原意,恰好与此吻合,说不准正是来自苏格拉底的"头脑助产术"呢!

三、正确思路源于训练

客观地说,对于某些天赋能力极高的人来说,创新思维训练也是多余的。他们的头脑无须训练,便能够创意如泉水涌出。如果达·芬奇或者爱迪生来读你面前的这本书,那肯定只会浪费他们的时间。遗憾的是,我们大多数人并不是达·芬奇或爱迪生。本书是为智力正常的普通人写的。

对于占人口绝大多数的普通智力的人们来说,接受过还是没接受过思维训练,结果一定是不相同的。思维学家做过很多实验已经证明了这一点。比如,对于下边这样一个思考题,受过思维训练的人和没受过训练的人将会有不同的反应。

链接 6-3 关于"蜗牛爬树"

有一只蜗牛,住在一棵梧桐树下面。一天清晨,太阳刚刚升起,蜗牛便开始从树根向树梢上爬。它爬得忽快忽慢,有时还停下四处望一望,躲避可能发生的危险。直到太阳落山的时候,这只蜗牛才终于爬到了梧桐树的树梢。它在树梢上睡了一觉。

第二天清晨,也是太阳刚刚升起的时候,蜗牛开始从树梢向下爬。它沿着昨天爬行所留下来的印迹,忽快忽慢地朝树根爬去。有时它也停下来望一望,或者吸食一点树汁。总体来看,朝下爬要比朝上爬轻松多了,所花费的时间也少一些。这样,当太阳还没落山的时候,蜗牛就已经爬到了梧桐树的根部,也就是昨天清晨它出发的地点。

现在请问:在蜗牛上下爬行的途中,会不会存在着这样的一个点,蜗牛第一天上树时经过这一点的时刻(几时几分几秒),和蜗牛第二天下树时经过这一点的时刻完全相同?

解决这个问题时,受过训练的人会利用头脑中的视觉形象,把第一天和第二天重合起来,把上树的蜗牛和下树的蜗牛设想为两只蜗牛,它们从树根和树梢同时出发,沿着同一条路线相对爬行。两只蜗牛肯定要在中途相遇,显然,相遇的那一点就是问题的答案。而没有受过训练的人则如坠雾中,一会儿想想速度不同,一会儿想想路线不同,难以归纳到一个正确的思路上。

（梁良良.创新思维训练[M].北京:新世界出版社,2009.）

可见,思维能力可以通过训练而得到提高,这一点已成为众多成功人士的共识。问题的关键在于,训练方法必须具有科学性和简便易行的特点。在这些方面,西方现代化国家已经取得了不少成功的经验可供我们借鉴。

四、国际成功的思维训练

1985年1月,世界著名的《时代周刊》评选出了一年一度的"世界名人",1984年度的当选者就是现任美国奥林匹克委员会主席彼特·尤伯罗斯(Peter V. Veberroth),他成功地组织了当年的洛杉矶奥运会。

在尤伯罗斯之前,举办现代奥运会简直是一场经济灾难。比如1976年的蒙特利尔奥运会亏损了10亿美元,1980年的莫斯科奥运会,耗资竟达90亿美元,而尤伯罗斯组织的第23届夏季奥运会,在洛杉矶市政府不提供任何资金的情况下,竟获得纯利润1.5亿美元,令全世界为之惊叹。

尤伯罗斯采取了什么魔法呢?在接受《华盛顿邮报》记者采访的时候,尤伯罗斯透露,在组织这次奥运会的过程中,他运用了许多行之有效的新观念和新创意。这些新观念和新创意的获得,很大程度上要归功于"横向思维法"。这种思维方法是国际思维训练大师德波诺创立的。在数年前德波诺所开设的"年轻总裁训练班"中,尤伯罗斯是其中的学员之一。

思维训练在企业界的成功,也引起了某些政府部门的注意。有些国家把思维训练引入大中小学各级各类教育中,借此提高全民族的文化素质。

南美洲的委内瑞拉大概是最早成立"智力开发部"的国家,政府任命马迦多(Luis Machado)博士为部长,在全国推行思维方法训练。马迦多博士排除各种习惯势力的干扰,历时多年,终于大见成效,全国一共培训了10万多名思维学教师。现在,委内瑞拉政府已经用法律的形式明文规定,每个小学生每星期必须用2个小时的时间,来学习和训练自己的思维技能。各级各类学校都有"思维训练"一类的课程,为整个国民素质的提高打下了良好的基础。据报道,委内瑞拉的第二大城市马拉开波准备建一个新的医疗中心,为此邀请了政界、金融界和医务界的有关人士进行讨论。他们一直讨论了三个多小时尚无结果。此时,一个跟随妈妈一起来的年仅10岁的儿童,向会议主持人提出了思考问题必须遵守的四个法则:①先确定目标;②再选择可能性;③接着提出优先考虑的问题;④最后再考虑他人的观点。会议主持人接受了这位儿童的建议,不久,讨论会很快就得出了令各方都满意的结果。那位提建议的儿童并不是思维天才,只不过他在学校里接受了科学的思维训练,因而能给成年人作思维向导。

美国布法罗大学曾经通过对330名大学生的观察和研究,发现受过创新思维训练的学生,在产生有效的创意见解方面,与没有受过这种教育的学生相比,平均提高了90%;另一项测试表明学过创新方面课程的学生,与没有学过这类课程的学生相比,他们的自信心、主动性以及指挥能力等方面都有大幅度提高。

五、必须科学进行思维训练

据我们所掌握的材料,目前国外的思维训练主要有两种:一种是依据心理学和社会学的原理展开的,还有一种是依据生理学和脑医学的原理展开的。两者各有自己的长处和短处。

在借鉴和引进国外的思维训练方法的时候,有两方面的问题值得我们注意:

第一,国外的思维训练方法种类繁多,良莠不齐,我们在学习和借鉴的时候,必须仔细分辨其中的非科学成分。国外有很多打着"最新科学"招牌的江湖骗子,其目的不过是为了赚钱而已。有些曾经轰动一时的所谓"科学训练",后来被证明是一场骗局,其头脑训练也是无效的,甚至是有害的。

30多年前,一种名为"戴尼提"(Dianetics)的开发头脑潜能的方法,在美国引起了空前的轰动,这种方法的发明者是哈伯德。时隔不久,国际科学界揭露了"戴尼提"是伪科学,哈伯德本人也负债潜逃,下场很不好。然而奇怪的是,《戴尼提》一书的汉译本1988年在我国出版,540多页的厚书首次竟出版发行了20万册!可见,辨别某种新学科的真伪绝不是一件轻而易举的事。

第二，必须充分考虑我们国家的现实情况，有针对性地引入国外的思维训练方法。民族不同，文化不同，思维方式当然不可能完全相同，因而所采用的思维训练方法也不应该完全相同，而应该有针对性，即独特性。

根据国内外专家研究的成果，提供一个初步的创新思维训练计划，不同的人可以根据自己的具体情况选择一部分内容进行训练，如本章第三节内容所述。

第二节　创新意识与创新人格

创新意识是一种心理品质，具有强烈创新意识的人，心里有很多欲望，善于发现问题与不足，总有与众不同的想法，好奇心强，总想去尝试等等，因此在工作和学习中表现出方法多、解决问题办法多。我们希望通过学习与训练，强化自己的创新意识，培养自己的创新人格。

链接6-4　福特的创新意识

福特12岁时已经开始构想要制造一部能够在公路上行走的机器。这个想法令他兴奋不已。周围的人都认为这个想法是不切实际的，纷纷劝导福特放弃这个奇怪的念头。但少年福特凭着坚强的意志仅用一年多的时间就完成了人家需要三年才能完成的机械师培训课程。从此，老福特的农场少了一位助手，但美国却多了一位伟大的工业家。

从12岁的构想至36岁创造出第一辆汽车，在这24年的生命历程里，福特为他的梦想投入了全部精力，反复进行实验。作为一个勇于创新的人，他最终达成了自己的心愿。

(郭强.创新能力培训全案[M].北京：人民邮电出版社，2001.)

福特汽车的诞生，正是福特那"奇怪的念头"并加之努力坚持的结果。显然福特是个具有较强创新意识的人，敢于标新立异，想常人不敢想的问题，提出超常规的见解，从而开辟了新的思维境界。

一、创新意识

1. 创新意识的含义

创新意识就是根据客观需要产生的强烈的不安于现状的精益求精

意识，是一种对任何未知的问题、未知的领域所具有的尝试冲动，是创新主体必须具有的重要心理品质之一。创新意识是创新心理素质形成的必要前提和基础，是创新心理素质中一个有层次、有结构的动力系统。创新意识是一种求索进取、探寻新知识的内在渴求和需要，是推动创造者进行创造活动的动力，是促进人们积极寻求新奇事物的一种心理倾向。只有具备较强的创新意识，才能在创新之路上走得更远。

2. 提高创新意识途径

第一要培养独立与自立意识。创新就是要独一无二，不模仿、不雷同，就是要培养独立意识和自立意识。独立意识包括独立的人格，独立获取知识、钻研问题的能力，具有自己独到的见解，不完全依赖别人，不盲从别人的意见；自我意识包括自我激励、自我控制和自主发展意识。主体要依靠自己的意志而不是受外界的控制，把自己的注意力集中到所选择的事物上，百折不挠，勇往直前。

第二要培养意志力。意志力表现在人为了达到一定的创新目标，自觉地运用自己的智力和体力进行活动，自觉地同困难作斗争，以及自觉地节制自己的行为。在创新活动中，由于奋斗的目标和方向性异常强烈、鲜明，存在着巨大的障碍和困难，人的精神处在高度紧张状态，这种情况下，意志动力就起着非常重要的作用。没有它，艰巨的创造性活动往往难以维持和进行下去。因此意志力是创新活动的重要推动力。

事实上，意志力在生活中也会随处表现，如下班了健身是不是要坚持，一道数学题目的解决遇到瓶颈是放弃还是继续或是投机取巧，甚至周末的清晨要不要睡懒觉，很多人都会陷入两难的选择。总有很多难事会向意志力发起挑战，比如拒绝诱惑，或是在高压环境里坚持下去。想象你正面临一个意志力的挑战。更难的事情是什么？为什么会如此困难？想到它的时候，你的感觉如何？

第三要培养想象力。只有借助想象力，创新机遇才会和思维碰撞迸发出灵感的火花。人类任何智慧只有经过想象力的推波助澜，才会与行为整合转变为创造性思维。正如列宁说的那样："如果一个人完全没有幻想的能力，如果他不能跑到前面去，用自己的想象力来给刚刚开始在他手里形成的作品勾画出完美的图景，那我就真是不能设想，有什么刺激力量会驱使人们在艺术、科学和实际生活方面从事广泛而艰苦的工作，并把它坚持到底。"

3. 创新意识训练

（1）训练一：阅读下列故事并思考：怎样看待工作中遇到的难题？怎样才能把不可能的事变成可能？

一次，莫扎特对他的老师海顿说："老师，我写了一首曲子，你准弹不了。"

"那怎么可能？还有老师不会弹的曲子吗？"海顿自信地说。

但是，当他从莫扎特手中接过乐谱，弹起来以后就发现：当他的双手分别弹响钢琴两端时，正好有一个音符出现在琴键中间位置，海顿假装生气地说："你是不是在搞恶作剧为难老师？"

很快他又笑着说："这首曲子谁也弹不了啊。"

"我就可以。"莫扎特坐在钢琴前很自信地弹了起来。当弹到那个海顿认为"不能弹奏"的音符时，只见他迅速地低下头，用自己的鼻子按响了琴键，很轻松地把这个难题给解决了。

海顿大为赞叹，对眼前的这位学生很是佩服。

（2）训练二：巧排队列。

24个人排成6列，要求每5个人为一列，请问该怎样排列？

（3）训练三：如何杜绝门前乱停车现象？

某单位因紧邻商业街，门前总是被停放的车子所堵，虽安排人员轮流值班劝阻，也立了禁止停车的牌子，但都收效甚微。请问你有妙招阻止门前乱停车的现象吗？

（4）训练四：如何分配马匹？

有一个财主，临终前把三个儿子叫到身边说，家里有17匹马可当遗产分，大儿子分得1/2，二儿子分得1/3，三儿子分得1/9。怎么划分？

二、创新人格

1. 创新人格的含义

一个人的创新意识与创新人格的形成有密切关系。创新人格是指个体或群体根据一定目的，运用一切已知的信息，产生某种新颖、独特、有社会价值的产品的个性的心理品质。它以知识为基础，由创新意识、创新能力、创新人格等多方面因素构成，是个体进行创新活动必需的内在心理素质。换而言之，创新人格就是具有创新活动倾向的各种心理品质的总和,是创新的内在依据。

一般讲创新能力的形成是以创新人格的培育为基础;培养创新能力,就是以创新人格的养成为重要目标。

创新人格作为创新个体具有相对稳定的心理素质,表现出持续的创新意识、创新意愿与创新倾向的习惯性,创新主体进行创新活动所表现的具有坚定的自信、坚忍的毅力、开放的思维、意志力等都是创新人格应具有的良好心理品质。离开自信与进取、独立思考、意志力与自控力,缺乏一种积极向上、进取的学习和创新心态,个人创新主体的创新能力就不可能形成,也就谈不上开展创新活动了。另外,创新人格不仅仅意味着思维的质疑性、独立性、原创性,还意味着在追求创新目标上的持续性、在实施创新构想上的敢作敢为、在克服创新困难上具有灵活性、在控制创新行为上具有自律性,等等。创新人格为最终形成个体创新能力提供了极好的基础。

2. 注重创新人格培养

1) 培养强烈的创造动机。创造动机是人类动机群中的一个重要组成部分,是激发创造者从事创造活动的内部动力,它直接影响创造者对创造活动的期待、对创造结果的评价和体验,并进一步影响创造者的创造性发展和从事创造活动的积极性。著名心理学家马斯洛在他的"需求层次理论"中把人的需求由低到高分为 5 个层次:生理需求、安全需求、社交需求、尊重需求和自我实现需求。每个层次的需求都可以激发出创造动机,但高层次的需求所引发的创造动机会更加强烈。马斯洛把这种人类的"高层次"的创造本能称为"自我实现的创造力"。这种"自我实现的创造力"正是现代人满足了物质需求后对精神需求的满足,进而产生价值感和目标感。强烈的创造动机是推动创新的重要因素,是维持创造性行为的精神力量。

培养强烈的创造动机最根本的是要有强烈的事业心和社会责任感。

链接 6-5　坚定的创造动机

著名化学家诺贝尔曾豪迈地说:"我是世界的公民,应为人类而生。"他终生实践这自己的诺言。一生中对人类最大的贡献是发明了硝酸甘油炸药。为此他的小弟和四名工作人员丧生。尽管诺贝尔也多次被炸得浑身是血,但他从不灰心,从不退缩,他坚信炸药一旦用于生产,将给人类创造极大财富。

我国著名植物学家蔡希陶原先只对动物十分喜爱,1929 年他被安排做植物性研究时,只是勉强应允而已。后来他在实际工作中,特别是看到英、法、德、美等国家多次派专家到云南采集植物标本后,他的民族责任感促使他对植物研究产生了浓厚兴趣,最终在植物学研究上取得了显著成就。

(何静,李海燕.创新能力开发与应用[M].广州:暨南大学出版社,2012.)

2) 培养坚忍不拔的创新意志。意志是人们在社会实践中坚持不懈、长期保持的一种坚定毅力,是创新者最可贵的品质,是创新者勇往直前、顽强克服艰难险阻的心理品格。在日常生活中,意志力的作用在任何时候都能体现它的作用,而在创新活动中,意志力的作用更加明显。创新活动中由于奋斗的目标和方向性异常强烈,且存在着巨大的障碍和困难,人的精神处在高度紧张状态,这时候意志力就是继续艰巨的创造性活动的推动力。爱迪生认为:"伟大人物最明显的标志就是拥有顽强的意志力,不管环境变换到何种地步,他的初衷与希望仍不会有丝毫的改变,会最终克服障碍,达到期望的目的。"

依靠意志力取得骄人成绩的居里夫人便是很好的案例。居里夫人与丈夫居里志同道合,共同进行科学研究。然而,居里却在一次交通事故中失去生命。面对沉重的打击,居里夫人忍着失去丈夫的悲痛,依靠顽强的意志力继续坚持进行着她与丈夫共同的研究,终于在 1911 年第二次荣获诺贝尔奖。

总之,创造性工作既是有趣的又是艰巨的,其中不可避免地含有挫折和困难。因而,没有创新意志是难以成功的。要时刻保持顽强的创新意志,按照既定目标,以顽强的精神自觉地调节自身行为,克服在创造活动中的任何艰难险阻。目的性、独立性和不懈性是创新意志的三个重要特征。

创新者意志力可以从以下方面着手培养:①树立有为的奋斗目标;②在不断地创新活动实践中获得意志品质的锻炼和体验;③针对自己意志品质特点,有目的地加强自我锻炼;④依靠纪律的约束力加强自律,规范自己的行为;⑤在体育锻炼中培养自己的意志品质。

3）培养自信心，树立必胜的信念。坚强的自信心是取得成功的基本前提。巴尔扎克曾经说过："我唯一能信赖的，是我狮子般的勇气和不可战胜的从事劳动的精力。"正是这种自信支撑他写出了《人间喜剧》等知名著作。有了信息创造者才能产生积极的心理状态和行为，才能不畏艰险、不怕挫折战胜困难。坚信自己有创新能力是一切创造者的必备条件。缺乏自信心，就是怀疑自己的能力，自卑感就会作祟，就难以创新成果。

链接6-6　大象林旺的故事

著名学者王通讯先生在他的书中讲过这样一个故事：动物园里的大象林旺，被一条小铁链牢牢地拴在一根小小的水泥柱上。它将尾巴摇来摇去，将头摆来摆去，将四只脚踏来踏去，可是就想不到去外面看看精彩的世界。是挣脱不开那根铁链吗？不是的，它完全有这个力气。但它没那个想法，每天依旧在水泥柱旁边吃着管理员送来的青草香蕉，很满意自己的小天地内的生活。是不是它没有挣脱的想法吗？不是的，它曾经想过。那是在它小的时候，对世界充满好奇，非常渴望到热闹的地方走走。于是它使劲地想挣脱铁链的束缚，无奈身小力亏失败了。隔了一星期，外面的热闹劲让它依然按捺不住心情的激动，再次企图挣脱铁链，可它又失败了。两次失败在林旺的脑海中印上深深的烙印：我是挣脱不开那根铁链的。它没有再试过，反倒认为它的能力就是这样。

（梁良良. 创新思维训练[M]. 北京：新世界出版社，2009.）

显然一旦做事失败，人们可能就会"自我低估"或"自我贬抑"，甚至产生自卑情绪，从而常常会错误地认为自己没有创造力，看不到自身的创造潜能，也意识不到潜能是要自己主动去开发的，他们不想去尝试，更不敢去实践。因此克服自卑感，确立自信，树立必胜的信念，定会发掘出隐藏于自身的潜力。如果拥有这样的信念，创新者就会有积极的、健康的、创新的思维方式，从而成就原先难以成就的事业。

4）培养执著的创新兴趣。兴趣是人生最好的老师，是吸引人们认识某种事物或爱好某种活动的力量源泉，它能对人们的创新活动起激发和推动的作用。强烈的兴趣能使人在研究和探索中保持旺盛的创造活力，有助于保持不懈的意志力。

培养兴趣的基础是经常保持好奇心。好奇心是创新能力开放的一个重要因素，可以使人产生兴趣并驱动创新和创造。

第三章和第四章中的很多案例都表明创新者对很多事物表现出极大兴趣，有强烈的好奇心，有好奇心就会提出新问题，或从新的角度去思考老问题，就会形成新的发现与突破。问题产生于好奇，好奇促使寻找新的答案。可见对事物抱有积极的好奇心也是事业发展的有效途径之一。

与好奇心一样同样能激发人的兴趣的是对唯一的标准答案的质疑。一位美国学者说，一个普通的大学毕业生，将经历2 600次测验和考试，于是那个"标准答案"在他们的思想中变得根深蒂固。而事实上在任何一门学科中，定理和公式之类的东西本来就是人创造出来的，是可以改变的，可现实教育中却把这些知识作为金科玉律教给学生，无形中给他们的思维加上了枷锁。如果在学校里一直受到这种"唯一标准答案"的教育，创造力从何而来？所以要想有所突破有所创新，人们就要插上丰富想象的翅膀，寻找多种答案，培养寻找多种答案的习惯的过程就是寻找兴趣点的过程，也是突破和发现自身潜能的过程。

链接6-7　马化腾：乔布斯是偶像，创新是发展的长久动力

凤凰网科技讯2011年10月31日消息，由美国著名科技博客TechCrunch联合创新工场主办的TechCrunch Disrupt创业大会今天在北京开幕。腾讯CEO马化腾在大会上表示，乔布斯是他学习和奋斗的偶像，并表示创新才是发展的长久动力。

马化腾称，我觉得乔布斯是我的偶像，他在创新、科技产品和艺术上的结合让人非常感动。我们要学习他很多创新的理念，对产品体验极致的要求，最终创造出一个打动人心的产品。

马化腾表示："我觉得这种被认可的满足感，不是财富能够给予的，而是你真正能够做一个打动人心和深受喜爱的产品，这是很多企业家应该追求的，也是我希望学习的一个方向。"

马化腾还表示，山寨问题在整个中国互联网行业是存在的，但是创新才是发展的长久动力。他说："中国互联网企业发展时间非常短，人才非常少，包括欧洲很多国家，最主要的idea都来自美国，这是发展中必然经历的阶段。但这个不会再继续持续下去，不建立自己的创新基

因和文化,中国互联网的发展是不可能长久下去的。"

(周超能. 凤凰网科技,http://www.ifeng.com/)

链接6-8 变通的格言

有这样一个故事:于右任先生书法出众,大家经常向他索字,结果影响了他的工作,于是便不肯再为人写字了。他的一个老友多次苦求,于先生实难拒绝,就为它写了"不可随处小便"六个字,认为老友也无法将这几个字挂起来。数日后,老友把裱好的字拿来给于先生看,已经变成"小处不可随便"这样一句格言,于先生很佩服老友的变通思维。

(胡雪飞. 创新思维训练[M]. 北京:机械工业出版社,2009.)

强调培养兴趣是因为人们对自己感兴趣的东西会觉得有吸引力,自然就会对接触的事物产生兴趣,发现新问题,试图找到新方法,形成创新的思想基础。

5) 培养良好的沟通能力。沟通能力是指与他人通过直接交流,增进理解的能力。沟通属于交流范畴,是双向的信息交流。如果每个人只站在自己的角度来理解周围的人,那么他将无法与别人进行有效的沟通。

链接6-9 信息能准确有效传递吗?

在一个电话实验室,有个科学家进行通讯实验,他找来一些人,两人一组分成三组。每组的人由他指定,每两个人一组进行信息传递。每组得到一套骨牌,其中A的骨牌很有规律地排列,B的骨牌则是乱的。现在要求A告诉B怎么把他手中的骨牌排成A手中骨牌的顺序。但每一组都有若干规则和限制条件。

第一组:小组中的A可以对B说话,但B不许回答。实验结束时,小组中的B无一人把排列顺序搞对。

第二组:B也不能跟A说话,但可以按电铃示意A重复他的指示。实验结束时,有些小组的B把顺序搞对了。

第三组:A与B可以自由交流。实验结束时,每个B都把顺序搞对了。

(梁良良. 创新思维训练[M]. 北京:新世界出版社,2009.)

从上述例子中的第一和第二组的实验结果可以简单地总结出:沟通者间信息传递不能畅达,就会导致任务完成失败。

而具备良好的沟通保证企业顺利成功发展的案例也比比皆是。

链接6-10　微软吸引留住人才的秘密

微软公司是IT行业的精英人才库,其不同于其他企业的特色是公司为了方便员工之间以及上下级之间的沟通,专门建立了"内部电子邮件系统",每名员工都有自己独立的电子邮箱,无论何时何地,他们都可以和在世界任何地方的任何一名内部成员进行联系与交谈。这个系统使员工深深体验到一种真正的民主氛围,使他们能以一种最直接、最方便、最迅速的方式进行相互沟通、传递信息,而且最重要的是员工可以方便地使用它对公司上层,甚至最高层提出个人的意见和建议。这种沟通最大程度体现了对人性的尊重,为公司员工和上下级的交流提供了最大的方便,为消除彼此间的隔阂,保持人际关系的和谐畅通开辟了渠道,为拴住人心,留住人才发挥了极大作用。

(何静.创新能力开发与应用[M].广州:暨南大学出版社,2012.)

从上述案例中不难总结出:无论是团队还是个人,与他人的沟通对于无论个人创新还是合作创新都至关重要。因此懂得如何与他人进行沟通,掌握沟通技巧,提升沟通能力就具有重要的实际意义。

首先,要掌握必要的沟通技巧:

(1) 学会营造积极、良好的互动氛围。好的沟通始于轻松、积极的沟通氛围。要懂得如何"破冰",好的开场白通常都是轻松的话题,引导大家迅速融入沟通气氛中,将可能产生的障碍消灭在萌芽中。

(2) 学会聆听。在沟通过程中倾听对方的声音非常重要。只有仔细聆听对方所述,才会明白对方真正诉求,才能听出"弦外之音",也才能抓住问题根本,给予对方强有力的回应。

(3) 学会委婉提出自己的想法。提出想法时,不要以自我为中心,要客观,尽量不提出带有主观性和非理性的想法。语气要委婉,措辞要得当,充分尊重他人。还要考虑给对方留出一定余地,允许对方提出不同的想法。

(4) 寻找提出自己想法的最佳时机。在提出自己的想法前,需要先引导对方提出对立的想法,而不是首先提出自己的想法。因为万一自己的想法与对方的想法不符,在接下来的沟通中将很难回旋,自己也会处于极其被动的状态。而让对方先提出想法,即使与自己的想法相背,也还来得及调整策略,将主动权掌握在自己手里。

(5) 学会回应对方的异议。不管多么心有灵犀,任何沟通一开始就在所有问题上达成完全一致是不可能的。因此,当对方对自己看法提出不同意见时,不应马上给予否定,也不应马上就作出让步,要学会求同存异,将分歧化解到最小,并努力找出解决问题的最佳办法。如确实不想回应可以采取缓兵之计,如"等我考虑后再答复。"

(6) 学会微笑和赞美。微笑是破解沟通不顺畅的法宝。面对任何不良情绪,微笑就是给予对方发泄情绪的机会,也是给对方愿意说出真实想法的暗示。赞美在语气表情上是一种诚恳的自然的感情流露,不能虚伪溜须。赞美也是积极发现对方长处,欣赏对方的表现。赞美和微笑能够让沟通环境充满阳光和温情。

当然重视非语言沟通(借助声音、语调、表情和肢体语言完成沟通),热情真诚,勇于承认错误,及时道谢等也是沟通过程中必须重视的环节。

其次,要掌握排除沟通障碍的方法:

(1) 提高沟通技能和信任度。要加强口头表达能力和文字表达能力的训练,学会从沟通失败中汲取经验教训并努力加以改进。坚持按书面或口头表达的信息来采取相应的行为,缩短彼此间信任差距。要有理解和包容的胸怀,不带成见地听取意见,鼓励对方充分阐明自己的见解,保证有效的信息沟通,错误的信息依据有利和不利来进行筛选过滤,提高信任度。

(2) 明确沟通目的。沟通必须目的明确,清楚自己进行此次沟通的意图和意义,并依此进行信息传递和解释,使对方对信息有明确且全面的了解;同时也要明白沟通对对方的意义,在沟通时可适当为对方考虑。这样做既有助于清晰表达自己的意图和情感,也能够防止沟通障碍的出现。

(3) 谨慎选择语言文字,避免出现语义障碍。事实上沟通中的语言、文字、图像以及身体语言都是用来传递信息的,选择不当容易产生歧义,出现语义障碍,进而影响沟通进程和效果。有则笑话说,主人请客吃饭,眼看约定的时间已过,只来了几个人,不禁焦急地说:"该来的没有来。"已到的几位客人一听,扭头就走了两位。主人意识到他们误解了他的话,又难过地说:"不该走的走了。"结果剩下的客人也气呼呼地走了。

(4) 充分利用反馈信息。沟通中要多听取对方的反馈意见,了解对方对所传递信息是否真正了解。要用恰当的语言鼓励反馈,如"你的看法呢?""还有其他想法吗?""你还能为我提供更多情况吗?"等等。同时要善于从对方的眼神、面部表情、身体姿势中得到信息反馈,以推断信息接收的情况,并据此调整沟通方式和进程。

此外,也要努力克服不良习惯,如对话题不感兴趣,过分激动,装腔作势,不懂装懂,心不在焉等。

链接6-11 美国管理协会给出的"良好沟通十建议"

1. 沟通前把要领澄清,对一项信息做一个系统分析,沟通才能明确清楚。
2. 要确定沟通目标。
3. 要研究环境和人的性格等情况。
4. 听取他人意见,计划沟通内容。
5. 所选用的沟通时间、所用的声调、词句和面部表情要适当。
6. 及时获取沟通对象的各种反馈信息。
7. 保持传送资料的准确可靠。
8. 既要注意切合当前需要,又要注意长远目标的配合。
9. 言必行,言行一致。
10. 听取他人的意见要专一,要成为一名"好听众",只有这样才能真正明了对方的本意。

(季跃东.创新创业思维拓展与技能训练[M].北京:科学出版社,2012.)

3. 创新人格培养训练

沟通能力训练

训练目的:为促进创新活动而提高沟通能力。

训练指导:沟通训练最好先采用模拟情境、角色饰演来进行。这个方法也有两种:一种是按指导教师编排好的情境、角色和交流词组织进行。另一种是由训练者自己确定要沟通的课题,寻找一人作为沟通对象进行沟通。训练时可根据学生实际情况,可先用第一种,再用第二种,也可直接用第二种。

训练题:

(1) 做"好听众"练习。同桌二人互为讲、听角色:一人随意讲一些自己感兴趣的事情,另一人按"倾听"要"专心耐心尊重、随声附和或注意提醒"等要领当好听众。并总结改进之处。

(2) 委婉训练。先让大家谈谈自己尽可能想到的有些不好直说的事情,并一一记下;再让大家谈谈是如何运用委婉语言说出来这些事情,并找出最好的说法;接着模拟这些事情的情境和角色,运用所确定的最佳委婉的话语进行训练;大家把这些委婉的话语和美妙的感受记下来,并在日常生活中坚持大胆使用。

第三节 创新思维训练计划

本节介绍一个较为实用的创新思维训练计划。该计划分为五个阶段,每个阶段为一周时间,每周均有较为详细的训练内容。如果可以认真按照这个计划进行思维训练,必将使思维活动发生改变,对工作与学习将起到很好的帮助作用。

一、第一周训练:理念的建立

(一) 写一篇自传

围绕下列十个问题,从思维的角度写一篇自传:

(1) 我生活中最有意义的 10 次经历是什么?

(2) 我的哪些早期经历对形成我的行为产生了影响?是什么影响?

(3) 我生活中做得最好的 12 件事是什么?

(4) 我生活中做得最坏的 12 件事是什么?

(5) 对我的观念和行为的形成产生最大影响的 12 个人是谁?

(6) 我生活中什么时候最幸福?为什么此时比其他时候幸福?

(7) 我生活中什么时候最悲哀?为什么此时比其他时候悲哀?

(8) 我从自传中发现自己最有意义的事是什么?

（9）阅读自传后，我想在哪些方面改变自己？

（10）我怎样计划未来才能使自己掌握自己的命运？我对未来有什么要求？

对每个问题都要给予最充分的回答。仔细思考问题并回答。认清你过去的行为，但不要评价或批评自己。从过去的经历中吸取经验，这样你便能充分利用现在，拓展自己思维的路径。

（二）激发创意的最佳情境

根据不同人士的描述，激发创意的具体情境有：

（1）你遇到一个难题，彻夜思考，忽然看见东方已经泛白；

（2）你精心策划的一次活动，尽管自己很为之得意，却在实施过程中遭到了彻底的失败；

（3）你收到了一封信，拆开一看，是初恋情人寄来的；

（4）你遇到一位外号叫"傻二"的小学同学，现在已成了百万富翁；

（5）你右臂骨折，打上绷带，这才发现日常用品几乎都是为双手使用而设计的，单手使用会发生很大的麻烦；

你以前肯定有不少创新思维的经历，请仔细回忆一下，那些创意是在什么样的具体情境下出现的？找出适合自己进行创新思维的最佳情境，并时刻注意这种情境的出现。

（三）怎样集中注意力

集中注意力可以说是大脑最基本的功能之一。它直接与记忆、学习和工作效率有关，对直观能力的加强、灵感的产生等都有推动作用。而集中注意力是可以通过训练达到的。这里介绍几种集中注意力的方法。

1. 静坐

静坐是常常被人采用的妙法。静坐可放松神经，缓解脑细胞的疲劳。通过静坐可改变大脑的活动方式，使大脑处于高度的安静状态，给人一种超越自我的感觉。

2. 声音感应法

可以专注地倾听小溪的潺潺流水声或海浪的冲击声；也可以听有固定节奏的音响，如节拍器产生的节奏，可把节拍器调整到每分钟六七十次，然后从1开始往下数，数到10以后再重新从1数。这样坚持10分钟左右，就能逐渐从杂念中解脱出来。

3. 倾听法

日本专家高桥涪认为,可以倾听钟声、铃声等人工音响;也可以倾听小鸟的鸣叫等自然界的声响。认真地听取别人谈话也是有助于集中注意力的一种方法。这种倾听方法被称为积极倾听法,既可以训练自己集中注意力,又有利于改善人际关系。

4. 注意观察

注意观察事物也是训练集中注意力的方法之一。可以观察静态物,如树叶、远山、云朵、星星等,观察动态物,如空中的飞鸟、飘扬的旗帜、袅袅的炊烟等。德国哲学家康德每天早上都要站在窗前眺望远处的树,从而提高观察力,培养集中注意力的习惯。

5. 注意力集中

将注意力完全集中于某桩事上,也不失为一种良法。例如闭上眼睛思考公园里的树,它的树叶、树干、树根的形态和结构,给树剪枝、除虫等有关事项,这样连续性思考,同样可以培养做事注意力集中、专注的好习惯。集中注意力意味着思维活动朝着单方向进行,只要坚持,必可做到。

(四) 发散思维训练

(1) 请用简洁的语言说出一支普通圆珠笔的多种用途。

(2) 请列出 30 种杯子的用途。

(3) 请列出 10 种导致交通堵塞的原因。

(4) 请列出 5 种可以替代现行高考制度的办法。

◆ **创新思维游戏**

游戏名称:梦山奇案

游戏形式:集体参与

游戏时间:10 分钟

游戏场地:不限

游戏目的:发掘学员的创造力

游戏程序:

1. 由教师交代案情——一个男人,在雪山上一丝不挂躺着,死了,周围没有任何的痕迹。

2. 教师通过向学员问封闭性问题的方式去判断案情的起因。培训师只负责学员的问题,也就是只能说"是"或"不是"。

3. 教师改用开放式的问题提问。

4. 请学生充分发挥想象力,描述男人的死因。

注意事项:让学生充分地发挥自己的创造。

附:创造性的答案:

一对夫妇乘坐热气球在一望无际的梦山上作空中探险,不幸在途中热气球燃料不足,需要减轻热气球的重量。夫妇想尽办法,将一切可以扔的东西都全部扔掉,甚至包括衣服,但是这仍不能从根本上解决问题,最后,丈夫为了他心爱的妻子能够生还,就舍弃了自己的生命,跳入梦山中身亡。

二、第二周训练:思维的翅膀

(一)单项感觉的意象训练

不同感官的能力对于头脑思维的广度都具有影响作用。请在头脑中再现下列各种不同的感觉,逐项检验,看一看自己哪种感觉的再现能力最强。

(1)某位朋友的笑声;隆隆的雷声;饭勺刮锅的声音;持续不断的蝉鸣声;等等。

(2)橘子的气味;刚被太阳曝晒过的棉被的气味;塑料制品燃烧的气味;肮脏厕所的气味;柴油的气味;等等。

(3)牙膏的味道;烈性酒的味道;黄瓜的味道;麻辣烫的味道;苦药的味道;等等。

(二)多感官参与的综合意象训练

闭上眼睛,头脑中出现一幅公园草坪的画面。请体验如下的感觉,体验得越真切越好,以此练习感觉的超越性,扩大对外界事物的观察和感受范围。

你坐在草坪中间的一张木椅上,请用手摸一摸这张木椅,有什么感觉?……周围的树是绿色的柏树和垂柳,仔细看一看,柏树的树枝,垂柳在微风中的摆动……天上挂着炫目的太阳,晒得身上暖烘烘的,甚至后背都渗出了一些汗粒……一群孩子跑过来,唱着,跳着,嚷着。孩子们唱的歌你听着有些耳熟,你小时候也唱过,请想一想它的旋律。

(三) 周边视觉训练

人的双眼的视界,是两个叠加在一起的椭圆形。但是人们通常只注意位于视界中心部位的物体,而对于视界边缘的物体则会"视而不见"。比如,你双眼盯着电脑屏幕,那么屏幕周边的标牌、开关之类的东西,尽管也在你的视界范围内,但是你依然看不到它们。这种偏差使我们在观察事物时,遗漏了大量的有用信息。

"周边视觉训练"的方法主要有两种。一种是快速阅读,即把普通阅读时的眼球左右移动改变为眼球上下移动,这就要求充分利用双眼的周边视觉。有关快速阅读的书籍目前很容易找到,在此不再详述。二是室外视物的方法,首先双眼盯住一个固定的物体,比如公路旁的一棵树。然后利用周边视觉观察某个活动的物体,像公路上行驶的车辆等。要注意的是,在观察移动物体的时候,不要转动眼球,双眼的中心仍然落在那个固定物体上。这个训练有些难度,常常会不由自主地把眼球转了过来,经过一段时间的训练之后才能运用自如。

掌握了利用周边视觉的方法,能够大大扩展你的视野,增强观察的敏锐度。

(四) 提出与众不同的观念

自己开动脑筋,想出一种与众不同的观念。然后,你把自己的新观念告诉你的朋友,听听大家会有什么反应。

你从大家的反应中,一方面能够认识到社会的从众势力有多么强大,另一方面也能锻炼你"反潮流"的胆量。面对大家的嘲笑、指责和不屑一顾,你应心平气和地辩解,尽力说服他们,让多数人承认你的新观念中至少也有若干可取之处。

你还可以发明或改进一种小物品,不实用也不要紧,只要这种新物品,与人们认为"理所当然"的那种不同就行了。然后,你在各种场合大力宣传你的新物品,仔细观察不同的人所表现出的不同反应。不要惧怕大家的批评、嘲笑,要恰如其分地为自己的小发明辩护。

◆ **创新思维游戏**

游戏名称:图形关联

游戏目的:针对没有头绪的主题产生新的想法

游戏人数：5~7人一组

游戏时间：15分钟至1小时

游戏规则：

(1) 在会议开始前，收集一些不含文字的图片。可以从杂志、商品目录或者垃圾邮件中裁剪出来。不要找漂亮的图片，要找类别广泛的图片，试着为每人收集3~5张。

(2) 在桌上放一大张纸，挂图纸最理想。在纸的中央写出一到三个词语来描述你希望产生新想法的主题(例如"寻找新的客户")。

(3) 把图片正面朝下放在纸的边缘四周，给每个参与游戏的人一些便签条或索引卡。

(4) 告诉参与者这个游戏的目标是鼓励大家打开思路，最好突破他们的固有思维。通过显示图片，要求参与者迅速说明图片和指定主题相关的几种方式。

(5) 让每个参与者随机选取一张图片，把它翻过来，让他们在便签条或索引卡上写下想法，多多益善，描述图像与主题有何关联。让参与者在每张便签条或卡片上写一个想法，贴在挂图纸上主题的周围。

(6) 给参与者5分钟时间安静地工作。让人们用同样的过程选择其他的图片，直到用尽图片或者时间到。

(7) 收集小组成员写有想法的便签条和卡片，重新排列这些想法，把相关的放在一起形成一簇。让参与者为每一组选出一张代表性的图片来说明想法，并想出一个简短的标题写在图片下面。

(8) 如果你有多个小组，可以让各组分享他们的图片和标题。

(9) 讨论标题图片是如何反映团队对主题的想法的，列出针对这些想法可能采取的行动。

游戏策略：

图像具有点燃思想火花和创造新关联的能力。鼓励人们大胆想象以找到潜在的新想法。

通过这种游戏，可以让人们交互使用视觉和口头表达能力。像游戏中这样短时间的快速切换，能得出更多新想法，浮现出更多办法。

组织这个游戏的时候，有些参与者需要再次明确：这个游戏的目的不是要他们提供设计方案或者特定的答案。保持短的时间间隔可以减少这种顾虑而要求人们在没有考虑成熟的领域内,想出更多的关联。如果大家已经考虑到解决问题的方案,团队就不会觉得没有头绪了。该游戏的想法是越过人们通常讲的故事而去经历一些不同的新东西。

也许你会听到有人说找不到一张图片能描述他们的想法。这实际上是个好的信号!那个"问题"本身意味着参与者有一个创造的机会去找到另一种崭新的关联。

三、第三周训练:心灵的超越

(一) 右脑绘图

请用你平常惯用的那只手画一幅人像,但是,要将图上下颠倒着画。你在画的时候不能把画翻正了来看,要到画完之后,你才可以这么做,否则,便会降低这项练习的意义。你也许从来没有用上下颠倒的方式看过该图,但这并不要紧,你就直接照眼前所见依样画葫芦。以下便是几项要求:

找一个安静的地方,让你可以在不受任何干扰的情况下作画。如果你愿意,也可以一边画画,一边播放令你轻松的音乐。你必须一口气完成整幅图。在开始画之前,先花一到两分钟仔细凝视这幅上下颠倒的图画,用心观察图中线条连接配合的方式,线条的角度、交叉方式以及线条和全图之间的关系。然后从图的上方开始一条线接着一条线往下画。不要去想这个人的五官及特征。在你画的时候,他不是一个人,只是一些线条与形状的组合而已。

在你由上而下的画图过程中,你的左脑将不得不停止运作,因为它找不到任何熟悉的图形和概念(例如:鼻子、手臂或手指头)。其实这是一项非常简单的练习,不要把它过分复杂化。让自己尽情享受用右脑工作的乐趣。整幅图已经呈现在你面前,你要做的只是把形状照样描绘下来而已。

希望你在画完之后会惊喜地发现,自己的绘画水平提高了不少,更重要的是,这使你的右脑得到了训练。

(二) 想象力训练

1. 图形想象

例如对"①"图形,能否尽可能多地举出与其相似的东西?如盘香、发条、圆形电炉盘、盘山公路俯视图、录音带、盘着的蛇、女人发髻、指纹、卷尺、草帽、水漩涡等。

练习题目:举出与图形"O""丛""S"相似的各种东西。

2. 假设想象

假设想象是通过对某种事物的回忆、推理猜测,来想象将会出现的结果。例如"老鼠",如果世界上一只也没有,将会怎样?可减少粮食和其他物品的消耗,不需制造捕鼠器和鼠药,不会发生鼠疫和儿童被鼠咬伤或咬死的现象,食鼠动物无食,将破坏生态平衡等。

练习题目:若世界上没有太阳、水、空气、石油、植物、动物将会怎样?人类长生不老将会怎样?

3. 词语想象

要建立一组概念的联想,除了知识丰富,更需要创造性想象能力,经常做这种训练又可大大提高我们的创造力。例如:将"作家"与"正弦曲线"建立联系:作家——科普作家——科学——数学——正弦曲线。

下面几组词语供自我训练选用:①动物——皮带;②脸盆——小说;③毛竹——月亮。

4. 定语想象

美国心理学家梅德尼克给被试验者提出三个词:"天空、海军制服、多瑙河",要求被试验者给出对这三个词都合适的定语,不难看出,一般初中学生都能作出正确的回答,我们可以用"蔚蓝色的"去形容这三个词,组成:蔚蓝色的天空、蔚蓝色的海军制服、蔚蓝色的多瑙河。

下面几组语词,请大家试加定语:①头、兵、枪、炮手、首长、同事;②眼睛、蟒蛇、军、代数、专家;③蔬菜、空气、牛肉、苹果、宣传栏。

(三)强化感官训练

把一些美好的食物、青菜和鲜花带回家,摊在桌子上。请以感官来感觉它们:

(1)视觉:拿起每样东西仔细观察。慢慢来,只用眼睛来探察它的形状、大小、色泽之美。把它当做从未看过的东西来观察,好像它来自火星一样。

(2)触觉:触摸食物的纹理。用手指触摸每一件东西。可以闭上眼睛。感受面包的硬壳,然后撕一小块面包下来,感受面包的内部。以手指来感觉苹果光滑的表皮、花的饱满及奶油的浓郁。拿一个橘子或柠檬,触摸疙疙瘩瘩的果皮。每朵花都细细感受。尽量运用触觉来获得信息。

（3）嗅觉：逐一拿起每件东西闻闻看。先闻气味较淡的，再闻花朵。慢慢来，务必使自己在做练习的同时，也能享受到乐趣。这是感觉和知识的经验，把这种经验体会到极致。

（4）听觉：把眼睛闭上，倾听掰面包时发出的劈啪声。剥下一根芹菜叶，倾听它发出的清脆响声。掰开一只橙，倾听橙汁四溅的声音。每咬一口食物，听听它在牙齿之间发出的声音。

（5）味觉：先来一点面包，然后是蔬菜和水果。想想每一种味道，由哪些成分构成。譬如，你能尝出面包里的酵母味吗？里面有糖吗？尝得出盐味吗？水果是酸是甜？把食物吞进肚里之前，请慢慢地咀嚼。

（四）仿盲人训练

"仿盲人训练"：用黑布蒙上自己的双眼。如果觉得蒙上双眼显得太离奇而怕受到别人的围观，也可以戴上潜水用的眼镜，在镜片的里边贴上黑纸，使自己看不到外界的物像。首先在室内走一圈，再到室外自己熟悉的地方走一圈，最后可在一位朋友的引领下，到陌生的地方走一圈。在整个过程中，完全依赖你的听觉、触觉、方向感和平衡感，这样练几次，你肯定会有十分丰富的收获。

链接 6-12　幼儿想象力

有一天，幼儿园的老师问一群孩子："花儿为什么会开？"第一个孩子说："花儿睡醒了，它想看看太阳。"第二个孩子说："花儿一伸懒腰，就把花骨朵给顶开了。"第三个孩子说："花儿想跟小朋友比一比，看看哪一个穿的衣服更漂亮。"第四个孩子说："花儿想看一看，有没有小朋友把它摘走。"第五个孩子说："花儿也有耳朵，它想出来听一听，小朋友们在唱什么歌。"年轻的幼儿园老师被深深地感动了。老师原先准备的答案十分简单，简单得有几分枯燥："花儿为什么会开？""因为天气变暖和了！"

（百度文库）

◆ **创新思维游戏**

游戏名称：巧移圣水
游戏形式：6人参与

游戏时间:30分钟
游戏道具:眼罩、一次性杯子、绳子、橡皮筋
游戏场地:不限
游戏目的:通过游戏加强合作精神和创新精神。
游戏规则:

(1) 本游戏每次参与者6名,分成三组,每组两人,其中一人用布将眼睛蒙上。

(2) 参与者必须站在尼龙绳圈以外,不可越过界线。

(3) 没有蒙上眼睛的参与者不可以动手参与游戏,只可为蒙上眼睛的同伴作提示。

(4) 蒙眼者拿工具取水杯。

(5) 将水杯完整移出尼龙绳圈以外才可记分,如水溢出水杯则不计分。

注意事项:小组成员可在游戏规则范围内用各种方法,但要看哪一个小组最有创新。

分享:
(1) 作为蒙眼者你对做提示的同伴有怎样的期待和想法?
(2) 作为提示者你怎样才能做出最好的提示?
(3) 你们能够配合默契吗?有什么方法可以加强?

四、第四周训练:头脑的飞跃

(一) 思维扩散训练

1. 功能扩散和形态扩散

以某种事物的功能为扩散点,设想出获得该功能的各种可能性。例:怎样才能达到照明的目的?(办法越多越好)点油灯、开电灯、点蜡烛、用镜子反太阳光、划火柴、烧纸片、用手电筒、点火把、燃篝火……

以事物的形态(如形状、颜色、音响、味道、气味、明暗等)为扩散点,设想出利用某种形态的各种可能性。例:尽可能多地设想利用红颜色可做什么。红灯、红旗、红墨水、红芯铅笔、红围巾、红喜报、红皮鞋、救火车的红色车身、红十字标志、红星、红色印泥、红灯笼、红头绳、红指甲油……

2. 组合扩散和方法扩散

从某一事物出发,尽可能多地设想与另一事物(或一些事情)联结成具有新价值(或附加价值)的新事物的各种可能性。例:尽可能多地写出(或说出)钥匙圈可以同哪些东西组合在一起。可同小刀组合、可同指甲剪组合、可同小剪刀组合、可同图章组合、可同纪念章组合、可同微型手电筒组合、可同开汽水瓶的扳手组合、可同开罐头的刀组合、可同微型圆珠笔组合、可同微型温度计组合……

以人们解决问题或制造物品的某种方法为扩散点,设想出利用该种方法的各种可能性。例:尽可能多地写出(或说出)用"吹"的方法可以办成哪些事情或解决哪些问题。吹气球、吹灰、吹痛的伤口、吹鸡毛(游戏)、吹纸折玩具(做"斗田鸡"游戏)、吹肥皂泡、吹蒲公英、把热茶水吹凉、吹灭蜡烛火、吹旺灶火、吹叶片、吹泡泡糖、吹去眼睛里的灰、吹塑料袋、吹玩具风车、吹口哨、吹口琴、吹笛子、吹喇叭……

3. 因果扩散和关系扩散

以某个事物发展的结果作为扩散点,推测造成此结果的各种原因;或以某个事物发生的起因作扩散点,推测可能发生的各种结果。例:尽可能多地写出(或说出)造成玻璃杯破碎的各种可能的原因:手没拿稳,掉到地上碰碎了;被某种东西敲碎了;冬天冲滚开的开水爆裂了;杯子里的水结成冰,杯子被胀碎了;撞到硬的东西;被猫碰倒,掉到地上打碎了;被弹弓的子弹击碎;被重物(如汽车)压碎;被火烧裂……

从某一事物出发作为扩散点,尽可能多地设想与其他事物的各种联系。例:"你是谁?"尽可能多地写出(或说出)你与社会各方面和各种人物的关系:我是父母亲的孩子,我是老师的学生,我是电影院的观众,我是王大伯的邻居,我是商店的顾客,我是图书馆的读者,我是中国公民,我是公园的游客……

(二)左脑思维与右脑思维的转换

首先你采用右脑思维,在头脑中形成严密的逻辑、整齐的秩序、精确无误的科学实验、一步步的数学推导等,以这类东西来控制自己的思维过程,不允许有任何"胡思乱想"和形象化的东西出现。比如,你可以思考一个逻辑难题,求解一道数学题,或者为自己制定一个工作日程表,考虑日程表中的每个细节,并推断这些细节所可能产生的后果。

然后,你转向左脑思维。让思维在头脑中展开一幅幅变幻莫测的画面,而排除任何逻辑的和数学一类的东西。你可以想象,在一个柳暗花明的仲春,你与自己的心上人漫步在一条山溪的旁边,那五彩的野花,那淙淙的小溪,那重叠的山影,脚下滑润的卵石,耳边喃喃的细语,你尽情地享受着自然之美……要注意,在左脑思维中,不要加入任何现实的考虑,不需要"合情合理"的推导,不要担心荒诞无稽,只需全身心地用你的感官和感情去体验和享受。

(三) 皮格马利翁效应

"皮格马利翁"是神话中的一个人物,他深深爱上了一座完美的雕像,最终使得雕像变成了活人。一个人期望自己成为什么样的人,他就有可能成为那样的人,这种现象被称为"皮格马利翁效应"。做这种训练时,首先设想一个完美的理想人物,然后设想自己时时刻刻模仿这个榜样,以便在潜意识中留下深刻印象,影响自己的日常思维。具体的训练方法如下:

(1) 想象一位完美人物的形象,他(或她)就站立在你面前:他的面孔、发型、微笑的样子,他的身高、体态、举止,他讲话的速度、音质、手势等等,越详细越逼真越好。

(2) 想象这位理想人物的品质和能力,以及所有此类你希望得到的品质和能力。要通过具体的形象来设想理想人物的这类抽象的品质。

(3) 想象自己正在学习和模仿理想人物,并且很快获得了成功。模仿他的健康体魄,你也得到了健康;模仿他的优雅举止,你也学会了举止的优雅;学习他的经验和才能,你也具有了这些经验和才能;模仿他所具有的一切美好的东西,你立即就具有了那些东西……

"皮格马利翁效应"训练应根据个人的长期目标来进行,短期训练不会产生显著效果。

(四) 转换思考角色

这是一种脑力激荡方法,首先请写下十个以上的角色,如:农夫、工人、司机、打工仔、老板、教师、市长、父亲、小孩等,或者你熟悉的名人,如政治家、企业家、教育家等等。把自己扮演成这些角色,闭上眼睛,想象一下这个角色的生活、思想和环境,然后以这个角色的身份,回答你所遇到的问题。

角色转换式脑力激荡,能突破平时的思维定势,帮助激发创造性思维和更广阔的想象力。也可以拿一支笔和一张纸,花一分钟时间,列出你可以想到的使用打火机的方法。思考规则应该是:

（1）只追求点子的多少，不管它有没有价值。
（2）写下任何一个念头，不事先下判断。
（3）以游戏心态去做，不要严肃。
（4）转换各种立场，多面出击。
（5）想出一些奇妙的假设。

在创新思维训练中，各种日用品都可以用来做试验。经常做这个训练，有助于创造力的激发。

◆ **创新思维游戏**

游戏名称：比比谁高

游戏形式：4~5人一组

游戏材料：每组一套工具（扑克牌两副、吸管60支，万字夹一盒）

游戏时间：活动分2次进行，每次10分钟

场地：不限

游戏操作规则：

（1）培训师发给每组扑克牌两幅，万字夹一盒。

（2）每个小组在规定的时间内利用材料做一个物体，使物体做得尽量又高又稳固。

（3）培训师测量物体的高度。在测量前，要先用力拍一下桌子。

（4）做得最高的物体为胜。

（5）在第二次活动时，培训师将另外的材料吸管发给学员。规则同上一次一样。

分享：

（1）小组如何通过讨论进行创新？

（2）第二次创新和第一次创新有什么不同？

五、第五周训练：走进新天地

（一）做"假装练习"

一位美国心理学家指出，如果你想让自己变得积极进取，有一种方法，那就是"假装"。当你在生理上假装拥有某种心态，你就能实现那种状态。生理状态是我们所拥有的立时改变心态、立时获得成效的最有效的工具。如果你装得很活泼、很有劲,很自然地你就能进入那种状态。在任何情况下,由于生理状态的改变是既快又有效,所以被认为是扭转心态最有力的杠杆。生理状态和内心状态是密不可分的,如果你能改变其一,另一方则随之而变。如果你能改变你的举止、精神、语气,你就能立刻改变你的内心的记忆。

你是否记得有哪一次是精疲力竭呢?当时你对周围有何感觉?当你觉得身体疲倦、衰弱、疼痛时,对周围的认知绝对是跟你在活跃有劲时,有很大的差异。如果你希望能控制自己的思考,那就好好控制你的生理状态吧!当你觉得精疲力竭时,你的思绪就跟着停滞;若你觉得活跃有劲,你的思绪就跟着飞扬。

(二)假如生命倒流

美国的一家思维培训中心经常采用这道题目来训练学员对"时间流"这一概念的把握。

请设想一下"生命倒流":一个人不是从婴儿长到老年,而是颠倒过来,从老年长到幼年,情况会怎样?首先,一个人从死亡中复生过来,白发苍苍的,靠养老金生活;若干年之后,他成长为中年人,谋得了一个职业,并以此养家糊口;又过了几十年,他成了年轻人,跨进大学校门过着自由而潇洒的生活;大学毕业后他进入中学,中学毕业后进入小学,小学毕业后来到幼儿园;最后,他成长为天真无知的婴儿,直到最终进入母亲的体内而变成胚胎。

现在,请用"时间视角"观察一下,如果生命的历程发生了上述逆转,那么,我们的各项社会制度将会发生哪些相应的变革?比如,延迟退休问题。

(三)强化思维中的理性

端坐不动,静下心来,把所有的感情、欲望和情绪性的东西,都排除于大脑之外。然后,在头脑中想象一个白色的画布,你在这块画布上相继画出如下的图案:

第一类,画图形。

(1)画一个正方形,清清楚楚的一个正方形。

(2)把正方形用橡皮擦掉,画上一个清清楚楚的圆形。

(3)把圆形擦掉,画上一个清清楚楚的三角形。

(4)把三角形擦掉,画上你喜欢的任何一种几何图形,要画得工整而且清楚。

第二类,涂颜色。

(1) 画一个清楚的几何图形,涂上红颜色,很耀眼的红颜色。

(2) 把红颜色擦掉,改涂成绿颜色,苍翠欲滴的绿色。

(3) 把绿颜色擦掉,改涂成黄颜色,生姜一样的黄色。

(4) 把黄颜色擦掉,改涂成你所喜欢的任何颜色,要逼真并填满整个几何图形。

第三类,按比例画图形。

(1) 先画一个小的正方形,再画一个边长大一倍的正方形;接着画一个边长大两倍的正方形;最后把三个正方形并列排在一起,比例要尽可能地精确。

(2) 按照上述比例画三个三角形,并列排在一起。

(3) 按照上述比例画三个圆形,并列排在一起。

(4) 按照上述比例画三个你喜欢的任何图形,把它们并列排在一起,比例要尽量精确。

(四) 无序化思考

请想象一下,如果我们的每只手都长着7个手指头,两边是两个拇指,中间是5个长指。为了与此相适应,其他事物将会发生哪些改变?想象得越具体越好。

(1) 扳手、钳子、螺丝刀之类的手工工具,将会设计成什么样式?

(2) 钢琴、小提琴等乐器会有什么样的变化?

(3) 打字机键盘将是什么样子?会不会设计出一种"键球"来取代键盘,用14个手指挤压"键球"上的键来打字?

(4) 普遍采用的"十进制"是否应该废除,而代之以"十四进制",从而用手指计算更为方便?

(五) 组合式思维

把两个以上的物品组合起来,就能构成一个新的物品。如果这个新物品具有新功能,或者比原来两个分开的物品更为方便,那么一个新发明就产生了。比如,把铅笔与橡皮组合在一起,把圆珠笔与温度计或收音机组合在一起,把开启瓶盖、木塞和罐头的各种工具组合在一起,在食品包装袋内装入玩具以吸引儿童,等等。

请尝试将下列物品与别的物品组合成新的物品。

(1) 普通手表。

(2) 手提包。

(3) 铅笔盒。

(4) 皮手套。

(5) 小型手枪。

(6) 自行车。

(7) 图书。

(8) 火车票,等等。

◆ 创新思维游戏

游戏名称:玩具公司

游戏目的:培养创造性解决问题的能力

参与人数:5~7人一组

游戏时间:30分钟

道　　具:纸,笔

场　　地:不限

游戏规则和程序:

(1) 每5~7人一组,组成一家玩具公司,他们的任务是设计出一个新的玩具,可以是任何类型、针对任何年龄段,唯一的一点要求就是要有新意。

(2) 给他们10分钟时间,然后让每一个组选出一名组长,对他们设计的玩具进行一个详尽的介绍,内容应该包括:名称、针对人群、卖点、广告、预算等。

(3) 在每个组都做完自己的介绍之后,让大家评判出最好的组,即以最少的成本做出最好的创意;另外也可以颁发一些单项奖,例如最炫的名字,最动人的广告创意,花钱最多的玩具等等。

相关讨论:

(1) 什么样的创意会让你觉得眼前一亮?怎样才能想出这些好创意?

(2) 时间的限制对你们想出好的创意是否有影响?

(3) 一个好的提案是不是只要有好创意就行了?如果不是还需要什么东西?

第四节　创新技能训练

创新技能是个体完成创新所必备的产生新认识、创造新事物的技巧和能力的总和。它主要体现在创造性的认识和实践活动中，是一系列连续、复杂的高水平的心理活动，是创新素质中最根本的要求，也是创新型人才最本质的特征。创新技能主要表现为：是否有宽厚的基础知识、广阔的视野、丰富的想象力、独特的开拓能力等。创新技能除上节中提及的学习、问题、沟通、观察技能外，还有很多与创新密切相关的技能需要在创新过程中得以发展提升。

一、信息处理能力

身处信息时代，每时每刻都有迅猛而来的信息，丰富的讯息给人们提供的是特殊的"无形资源"，是帮助人们走向成功的加速器，也是创新和发展的基础。要创新就要对周围的信息进行及时处理，应对各种变化。否则将错失良机，甚至一败涂地。

链接 6-13　青蛙的故事

有这样一则寓言故事：一只青蛙放入沸水中，它会迅速试着跳出。但如果把它放进温水中，不去惊吓它，它将待着不动。如果慢慢加温，当温度从华氏 70 度升到 80 度，青蛙仍显得若无其事，甚至自得其乐。可悲的是，当温度慢慢上升，青蛙将变得愈来愈虚弱，最后无法动弹。虽然没有什么限制它脱离困境，但它仍留在那里直到被煮熟。

为什么会这样？因为青蛙内部感应生存威胁的器官对外界的反应太迟钝。

（梁良良. 创新思维训练[M]. 北京：新世界出版社，2009.）

由此不难看出，对信息作出正确理解和处理，并积极应对，无论对个人还是团体都至关重要。

信息处理能力的提高要从以下两方面着手。

（1）搜集信息，抓住有价值的信息进行思考。要解决难题，最有效的方法就是筛选所需信息，把确定好的众多信息加以科学分类，聚合各种可能有利于解决问题的信息，进行有价值的思考，以解决生活中的很多难题。提出解决方案之前必然要进行调研分析,而这一过程便是搜集相关信息并加以梳理的过程,然后才能结合实际提出解决方案。通常这些难题的解决不会一蹴而就,会有个漫长的过程,这也充分说明多方搜集信息并非易事,对其进行准确分析处理最终才能找到解决办法。也证实创新的过程是艰难的,点点滴滴的信息搜集并提炼出有参考价值的那部分对于创新是十分重要的。

(2) 要能够将不同信息进行融合,相互借鉴。这就像生物学中的嫁接或杂交。袁隆平通过杂交技术使稻米增产。生产、管理、服务各个领域都可以对不同领域的信息进行整合提取,提出新创意,推出新产品或新服务。如医学上中西医结合治疗方案,娃哈哈集团出产的将啤酒和饮料相结合的饮品,新能源汽车,转基因产品,等等,都是对不同信息分拆与整合的结果。甚至还可以逆用信息,将原来信息中的缺点、不良因素转化成为新信息中的优点、积极因素来进行创新。日本索尼公司总工程师井深一次理发在镜子里看到反向电视图像,眼睛很不舒服,突然想到:如果设计一种反向画面的电视机,就能在镜子里看到正向画面了。于是他利用公司的优势,设计、生产反向画面电视机。新产品推出后受到医院、理发店、美容院、体育训练中心的欢迎。

二、组织管理能力

组织管理就是通过建立组织结构,规定职务或职位,明确责权关系,以使组织中的成员互相协作配合、共同劳动,有效实现组织目标的过程。组织管理是管理活动的一部分,也称组织职能。组织管理能力是指为了有效地实现目标,灵活地运用各种方法,把各种力量合理地组织和有效地协调起来的能力。

组织管理能力是一个人的知识、素质等基础条件的外在综合表现。现代社会是一个庞大的、错综复杂的系统,绝大多数工作往往需要多个人的协作才能完成。所以,从某种角度讲,每一个人都是组织管理者,承担着一定的组织管理任务。因此组织管理能力的培养要从以下方面着手。

(1) 要在管理中抓住主要问题。管理者对影响全局的问题要严格控制,对一般问题则需要进行弹性控制,要抓大放小。如在进行企业经营管理时,管理者一般要严格加以控制的主要问题是:各种设计编制和实施、投入、产出的比例,产品质量、成本,人、物的平衡,资金收支平衡,产供销平衡等。假若像 IBM 曾经经历的那样,人人都重视如何进入管理层,只把程序设计任务交给新手去干的话,企业必将经历衰落。

(2) 加强基础工作,制定控制标准。一定要做到事先控制,要预计可能出现的问题并采取预防措施。以企业销售为例,当对企业销售量有下降预计时,就要制定新的广告计划、推销计划,以改善预计的销售状况。当然事后控制很必要,要根据已取得的运行结果的信息,对下一步运行过程作出进一步纠正的控制。即要把握确定标准、衡量成效、采取措施纠正偏差这样的控制步骤。

(3) 要协调工作职责,发挥各职能部门的控制体系作用。重点是要提高各职能部门和管理者的责任心,通过他们去了解、发现和解决问题。当然要重视计划、报表、专业会议的作用,从中了解、掌握情况,研究分析产生问题的根源,及时作出决策,采取措施进行有效控制。当出现职能不明、互相推诿的情况时,管理者要果断裁定,绝不含糊。要让每个人都了解自己的工作目标和担负的责任,协调地开展工作。

(4) 要善于捕捉机会进行协调。首先是内外协调。正如人们经常说的挑战与机遇并存一样,企业内外部虽然会经常出现不平衡,但也会有良机出现,管理者要善于利用良机开发内部关系,开垦外部环境,建立内外平衡。其次是对人力、财力、物力的协调。当人力、财力和物力在来源和分配上出现问题时往往会影响纵向的贯通和横向的配合。管理者应当严格按计划办事,合理分配,积极平衡。再次,要倡导相互支持,协调促进部门间的合理竞争。各部门间要积极配合与支持,形成正常的竞争关系,求同存异,互相支持,密切合作,能最大限度地发挥积极性和创造性。

三、管理创新能力

链接 6-14　大 象 与 猴 子

先来看一则寓言故事:大象和猴子分别成立了自己的公司。大象公司的职员喜欢没事看看报纸、聊聊天,然后坐下等下班。大象虽然多次强调大家要提高工作效率,可是没有多大起色。听说猴子管理得不错,大象就带领一批职员前去猴子公司考察,它在那儿发现了一个奇怪的现象。

  大象口渴想喝水,发现猴子公司的办公室里竟然没有饮用水。一问才知道,猴子规定在办公室内不准喝水,要喝水必须去饮水处。于是大象来到饮水处,又是一惊,它看到一种从未见过的一次性杯子——锥形水杯。这个杯子只能拿在手里,不能放下来,也就是说,它让喝完水必须马上投入到工作中。

  (郭强.创新能力培训全案[M].北京:人民邮电出版社,2011.)

  这则故事告诉我们,提高工作效率是管理创新的重要任务。同时这则故事也告诉我们:一切可以提高管理水平和效果的方法都应纳入管理创新的范畴。

  所以管理能力不仅重要还是企业根本,但在信息瞬息万变,技术变化日新月异的大环境下,管理者墨守成规,管理中没有创新也会成为企业的发展和竞争力提升的阻碍。

  所谓管理创新就是指富有创造力的组织通过把新的管理方法、管理手段、管理模式等管理要素或要素组合引入组织管理系统,不断地将创造性思想变为某种有用的结果,从而更有效地实现组织目标的创新活动。有利于组织管理创新的因素包括组织结构、文化和人力资源。从组织结构看,有机的组织结构对创新有积极作用;充足的资源能为创新提供重要保证;有效地沟通有利于克服创新的潜在障碍。从组织文化看,充满创新精神的组织文化通常是开放的、多元的,它乐于接受新的思想,能够容忍冲突和不切实际的想法,并为追求创新结果而承担风险。从人力资源看,企业需要积极地对其员工开展培训,以使其保持知识的更新;同时,为员工提高工作保障,运用多种激励方式鼓励创造和革新。

  总之,管理创新就是以增加价值为目标,以战略为导向,以各创新要素(如技术、组织、市场、战略、管理、文化、制度、环境等)的协同创新为手段,以培育和增强核心能力、提高核心竞争力为核心,通过有效的创新管理机制、方法和工具,力求做到人人创新、事事创新、时时创新、处处创新的创新活动或过程。

四、知识整合能力

  知识整合能力是一种获取并应用个别知识的能力,这种能力是一种转化与重新组合知识的能力。应该说，整合能力是成果孵化过程中的关键能力之一。拥有足够的整合能力，才能将不同行业领域、不同技术水平、不同文化氛围以及不同思想内涵的资源整合到一起，并使之发挥最大的作用。

首先是学科内知识的整合能力。要对本专业所涉猎的各门课程及各知识点学习掌握，比如会计学专业，需要学习财务方面的知识，也要学习管理学、经济学等知识；工程管理专业，既要学习项目管理知识，又要学习工程设计、建筑施工等知识。然后在理解掌握各类知识的基础上，不断发现其中的内在联系，从整体上把握该学科知识，培养深厚的专业能力。这是创新的根本。

其次是跨学科知识的整合能力。人类在依托自然的发展中，积累了丰富的学科知识，推动了人类文明的进程。然而在传播科学知识的教育教学活动中，采取的却是分学科教学，知识的传播者和接受者只能在相对独立的某一学科内去认识科学知识，这样就存在着学科之间的相对割裂性。于是人们开始进行跨学科知识的整合，很多新的交叉学科建立起来，如管理学与心理学的融合出现了管理心理学，物理学与生物学交叉形成了生物物理学等。事实上，创新就是能够对跨学科知识进行有效的系统性整合的结果。跨学科知识的融会贯通是创新的加速器。

再次是理论知识与实践知识的整合。书本上所学的主要是专业理论知识，更多的是一种基础知识的储备，而知识来源于实践，更需要与实践相结合，应用于实践。从实践中得来的知识更加宝贵，更具有实际意义。这是因为理论知识与实践知识的融合有助于发现问题，产生创新性的想法和成果。实践是检验知识整合能力的舞台，也是提升知识整合能力的平台。

总之，要创新就要加强知识整合能力的训练：对基础知识、基本概念要由点到面、由简单到复杂循序地练习，做到全面掌握；对于新旧知识易混淆点采用对比练习，做到求同存异；对于知识与能力结合点采用创造练习，做到举一反三；对于重点、难点知识采用反复练习，做到常练常新；对于同类知识采用典型练习，做到触类旁通；对于综合知识要做到构建知识结构网络，从分散的、缺乏联系的、无序的知识中找出内在联系，总结概括，连接知识链条，将知识重新编码、排序，使之由点到线、由线到面、由面到网,由无序到系统。让知识真正成为能力的载体,成为创新的源泉。

本节中所列创新技能并非全部,在创新实践中,任何一种可能影响创新产生的因素都会成为要掌握的技能之一,如抓机遇的能力、借力能力、推理能力、应变能力、协调能力、设计能力、实验能力、操作能力、成果开发和转化能力等等,因篇幅有限,不一一列举分析。

五、创新技能培养训练

训练一:信息分析能力训练

训练目的:增强信息分析能力

训练指导:任务是将信息开发出劈山之力,派上创新用场

训练题:抓住有价值的信息思考训练。找出一些你身边的难事、不满意的事,并对其中一件事进行创意性思考。

训练二:组织管理能力和知识整合能力训练

训练目的:增强对各类知识的综合应用驾驭及组织管理能力

训练指导:针对训练题分析时要充分考虑各类资源及其功能,并进行合理组织。

训练题:请选择一个自己的创意,为实现这个创意,如能结合实践最佳。请考虑所需的人力、物力、环境、条件等资源和取得这些资源所用的办法以及如何组织安排。

本 章 小 结

1. 思维是一种习惯,要想让它创新,就必须进行长期而艰苦的训练!

2. 教师的"教"与学生的"学"更多是技术性的方法,与创新思维的训练方法是不同的。

3. 每个人的头脑中都会产生创新思维。人在幼儿时期所受的思维定势少,想象力就更为丰富。

4. 创新思维需要独立思考,不可依赖他人。同时经过创新思维训练,人的思维更为开阔,想的办法更多,解决问题的能力更强。但是思维训练必须科学。

5. 创新意识是一种对任何未知的问题、未知的领域所具有的尝试冲动。创新意识是创新心理素质形成的必要前提和基础,是创新心理素质中一个有层次、有结构的动力系统。

6. 创新意识是在培养独立与自立意识、意志力与想象力的过程中得到提

升的。

7. 创新人格会表现出持续的创新意识、创新意愿与创新倾向已具有的习惯性。创新人格应具有的良好心理品质包括创新主体进行创新活动所表现的具有坚定的自信、坚忍的毅力、开放的思维、意志力等。

8. 创新人格培养通过培养强烈的创造动机、坚忍不拔的创新意志、自信心、执著的创新兴趣、良好的沟通能力等几方面入手。

9. 创新思维训练计划因人而异,每一种方法都有其独特的训练内容,需要每个学生坚持不懈!

10. 在创新思维训练不间断的情况下,我们还需要坚持创新技能训练,包括信息处理能力,组织管理能力、管理创新能力、知识整合能力。这些能力将在工作中发挥更重要的作用。

本章讨论题

1. 关于创新思维训练,是从小开始进行训练还是应该在大学开始?为什么?

2. 面对互联网带来的冲击,传统零售业都在纷纷提出O2O模式,你认为O2O是创新吗?

3. 互联网思维,就是在(移动)互联网、大数据、云计算等科技不断发展的背景下,对市场、对用户、对产品、对企业价值链乃至对整个商业生态进行的重新审视的思考方式。你认为这种思维最为典型的创新表现在哪些方面?

本章训练题

1. 根据本章第三节选择合适训练项目,制定一份适合自己的创新思维训练计划。

2. 思维游戏:创新能力测试。

测试目的:增强提高创新能力的意识

测试题:以20个陈述,没有什么对和错,只是在查看你的态度,请找出符合自己的情况,并用下列符号回答:

A:很同意;B:同意;C:不确定;D:不同意;E:很不同意。

1. 我很注意学习新知识、新思想和新观点。
2. 我愿意尝试用新的观点和新的方法去解决问题。
3. 我已经能熟练运用计算机进行学习、办公、开展业务活动或进行课堂教学。
4. 我对将发生的事情总有预见性。
5. 我的同事总是可以依靠我掌握现有设备的新用法。
6. 我有幽默感。
7. 我愿意经常和其他不同公司或部门的专家接触。

8. 我喜欢在工作中学习。
9. 在会议上我会就工作的新方式提出建议。
10. 我常在工作上自加压力，自找动力、自我激励。
11. 我喜欢思考较高的工作目标将其结果具体化、社会化。
12. 思考问题时我注重开放思维，不受一些原则或条约的束缚。
13. 我乐意听取朋友、同事们的意见。
14. 我常把自己的工作放到市场、社会的层面来审视，以期提出更加完善的举措。
15. 不愿例行公事的人不应该被惩罚。
16. 我对正式的会议讨论感到很沮丧。
17. 当一个新项目开始时，我希望更多了解工作的数量而非工作的质量。
18. 在工作中我有能力使工作多样化。
19. 我打算离开一个对我来说没有挑战性的工作。
20. 我不在乎别人对我的想法说三道四。
21. 我总愿意以最终结果的经济效益来评估某项业务工作的价值和意义。

记分方法：A：5分；B：4分；C：3分；D：2分；E：1分

结果说明：总分在60分以上，说明有创新人格特征；低于60分，说明创新人格特征不明显。得分较低者，也不必气馁，可将上述21中表现逐条对照，分析评估自己的得分，并提出改进措施，向高分努力。

（陶学忠.创新创造能力训练[M].北京：中国经济出版社，2008.）

参 考 文 献

[1] 周勇.换一种思路求创新[J].店长,2013(4):卷首语.
[2] 姚东明,何春生.创新学基础[M].上海:上海科学技术出版社,2007.
[3] 曹联霞.创新思维与创新技法[M].北京:中国经济出版社,2012.
[4] 徐飞.创业之道[M].北京:北京大学出版社,2013.
[5] 季跃东.创新创业思维拓展与技能训练[M].北京:科学出版社,2012.
[6] 邢群麟,王艳明.一看就懂的创新思维[M].上海:立信会计出版社,2012.
[7] 王育琨.企业家的梦想与痴醉[M].北京:北京理工大学出版社,2006.
[8] 邱择源.原动力[M].北京:经济日报出版社,2006.
[9] 姚列铭.创新思维观念与应用技法训练[M].上海:上海交通大学出版社,2011.
[10] 沧浪.思维制胜[M].北京:中国妇女出版社,2009.
[11] 奚国泉,徐林海,徐国华.创新创业实训教程[M].北京:清华大学出版社,2012.
[12] 罗玲玲.创意思维训练[M].北京:首都经济管理贸易大学出版社,2008.
[13] 张志胜.创新思维的培养与实践[M].南京:东南大学出版社,2012.
[14] 宋宝萍,魏萍.创新思维心理学——培养与训练[M].北京:电子工业出版社,2012.
[15] 王庆生,王坤.大学生创业基础[M].北京:清华大学出版社,2013.
[16] 胡雪飞.创新思维与训练方法[M].北京:机械工业出版社,2013.
[17] 魏拴成,曹扬等.技术创业学[M].北京:清华大学出版社,2013.
[18] 池丽华.市场营销学[M].上海:立信会计出版社,2011.
[19] 曹任云.头脑风暴全集[M].北京:中国城市出版社,2012.
[20] 张玉彩.头脑创意新风暴:旋转思维训练——创新,从改变思维开始[M].北京:中央编译出版社,2006.
[21] 郭强.创新能力培训全案[M].北京:人民邮电出版社,2011.
[22] 陶学忠.创新创造能力训练[M].北京:中国经济出版社,2008.
[23] 何静,李海燕.创新能力开放与应用[M].广州:暨南大学出版社,2012.
[24] 丁辉,贺善侃,张士运.创新思维理论与实践研究[M].北京:华龄出版社,2010.
[25] 袁劲松.柔性头脑训练—柔性思维训练手册[M].青岛:青岛出版社,2010.
[26] 张子睿.大学生创新与创业能力提升[M].北京:科学出版社,2008.
[27] 李时椿,常建坤.创新与创业管理[M].南京:南京大学出版社,2011.

[28] 张振宗. 归零心态[M]. 北京:中国石化出版社,2011.
[29] 罗安赫芙. 心"零"的世界——归零心态改变人生[M]. 哈尔滨:哈尔滨出版社,2011.
[30] 程光全. 创新与超越[M]. 北京:高等教育出版社,2011.
[31] 杜永平. 创新思维与创造技法[M]. 北京:北京交通大学出版社,2011.
[32] 梁良良. 创新思维训练[M]. 北京:新世界出版社,2009.
[33] 梁良良. 倒立看世界:创新思维训练[M]. 长春:吉林出版集团,吉林文化出版社,2013.
[34] 威廉·汉姆顿. 犹太商人的创业经验与经营智慧[M]. 哈尔滨:哈尔滨出版社,2003.
[35] 蒂娜·齐莉格. 斯坦福大学最受欢迎的创意课[M]. 长春:吉林出版集团有限责任公司,2013.
[36] 布鲁克·诺埃尔·摩尔,理查德·帕克. 批判性思维——带你走出思维的误区[M]. 北京:机械工业出版社,2013.
[37] 斯特拉·科特雷尔. 批判性思维训练手册[M]. 北京:北京大学出版社,2013.
[38] 罗尔夫·多贝里. 清醒思考的艺术[M]. 北京:中信出版社,2013.
[39] 博诺. 六顶思考帽(全球创新思维训练第一书)[M]. 冯杨,译. 太原:山西人民出版社,2008.
[40] 约翰·E. 艾特略. 创新管理[M]. 北京:机械工业出版社,2012.
[41] 茱蒂·查坦德,斯图尔特·埃默里,拉斯·霍尔,希瑟·石川,约翰·梅克塔. 最佳思考者:如何培养批判性思维[M]. 北京:人民邮电出版社,2013.
[42] 理查德·保罗,琳达·埃尔德. 批判性思维工具[M]. 北京:机械工业出版社,2013.
[43] 卢克·威廉姆斯. 颠覆性思维——想别人所未想,做别人所未做[M]. 北京:人民邮电出版社,2013.
[44] 斯特拉·科特雷尔. 个人发展手册——梦想并不遥远,顺心的人生重在规划[M]. 北京:北京大学出版社,2012.
[45] 于尔根·沃尔夫. 专注力[M]. 北京:机械工业出版社,2013.
[46] 外山滋比古. 思考整理术[M]. 北京:北京科学技术出版社,2010.
[47] 安德鲁·佐利,安·玛丽·希利. 恢复力——面对突如其来的挫折,你该如何应对?[M]. 北京:中信出版社,2013.
[48] 大前研一. 创者者的思考[M]. 北京:机械工业出版社,2007.
[49] 史蒂芬·柯维. 高效能人士的七个习惯[M]. 北京:中国青年出版社,2010.
[50] DAVE G, SUNNI B, JAMES M, GAME S. 创新、变革 & 非凡思维训练[M]. 北京:清华大学出版社,2012.